● 外教社认知语言学丛书·应用系列

教育部人文社科研究规划基金项目

认知修辞学：
象似性的修辞性研究
COGNITIVE RHETORIC:
A Study of the Rhetoricity of Iconicity

◎ 卢卫中 著

上海外语教育出版社
外教社 SHANGHAI FOREIGN LANGUAGE EDUCATION PRESS

图书在版编目(CIP)数据

认知修辞学:象似性的修辞性研究 / 卢卫中著. —上海:上海外语教育出版社, 2021
(外教社认知语言学丛书. 应用系列)
ISBN 978-7-5446-6705-0

Ⅰ. ①认… Ⅱ. ①卢… Ⅲ. ①认知语言学-修辞学-研究 Ⅳ. ①H0-06②H05

中国版本图书馆 CIP 数据核字(2021)第 027762 号

本书得到国家社科基金一般项目"英汉词汇对比研究:认知语义视角"(11BYY114)、教育部人文社科研究规划基金项目"词汇语义的认知语言学研究"(09YJA740070)、山东省社科规划基金优势学科项目"批评认知语言学视域下的中美政治话语对比研究"(19BYSJ44)经费资助。

出版发行: **上海外语教育出版社**
（上海外国语大学内） 邮编: 200083
电　　话: 021-65425300 （总机）
电子邮箱: bookinfo@sflep.com.cn
网　　址: http://www.sflep.com
责任编辑: 奚玲燕

印　　刷: 常熟市人民印刷有限公司
开　　本: 635×965　1/16　印张 17　字数 294 千字
版　　次: 2021 年 5 月第 1 版　2021 年 5 月第 1 次印刷
书　　号: ISBN 978-7-5446-6705-0
定　　价: 54.00 元

本版图书如有印装质量问题,可向本社调换
质量服务热线: 4008-213-263　电子邮箱: editorial@sflep.com

外教社认知语言学丛书·应用系列
编 委 会

编委会主任：
　　沈家煊

执行主编（按姓氏拼音排列）：
　　束定芳　辛　斌　徐盛桓　张　辉

编委（按姓氏拼音排列）：
　　程琪龙　何自然　蒋　严　刘正光　石毓智
　　王文斌　王　寅　文　旭　熊学亮　许余龙
　　杨信彰　朱永生　庄智象

总　序

"认知语言学"这个名称,有广义和狭义两种理解。凡是将人的语言能力当作一种认知能力来加以研究的,或专门研究语言和认知之间关系的,都叫"认知语言学",这是广义的认知语言学。在这个广义的认知语言学内,粗略地说,有两种对立的立场或基本假设。一种认为语言能力是一种特殊的认知能力,本质上完全不同于人的其他认知能力,这就是当今国际上仍然占主导地位的生成语言学的立场和观点。还有一种则认为语言能力不是一种特殊的认知能力,它同人的一般认知能力没有什么本质上的差别,这就是狭义的认知语言学。这样两分是比较简单的做法,事实上有一些探究语言与认知关系的语言学家其立场或观点是介于两者之间的。上海外语教育出版社组织出版的这套丛书,从内容和作者的学术背景来看,主要是狭义的认知语言学(加着重号的),同时也兼顾一般意义上的认知语言学。

和一般意义上的认知语言学不同,狭义的认知语言学不是语言学的一个分支,而是代表语言学界近年兴起的一个新的学派或思潮。它也不是一种单一的理论,而是代表一种研究范式,其特点是着重阐释语言和一般认知能力之间密不可分的联系。这个学派有一些代表人物,如 C. Fillmore、G. Lakoff、R. W. Langacker、L. Talmy、J. Tylor、J. Haiman、G. Fauconnier、A. Goldberg 等,他们各自的观点不尽相同,但对语言所持的基本假设大同小异。此外,从历时角度研究"语法化"(grammaticalization)或词义引申的人,如 E. Traugott、B. Heine、E. Sweetser、J. Bybee 等人也基本上认同认知语言学的基本假设。还有从事功能语法研究的 T. Givón,从事语言类型学研究的 B. Comrie 和 W. Croft,从事语义元素(semantic primitives)研究的 A. Wierzbicka,他们也或多或少接受认知语言学的基本假设。

过去的两三年里,国内的外语院校邀请了 G. Lakoff、R. W. Langacker、G. Fauconnier 还有 A. Goldberg 这样一些著名的代表人物来访问演讲,听众很多,影响不小。打开最近的一些外语期刊,介绍和评述认知语言学的文章几乎每期都能见到一两篇。认知语言学在国内产生这么大的影响,这其中的原因是多方面的,首先我想是因为这种理论本身具有吸引力。记得我十几年前在国外某大学当访问学者,去图书馆还书,其中一本就是 Lakoff 的那本经典之作《生活离不开隐喻》,借这本书时还是预定的,因为有别人在看。还书时遇到一位"老外",不像是搞语言学的,问我觉得这本书怎么样,我还没有来得及回答,他先伸出大拇指晃晃,显然是表明他自己读后的感受。他的感受也正是我的感受。常说语言学跟文学相比枯燥乏味,但是跟形式语言学相比,认知语言学关注的语言现象丰富多彩,使语言学研究变得饶有趣味。兴趣是从事研究的原动力,有没有研究的兴趣可不是一件小事情。

从分析和综合这两方面讲,认知语言学更注重综合,是不是这种综合的思维方式比较接近中国人的思维特点,这不大好说,好像有一点关系但又不尽然。前年逢《心理空间》的作者 G. Fauconnier 来苏州大学访问演讲,他正在撰写新著《我们的思维方式》,现在这本书已经出版。我真想跟他说,你讲的那种"概念整合"的思维方式正是典型的中国人的思维方式。后来忍住了没有说,综合的方式究竟是不是中国人的思维特点,这是有争论的。有不少人就认为,分析和综合相辅相成,光分析不综合,或者光综合不分析,都是不可能的。我曾经在一篇文章里说过一段话,不妨引述如下:"有人说,汉语的语法研究从《马氏文通》起基本上是借鉴西方分析的方法,对注重意合的汉语不见得适合。遗憾的是,汉语究竟怎么个意合法,我们自己并没有说出什么道道来。现在西方语言学界的有识之士也注重综合,对语言结构'意合'的研究据我所知已取得不少成果,这一点值得引起我们的反思。"认知语言学讲综合,讲"整体大于部分之和",很有洞察力,也讲出了不少道道来,值得我们学习借鉴。但是讲综合不是不要分析,现在有一些从事认知语言学研究的人,综合有余而分析不够,对一些最基本的语言分析手段掌握不好。分析能力不够,讲综合也就好不到哪里去。

还有一个原因是认知语言学比较关注不同语言之间的差异,注重形式上相似语句的意义差别,因此跟语言教学,包括外语教学和对外汉语教学,比较贴近。有好几位语言教师跟我说,他们觉得认知语言学对语言现象的一套解释对教学还真管点用。这两方面的原因都是正面的,可能还有一个反面的原因,那就是形式语言学比较抽象,采用许多符号公式,如果没有一点数理逻辑的基础,连什么是"全称量词""部分量词""辖域"都不太清楚,人家的论文都没有办法读懂，更谈不上去研究。而我国语言学界这方面的基础普遍比较薄弱，形式语言学虽然在国外占主导地位，但是国内不少人对它望而生畏，避而远之。我不反对许多人对认知语言学感兴趣，将某种理论运用到语言教学中去，如果运用得法而有成效，更是值得提倡。不过，对于那些想主要从事语言理论研究的人来说，在你选择认知语言学作为方向时要有理性的思考，要通过和其他理论在学理上的认真比较之后再作出决定。跟其他理论一样，认知语言学有它的长处，也有它的弱点。不要跟风、赶潮流、追热点，通过学理上的比较后作出的选择才是理智的选择。

跟生成语言学注重形式、从形式出发相反，认知语言学注重意义、从意义出发。这两种研究方式也是对立而又互补的。我国的语法学界，早期是从意义出发的传统语法理论占主导地位，后来是从形式出发的结构主义语法占主导地位。现在来了认知语言学，又开始从意义出发。当然这不是循环往复，而是螺旋形上升，现在讲意义要比传统语法讲意义高明得多。不过，一种倾向掩盖另一种倾向，国内从事认知语言学研究的人有不少在讲意义的时候完全不讲形式，至少是忽视形式。这样的研究在我看来不是语言学的研究，而是语义哲学的探讨。我不止一次说过，脱离语言的形式而谈论语言的意义（在语言学里）是没有意义的。

最后，语言学家的主要任务是什么？是研究语言，而不是研究语言理论。语言学家是干什么的？是研究语言的，研究语言的现状和历史，研究语言的结构和用法，研究语言的习得和丧失。语言理论是在研究之前或研究之后提出的有关语言本质的假说。有各种各样的理论和假说，它们也可以是研究的对象，但是这项工作主要是语言学史专家的任务，语言学家的任务是研究语言。语言学家在研究语言的时候当然也要对已有的各种理论和假说加以比较和评价，但是这样做的目的还是为了研究语言。国外出来一种新的理论和假说，就如认知语言学，我国的外语学界最为敏感，首先将它引进介绍进来，加以阐释和评价，功不可没。公正地讲，引进和介绍是必要的，他山之石，可以攻玉，今后也还要继续做好引进和介绍的工作。要做好这项工作也不是一件容易的事，我自己也尝试做一些。但是介绍和阐释人家的理论不能代替我们自己对语言的研究，不然我们就永远跟在人家屁股后头，给人家的理论做注解。至于已经有人介绍和阐释过的东西，不闻不问，还重复地去介绍和阐释，这种浪费就更要不得了。还有一种不好的倾向是拿少许的语言实例，蜻蜓点水、隔靴搔痒，不做深入、系统的分析，就对人家的理论说三道四,补充修正。这两种倾向都应该避免。

在新的世纪里,我们语言学家应该跟哲学家、心理学家、神经科学家、人工智能专家等一起为认知科学的发展作出自己应有的一份贡献。这套丛书主要反映了我国外语学界介绍、阐释、研究认知语言学(主要是狭义的认知语言学)的现状和水平。研究不能靠一时之"热",希望今后的研究工作能在此基础上更加深入、更加扎实,也更加与我国的语言和语言生活相结合。

沈家煊
于社科院语言所

前　　言

　　语言形式与其内容之间的匹配关系一直是语言学和修辞学界争议颇多的问题:有人认为两者之间没有必然的联系,即持语言符号具有"任意性"的观点;也有人认为两者之间存在着必然的联系,即持语言符号具有"象似性"或"理据性"的观点。笔者持辩证的观点,认为语言符号一般都有其理据性,不能因为暂时找不到理据就认为没有理据。可以说,理据性是绝对的,而任意性却是相对的;二者之间作为一个连续体,具有互补性和相对性。任何企图将二者对立起来的观点,都是不可取的、有害的。

　　本书力图在修辞学和认知语言学之间架起一座融合的桥梁,尝试构建狭义认知修辞学——象似修辞——的基本理论主张、框架和研究路径,借以拓宽修辞学的研究疆域,并拓展认知语言学理论的应用价值。笔者在文中指出,象似修辞理论的提出不仅对文学语篇以及演讲、广告和商标等非文学语篇的修辞阐释具有重要价值,而且有益于翻译和语言教学等应用领域的研究。

　　书中浸染着的修辞思想源于作者数十年来内心一直珍藏着的对修辞的无限热爱,起初犹如嫩芽,渐渐成长为一棵小草,在中国英汉语比较研究会这一百花园里得到杨自检、萧立明、王菊泉、潘文国、罗选民诸先生的无私呵护和浇灌,得以健康成长。21世纪之初,深得胡曙中先生厚爱,进入上海外国语大学攻读博士学位,系统研习国内外修辞学理论,掌握了修辞学的基本主张和研究方法,为后续修辞学研究奠定了坚实的基础。先生严慈相济的关心与指导,学生受益终生,没齿难忘。博士同窗好友张辉、姚喜明、李志岭、陈兵等先生的相伴、友谊和支持,无异于艰辛的博士求学路上的盏盏明灯,既照亮了心智之路,也照亮了人生之旅,更构筑了人生的难忘和难忘的人生。

　　在跟随先生学习修辞学的过程中,上外良好的学术条件和人文氛围使本人得以有机会了解国际新兴的认知语言学这一崭新领域,束定芳等先生在国内率先举办首届认知语言学研讨会、创办认知语言学研究会、定期举办相关学术活动，催生了中华大地上蒸蒸日上的认知语言学研究浪潮，促使本人逐渐对象似性、隐喻、转喻和识解等认知语言学热门研究话题产生浓厚的兴趣，继而将修辞学与认知语言学结合起来，从而促成本书跨学科研究视角和路径——认知修辞学——的形成。

在攀登学术研究的道路上，本人尚得到学界翘楚王克非、许余龙、王寅、石毓智等先生以及著名学者王文斌、文旭、熊学亮、刘正光、冉永平、秦洪武、尚新等先生的慷慨指教和热情帮助，既启迪了思想，又增添了学术研究的志趣。

本人孜孜以求的学术研究乐趣以及逐渐形成的严谨的治学态度，不仅得益于以上学界方家和良师益友，还得益于本科求学时王守元先生的鼓励和指导以及硕士导师何兆熊先生的言传身教、谆谆教诲和潜移默化的影响。

本书从选题确定、思路和框架设计到整个成书过程，先后得到孙玉先生、梁晓莉女士和奚玲燕女士的鼎力支持和热情帮助，深感上海外语教育出版社奖掖学术、助力教育的高尚追求。

最后需要说明的是，本书也是集体智慧的结晶。我的学生孔淑娟、张爽、刘芳参与了部分章节的撰写。整本书的选题、框架设计、大部分章节的撰写以及通稿和定稿由卢卫中完成；第 6 章（演讲语篇象似修辞）由张爽撰写，第 7 章（广告语篇象似修辞）由孔淑娟博士撰写，第 8 章（商标语篇象似修辞）由刘芳撰写。孔淑娟博士还承担了整本书的初步校对工作。感谢三位同学的积极参与和重要贡献。

最后，还要感谢我的爱人陈维芳女士、女儿卢薪宇博士。她们一直以来的陪伴、鼓励和热情支持，给我带来了学术研究的无限动力。

卢卫中
2021 年 2 月 6 日
于山东日照曲阜师范大学教授花园

目 录

第1章 绪论 ··· 1
  1.1 本书的研究范围 ··· 1
    1.1.1 认知修辞学：概念界定 ·· 1
    1.1.2 象似性的修辞性研究——狭义认知修辞学 ············· 2
  1.2 本书的研究意义 ··· 3
    1.2.1 象似性理论的研究意义 ·· 3
    1.2.2 象似修辞理论的研究意义 ····································· 4
    1.2.3 认知修辞学对传统修辞学的继承、超越和发展 ········ 4
  1.3 本书的研究目标、对象和任务 ··································· 4
    1.3.1 研究目标 ·· 4
    1.3.2 研究对象 ·· 5
    1.3.3 研究任务 ·· 5
  1.4 本书的研究方法 ··· 6
  1.5 本书的研究框架 ··· 6

第2章 象似性理论及其研究现状 ···································· 8
  2.1 概念界定 ·· 8
  2.2 象似性分类 ·· 9
    2.2.1 映象象似性 ·· 11
      2.2.1.1 语音象似 ·· 11
      2.2.1.2 语相象似 ·· 14
    2.2.2 拟象象似性 ·· 14
      2.2.2.1 结构拟象 ·· 14
      2.2.2.2 关系拟象 ·· 20
    2.2.3 隐喻象似性 ·· 21
  2.3 研究现状 ·· 23
    2.3.1 历史渊源 ·· 23

         2.3.2 国外的象似性研究 ………………………………………… 24
               2.3.2.1 相关学术会议和论文集 ………………………… 24
               2.3.2.2 研究进展 ……………………………………… 25
         2.3.3 国内的象似性研究 ………………………………………… 32
               2.3.3.1 理论研究 ………………………………………… 32
               2.3.3.2 不同语言层面的象似性研究 ……………………… 34
               2.3.3.3 汉语象似性专题研究 …………………………… 37
               2.3.3.4 应用研究 ………………………………………… 38
   2.4 研究趋势 ……………………………………………………………… 40
         2.4.1 研究范围 ……………………………………………………… 41
         2.4.2 理论发展 ……………………………………………………… 41
         2.4.3 跨学科与对比研究 …………………………………………… 41
         2.4.4 研究方法 ……………………………………………………… 42
   2.5 小结 …………………………………………………………………… 43

第3章 象似修辞理论 ………………………………………………………… 44
   3.1 引言 …………………………………………………………………… 44
   3.2 研究背景 ……………………………………………………………… 44
   3.3 象似修辞的概念、分类及其认知修辞效果 ………………………… 46
         3.3.1 象似修辞概念的提出 ………………………………………… 46
         3.3.2 象似修辞的分类 ……………………………………………… 47
         3.3.3 象似修辞的认知修辞效果 …………………………………… 47
   3.4 象似性的文体功能和修辞性 ………………………………………… 48
         3.4.1 象似性的文体功能 …………………………………………… 48
         3.4.2 象似性的修辞性 ……………………………………………… 48
               3.4.2.1 表达作用 ………………………………………… 48
               3.4.2.2 组篇作用 ………………………………………… 49
               3.4.2.3 意图表征作用 …………………………………… 49
   3.5 理论来源、学科特点和研究领域 …………………………………… 50
         3.5.1 理论来源 ……………………………………………………… 50
         3.5.2 学科特点 ……………………………………………………… 50
         3.5.3 研究领域 ……………………………………………………… 50
   3.6 小结 …………………………………………………………………… 51

第4章 文学语篇象似修辞（上） ········ 52

- 4.1 引言 ········ 52
- 4.2 语音象似修辞 ········ 52
  - 4.2.1 直接语音象似修辞 ········ 53
  - 4.2.2 间接语音象似修辞 ········ 55
    - 4.2.2.1 语音联觉 ········ 55
    - 4.2.2.2 音韵、节奏和格律 ········ 56
    - 4.2.2.3 语音变体 ········ 59
- 4.3 语相象似修辞 ········ 61
  - 4.3.1 标点象似修辞 ········ 61
  - 4.3.2 拼写象似修辞 ········ 62
  - 4.3.3 印刷格式象似修辞 ········ 63
    - 4.3.3.1 局部空间布局语相象似修辞 ········ 64
    - 4.3.3.2 整体空间布局语相象似修辞 ········ 66
- 4.4 顺序象似修辞 ········ 69
  - 4.4.1 时间顺序象似修辞 ········ 69
    - 4.4.1.1 显性时间顺序象似修辞 ········ 69
    - 4.4.1.2 隐性时间顺序象似修辞 ········ 73
  - 4.4.2 空间顺序象似修辞 ········ 74
    - 4.4.2.1 上下顺序 ········ 75
    - 4.4.2.2 大小顺序 ········ 76
    - 4.4.2.3 远近顺序 ········ 79
  - 4.4.3 程度顺序象似修辞 ········ 83
  - 4.4.4 无序象似修辞 ········ 85
  - 4.4.5 宏观篇序象似修辞：个案分析 ········ 86
    - 4.4.5.1 个案分析之一 ········ 86
    - 4.4.5.2 个案分析之二 ········ 87
    - 4.4.5.3 个案分析之三 ········ 88
    - 4.4.5.4 个案分析之四 ········ 90
- 4.5 小结 ········ 91

第5章 文学语篇象似修辞（下） ········ 92

- 5.1 引言 ········ 92

5.2 数量象似修辞 ······92
5.2.1 叙事语篇数量象似修辞 ······92
5.2.1.1 会话语篇中语言量调控与人物塑造之间的关系 ······92
5.2.1.2 非会话语篇中语言量调控与文体效果之间的关系 ······96
5.2.2 诗体语篇数量象似修辞 ······100
5.2.2.1 英语长诗行的象似修辞功能 ······101
5.2.2.2 英语短诗行的象似修辞功能 ······106
5.2.2.3 英语诗行长短对比与变化的象似修辞功能 ······107
5.2.2.4 英诗宏观语篇结构的象似修辞功能 ······109
5.2.2.5 汉诗的数量象似修辞功能 ······109
5.3 对称象似修辞 ······114
5.3.1 镜像对称象似修辞 ······114
5.3.2 重复对称象似修辞 ······117
5.3.3 反意对称象似修辞 ······120
5.4 被动象似修辞 ······120
5.5 多种象似修辞类型之间的交织 ······125
5.6 小结 ······127

第6章 演讲语篇象似修辞 ······128

6.1 引言 ······128
6.2 演讲语篇与象似修辞 ······128
6.2.1 演讲语篇的体裁特点 ······128
6.2.2 演讲语篇象似修辞研究及其研究层面 ······129
6.3 语音象似修辞 ······129
6.3.1 语音象似修辞的分类 ······130
6.3.2 间接语音象似修辞 ······131
6.4 顺序象似修辞 ······133
6.4.1 时间顺序象似修辞 ······134
6.4.2 逻辑顺序象似修辞 ······136
6.5 数量象似修辞 ······137
6.5.1 话语长度和复杂性 ······137
6.5.2 重复 ······143

6.6 对称象似修辞 144
6.6.1 镜像对称 145
6.6.2 重复对称 146
6.6.3 反意对称 147
6.7 小结 148

第 7 章 广告语篇象似修辞 150
7.1 引言 150
7.2 广告语篇与象似修辞 150
7.2.1 广告语篇的体裁特点 150
7.2.2 广告语篇的研究现状 151
7.2.3 广告语篇象似修辞研究及其研究层面 152
7.3 映象象似修辞 152
7.3.1 语音象似修辞 152
7.3.2 语相象似修辞 155
7.3.2.1 改变语言拼写的方向 155
7.3.2.2 改变字体的尺寸大小 156
7.3.2.3 改变语篇的空间铺排形式 157
7.3.2.4 采用带删除痕迹的句子 157
7.4 顺序象似修辞 158
7.4.1 时间顺序象似修辞 159
7.4.2 "自我中心"顺序象似修辞 162
7.4.2.1 受人类生理感知特征影响产生的语序 162
7.4.2.2 受人类心理感知特征影响产生的语序 164
7.4.2.3 受人类文化特征影响产生的语序 165
7.5 数量象似修辞 167
7.5.1 话语长度和复杂性 168
7.5.2 重复 170
7.6 对称象似修辞 171
7.6.1 镜像对称 172
7.6.2 重复对称 173
7.6.3 反意对称 174
7.7 小结 175

第8章 商标语篇象似修辞 ……………………………………… 177

- 8.1 引言 …………………………………………………………… 177
- 8.2 商标语篇与象似修辞 ………………………………………… 177
  - 8.2.1 商标语篇的体裁特点 ……………………………………… 177
  - 8.2.2 商标语篇的研究现状 ……………………………………… 178
  - 8.2.3 商标语篇的象似修辞研究及其研究层面 ………………… 179
  - 8.2.4 语料来源 …………………………………………………… 179
- 8.3 映象象似修辞与商标命名 …………………………………… 179
  - 8.3.1 语音象似修辞与商标命名 ………………………………… 180
    - 8.3.1.1 直接语音象似修辞与商标命名 ………………… 180
    - 8.3.1.2 间接语音象似修辞与商标命名 ………………… 181
  - 8.3.2 语相象似修辞与商标命名 ………………………………… 182
- 8.4 拟象象似修辞与商标命名 …………………………………… 183
  - 8.4.1 关系象似修辞与商标命名 ………………………………… 184
  - 8.4.2 结构象似修辞与商标命名 ………………………………… 185
- 8.5 隐喻象似修辞与商标命名 …………………………………… 186
  - 8.5.1 隐喻象似修辞与中国商标命名 …………………………… 187
  - 8.5.2 隐喻象似修辞与外国商标命名 …………………………… 188
  - 8.5.3 隐喻象似修辞在中外商标互译中的应用 ………………… 189
- 8.6 象似修辞在中外商标命名中的异同及其原因 ……………… 191
  - 8.6.1 象似修辞在中外商标命名中的相同之处及其原因 ……… 191
  - 8.6.2 象似修辞在中外商标命名中的不同之处及其原因 ……… 192
    - 8.6.2.1 跨语言因素 ……………………………………… 192
    - 8.6.2.2 跨文化因素 ……………………………………… 194
- 8.7 小结 …………………………………………………………… 196

第9章 象似修辞与翻译研究 …………………………………… 197

- 9.1 引言 …………………………………………………………… 197
- 9.2 象似性翻译研究现状 ………………………………………… 197
- 9.3 象似修辞与翻译 ……………………………………………… 198
  - 9.3.1 理想的翻译效果——形神皆似 …………………………… 198
  - 9.3.2 象似修辞的象似翻译取向 ………………………………… 199
- 9.4 语音象似修辞与翻译 ………………………………………… 200

       9.4.1　直接语音象似修辞与翻译 ·· 200
       9.4.2　间接语音象似修辞与翻译 ·· 201
  9.5　顺序象似修辞与翻译 ·· 203
       9.5.1　句序象似修辞与翻译 ··· 203
       9.5.2　篇序象似修辞与翻译 ··· 204
            9.5.2.1　时间顺序与翻译 ··· 205
            9.5.2.2　空间顺序与翻译 ··· 206
  9.6　数量象似修辞与翻译 ·· 208
       9.6.1　数量对比与翻译 ·· 208
       9.6.2　量大信息的翻译 ·· 209
  9.7　对称象似修辞与翻译 ·· 211
       9.7.1　句子层面的对称象似修辞与翻译 ··· 211
       9.7.2　篇章层面的对称象似修辞与翻译 ··· 212
  9.8　小结 ··· 213

第10章　象似性和象似修辞与语言教学研究 ·· 215
  10.1　引言 ··· 215
  10.2　基于任意性理论的传统语言教学观的优势与局限性 ······················ 215
       10.2.1　传统语言学的理论基础——客观主义的语言观 ····················· 215
       10.2.2　基于任意性理论的传统语言教学观的优势与
              局限性 ··· 216
  10.3　基于象似性和象似修辞理论的语言教学观的优势 ························· 216
       10.3.1　认知语言学的理论基础——经验主义的语言观 ····················· 216
       10.3.2　基于象似性和象似修辞理论的语言教学观的优势 ················· 219
       10.3.3　基于象似性和象似修辞理论的语言教学观对语言
              教学工作者的要求 ·· 219
  10.4　象似性和象似修辞在语言教学中的应用 ······································ 220
       10.4.1　在语音教学中的应用 ··· 220
       10.4.2　在词汇教学中的应用 ··· 221
       10.4.3　在句法教学中的应用 ··· 222
       10.4.4　在语义、语用和篇章教学中的应用 ··································· 225
            10.4.4.1　在语义教学中的应用 ··· 225
            10.4.4.2　在语用教学中的应用 ··· 226
            10.4.4.3　在篇章教学中的应用 ··· 227

  10.4.5 在文学文体学和修辞学教学中的应用 ················ 227

10.5 小结 ··· 228

第 11 章 结论与研究展望 ······································· 229

11.1 本书的总结和研究发现 ································· 229
  11.1.1 本书的总结 ·· 229
  11.1.2 本书的研究发现 ···································· 229

11.2 本书的创新之处和学术价值 ···························· 231

11.3 本书的局限性与未来研究展望 ························· 232

参考文献 ··· 233

第 1 章
绪　　论

1.1　本书的研究范围

1.1.1　认知修辞学：概念界定

认知修辞学(Cognitive Rhetoric)是一门新兴的交叉学科。在国外，Turner(1991,1996)首倡文学的认知研究。Turner(1991:239)在论及认知修辞学与文学批评之间的关系时指出，语言和文学反映了人的认知特征；而认知则是人的大脑活动，它取决于适宜选择限制(constraints of selection for fitness)。这种观点把认知研究成果视作语言学和文学批评的首要基础，这对语言、文学和心智是各自独立的研究对象这一传统观点提出了挑战。不难看出，这种观点为人们从认知的角度研究文学体裁乃至非文学体裁的修辞特征、修辞规律、修辞策略、修辞手段和修辞效果奠定了理论基础。

在国内，主要存在如下三种认知修辞观。一是陈汝东(2001:19)提出的基于言语行为交际的认知修辞学，它认为：认知修辞学从认知的角度探讨修辞交际运作的动态心理机制，分析各种社会心理因素认知和话语认知与修辞行为的动态共变关系，借以揭示修辞的认知规律。作为新的修辞学研究领域，认知修辞学特别关注人们在阅读和写作过程中建构意义的方式。二是蒋严(2008a,2008b)提出的基于关联理论的认知修辞学，该理论认为：关联理论作为一种认知理论，不只适用于语用学的研究，还可以用来描写和解释许多认知现象，包括修辞现象，正因为如此，该理论才能对修辞现象作出独特的描写和解释，才能打通语用与修辞的界限，把语用、修辞与文学鉴赏统一到一起。三是王寅(2010)提出的基于认知语言学的认知修辞学，它认为：将认知语言学的理论取向和研究成果直接引入修辞学研究，不仅可行，而且具有很强的解释力，可望为修辞研究提供一个全新的理论源泉。袁毓林(2012)也认为,修辞学研究可以并且应该从认知语言学等当代语言学的其他分支学科中获得理论和方法上的营养。

在以上这三种认知修辞观中,第一种属于广义认知修辞学(cognitive rhetoric in its broad sense),后两种属于狭义认知修辞学(cognitive rhetoric in its narrow sense)。据陈汝东(2001:11-19),广义上,认知修辞学主要是修辞学与哲学、社会心理学、认知心理学等交叉后形成的分支学科,具有认知科学的属性。认知修辞学的研究对象主要是修辞交际的认知心理机制,或者说是修辞交际过程中信息处理的心理过程。具体地说,这包括话语建构的动态心理机制和话语理解的心理机制、各种语境因素认知与修辞行为的共变关系以及各种修辞手段、修辞方法的认知结构和功能。因此,广义认知修辞学涵盖与认知和修辞相关联的多个跨学科研究领域,而狭义认知修辞学则主要指借用认知语言学理论,尤其是概念隐喻、概念转喻、象似性、范畴化和概念整合等理论来研究修辞现象及其过程背后的认知机制、规律和理据。本书的研究属于后一种,即狭义认知修辞学的研究范畴。

王寅(2010:52-53)指出了建立基于认知语言学的认知修辞学,即狭义认知修辞学的可行性,认为:认知语言学在许多方面皆与修辞学有共通之处,这两个学科具有较大的重叠性和较高的互补性。修辞学主要研究如何有效使用语言以及如何通过有标记用法来实现特殊的修辞效果,这与认知语言学的基本原理颇为接近。认知语言学认为,语言是互动体验和认知加工的结果,而修辞也是一种语言现象,因此一切修辞手段或辞格皆为认知加工的结果。辞格形成于具体的语言环境和表达应用,而认知语言学所倡导的基于用法的模型与修辞学这一基本立场不谋而合,两者皆重视从实际运用角度出发来论述语言的成因、过程和效果,两者皆基于归纳法。

1.1.2 象似性的修辞性研究——狭义认知修辞学

本书集中探讨认知语言学的重要理论之一——象似性——作为一种修辞手段的特点及其修辞功能。换言之,本书主要探讨象似性的修辞性及其功能,我们把这一研究领域称为象似修辞(Iconic Rhetoric)研究。象似修辞研究是认知修辞学研究的一个重要组成部分,属于狭义认知修辞学的研究范畴。象似修辞旨在系统考察象似性的修辞功能及其在文学和非文学语篇中的应用特点、规律和效果,从而在认知语言学的象似性理论和修辞学之间架起一座应用的桥梁。

1.2 本书的研究意义

本书的研究意义既涉及象似性理论的研究意义,又涵盖象似修辞理论的研究意义。前者是后者的基础,而后者则是对前者的应用和发展。

1.2.1 象似性理论的研究意义

有关语言的象似性属性的研究对于丰富语言和语言学研究具有十分重要的意义。传统的语言学关注对语言的任意性、二重性、创造性、移位性等属性的研究,忽视或者说不重视对语言理据性和象似性的研究,这对于全面揭示语言的特点和规律性是极为不利的。自 20 世纪 80 年代认知语言学诞生以来,认知语言学家不仅为语言和语言学研究提供了新的路径、视角和方法,而且拓宽了语言研究的领域、丰富了语言研究的内容。这其中包括将语言的理据性和象似性纳入语言和语言学研究的范畴之内,使得语言的属性研究走向全面和深入,从而对进一步揭示语言的本质属性产生了重要的作用,这充分体现了语言和语言学研究的巨大进步。

象似性研究的兴起主要有如下三个方面的原因:1) 功能语言学的崛起带来语言观的变化,该学派的语言学家不再将语言视为自足自主的纯形式系统,因此必然会试图寻求隐藏在形式背后的语义、功能动因;2) 当代语言类型学和共性研究经过几十年的发展已成就斐然,人们在归纳出大量共性规律的基础上开始试图解释这些规律,这时很容易发现在毫无亲缘关系的众多语言里一再出现某些相似的形式-意义匹配关系,从象似性的角度对此做出解释是十分自然的;3) 认知语言学的产生进一步推动了象似性的研究——该学派的一个基本主张便是语言结构直接映照经验结构,象似现象因而被视为支持这个主张的强有力的证据。(张敏,1998:139-140)

目前,象似性是人类语言固有属性的观点已得到学术界普遍认可,学者们的研究重心早已从有关象似性与任意性的争论转至对象似性的深入探讨以及对象似性理论的应用研究。张敏(1998:139-146)指出,为数不少的一批语言学家对象似性问题进行了深入的探讨,研究显示,语言系统的有机部分——句法——在相当大的程度上具有象似性质,因此象似性是人类语言不可忽视的一个重要特性。事实上,象似性不但存在于语音、词汇、句法和篇章(text)等各个语言层面上,而且存在于各种文学语篇(literary discourse)和非文学语篇(non-literary discourse)之中。象似性并非仅仅体现在人类语言某些较狭窄的领域,如拟声词等,也非偶发性地仅存在于某些怪异偏僻的语言里,而是广泛存在于大量语言的各种词法、句法和篇法组织之中,甚至体现为某些语言共性规律。象似性现象的广泛存在并不构成对任意性命题的简单否定,它只是促使人们更深入而全面地思考这两种属性在语言里的地位和作用。认知语言学家虽然高度重视语言的象似性,却不否认语言的任意性,他们反对的只是对任意性作用的过分夸大。

1.2.2 象似修辞理论的研究意义

笔者在国内外现有象似性研究的基础上,首次提出了象似修辞理论(卢卫中,2003a,2011),旨在探讨象似性的修辞性及其修辞功能和应用价值。该理论的提出既有利于对认知语言学的象似性理论研究的深化和应用研究的拓展,又有利于修辞理论的发展。可以预见,本领域的研究成果对翻译研究、语言教学以及文学教学等相邻学科的理论与应用研究都会产生积极的影响。

因为象似修辞理论是融合认知语言学与修辞学而成的交叉学科,所以它必然具有超越这两个学科的优势,对于进一步挖掘修辞规律、深化修辞效果研究无疑具有重要的理论探讨意义和实际应用价值。

1.2.3 认知修辞学对传统修辞学的继承、超越和发展

首先,认知修辞学认可传统修辞学的基本观点,并以其作为自身研究的基础和出发点。与此同时,认知修辞学以认知语言学等认知科学分支学科的理论为依托,重新审视修辞现象和修辞规律,并力图揭示其背后的认知机制和理据性,借以呈现认知修辞学对修辞现象的解释力。这即体现了认知修辞学对传统修辞学的超越和发展。

1.3 本书的研究目标、对象和任务

作为一个独立的分支学科,象似修辞理论自然有其研究目标、对象和任务。研究目标主要介绍本书的研究思路、方向和拟解决的问题;研究对象是在指出象似修辞的各种类型的基础上,分析它们之间的共性和差异;而研究任务则是对研究目标的分解和细化,即介绍研究的步骤。

1.3.1 研究目标

本书试图以当代新兴学科——认知语言学——的理论为指导,将象似

性这一认知语言学的重要研究领域与传统的修辞学研究相结合,提出象似修辞理论。本书旨在以综述国内外有关象似性研究成果为基础,探讨象似性作为文学体裁和非文学实用体裁中采用的修辞方式而具有的特点、规律和功能,探讨象似修辞对于翻译理论和实践以及语言教学所具有的指导意义,借以建构狭义认知修辞学的基本框架。

具体而言,本书拟主要回答如下几个问题:

1) 象似性的修辞性主要表现在哪些方面?象似修辞的理论来源和学科特点是什么?

2) 文学语篇象似修辞具有什么特点、规律和效果?

3) 演讲语篇(oratory discourse)象似修辞具有什么特点、规律和效果?

4) 广告语篇(advertising discourse)象似修辞具有什么特点、规律和效果?

5) 商标语篇(trademark discourse)象似修辞具有什么特点、规律和效果?

6) 文学语篇象似修辞与非文学语篇象似修辞之间的差异何在?

7) 象似修辞研究具有什么理论价值和应用价值?

8) 认知修辞学研究的理论贡献是什么?

本书的出版对认知语言学、修辞学、翻译学、文学和语言教学等领域的研究将会产生积极的推动作用。

1.3.2 研究对象

象似修辞旨在探讨象似性在诗歌、小说和散文等文学体裁以及演讲、广告和商标等非文学实用体裁中运用的特点、规律和修辞作用,描述象似修辞的应用领域和应用价值,从而揭示象似性的修辞性及其功能,促进认知修辞学的建立和发展。

需要指出的是,文学象似修辞与非文学象似修辞之间既有共性,又存在着差异。事实上,在文学象似修辞和非文学象似修辞这两大类型各自内部之间也存在着一定程度上的差异性。当然,对于各种类型而言,共性大于差异性是基本的规律。

1.3.3 研究任务

本书的研究任务主要体现在以下四个方面:

1) 提出并阐述象似修辞理论。在综述国内外象似性研究现状的基础上,提出"象似修辞"的概念并阐述其理论内涵和应用价值。

2) 分类探讨象似性的修辞性及其修辞功用。以象似修辞理论为指导，分别探讨象似性在诗歌、小说和散文等文学体裁以及在演讲、广告和商标等非文学实用体裁中的修辞功用。

3) 分析象似修辞对于翻译研究的价值。以认知语言学和修辞学理论为指导，分析象似修辞对于翻译理论和实践的指导意义。

4) 分析象似性和象似修辞对于语言教学的指导意义。以认知语言学和修辞学理论为指导，分析象似性和象似修辞对于语言教学的启发和借鉴意义。

1.4 本书的研究方法

陈汝东(2001:35-41)将认知修辞学的研究方法概括为以下三种：

1) 观察法与调查法。所谓观察法是指对日常生活中的修辞现象进行仔细观察，而所谓调查法则指对书面语交际现象进行调查。

2) 认知分析法。这种方法的本质特点是心理分析，就是对修辞实例进行社会和心理的综合解析，解析修辞行为的实际运作过程，剖析修辞主体对社会和心理因素的知觉程度与修辞行为效果之间的对应关系，寻找修辞交际行为成败的认知理据。

3) 测验法。作为语言使用者，我们可以通过实际的言语行为，测试修辞的任何一部分，验证我们通过观察和分析得出的结论或判断。

本研究在继承以上研究方法的基础上，拟采用以定性为主、定量为辅的研究方法。在论述象似性和象似修辞理论的过程中，以定性研究的方法为主；而在论及具体的象似修辞现象及其效果时，有时以数据统计和语料库数据为依据进行一定的定量分析，借以提高修辞效果研究的深度、信度和效度。

把认知分析和语料库统计分析纳入修辞和文体分析范畴之内，说明修辞和文体研究可以借用其他学科的研究方法和研究发现，来提高本学科研究的可验证性。

1.5 本书的研究框架

本书共包含11章。其中，第1章和最后一章分别是绪论和结论。第1

章介绍认知修辞学的研究范围、研究意义、研究目标、研究对象、研究任务、研究方法以及研究框架。最后一章则总结全书,探讨研究发现,指出研究的局限性和未来研究展望。

第2、3章介绍本书的理论基础。其中,第2章在介绍象似性的定义和类别的基础上,综述象似性的国内外研究现状,尤其是语言和文学中的象似性研究现状,并指出该领域未来发展的趋势。以此为基础,作者在第3章提出象似修辞理论,并指出该理论的来源、学科特点和研究领域。这两章为后续章节的研究和撰写提供了学术支撑和理论基础。

第4至8章分体裁对各种语篇的象似修辞进行探究,具体包括文学语篇象似修辞研究(上、下)、演讲语篇象似修辞研究、广告语篇象似修辞研究以及商标语篇象似修辞研究,分别探讨象似修辞在各个体裁中的运用特点、规律和作用。其中,第4、5两章分别从语音、语相、顺序、数量、对称和被动等六个层面细致分析象似修辞在文学创作中所具有的重要作用。由此可见,文学语篇中象似修辞运用比较普遍。相比而言,出现在其他非文学语篇中的象似修辞类型则少得多:第6章的演讲语篇象似修辞涉及语音、顺序、数量和对称四种象似修辞,第7章的广告语篇象似修辞涉及映象(含语音和语相)、顺序、数量和对称四种象似修辞,而第8章的商标语篇象似修辞则仅涉及映象、拟象和隐喻三种象似修辞。

第9章和第10章是象似修辞的应用研究:前者主要分析象似修辞对于翻译理论和实践研究的作用,后者则考察象似性和象似修辞对于语言教学的指导意义。

第 2 章
象似性理论及其研究现状

象似性是当代认知语言学的一个重要研究课题。认知语言学认为,象似性作为同任意性相对的语言属性,存在于语言的音系、形态、句法和篇章诸层面。从这种意义上说,象似性是语言的自然属性。

本章主要介绍象似修辞的理论基础——象似性,包括象似性的概念界定、分类、国内外研究现状以及研究趋势和展望等内容。

2.1 概念界定

根据索绪尔(Saussure,1972:67),语言符号的首要特征(primary feature)是任意性。当代语言学(尤其是认知语言学)扬弃了索绪尔的"语言任意说",认为任意性与理据性(motivation)或象似性是语言符号系统的两极,都是语言符号系统的固有属性,二者之间是辩证统一的关系,对于语言系统的研究和认识都具有重要意义,缺一不可(许国璋,1988;Hiraga,1994;Radwańska-Williams,1994)。

在认知语言学研究中,象似性是一个很重要的课题。何谓象似性?语言学家们提供了不同的定义:

定义一:语言的象似性是指"语言符号的能指和所指之间有一种自然的联系,两者之间的结合是可以论证的,是有理可据的"(沈家煊,1993:2)。

定义二:Iconicity refers to "similarity of form between (perceived) reality and elements/structures of language". (Dotter,1995:48)象似性指的是"(感知到的)现实与语言成分或结构之间形式上的相似"。

定义三:Iconicity as a semiotic notion refers to a natural resemblance or analogy between the form of a sign (the signifier, be it a letter or sound, a word, a structure of words, or even the absence of a sign) and the object or concept (the signified) it refers to in the world or rather in our perception of the world. (Slobin,

2005：307)作为一个符号概念，象似性指符号的形式(即"能指"，包括字母、语音、单词、词的结构甚至符号的空缺)与其在(我们所感知的)世界里所指代的物体或概念(即"所指")之间的一种自然的相似或类比关系。

以上定义尽管措辞不一，但所表达的内容基本上一致，都涵盖了如下两个要点：1) 象似性是语言符号的形式(即"能指")与其内容(即"所指")之间的一种联系；2) 这种联系是可以论证的，是有理可据的。从这个意义上来说，语言形式映照人的概念结构，人的概念结构映照(人所感知的)客观世界。

需要指出的是，现实世界是多维的，人的思维也是多维的，因此以一维的、线性的语言去表现现实世界，不可能是完全象似的，因此象似性是个程度问题(陈海叶、赵应吉，2003：150)。

2.2 象似性分类

有关象似性分类的讨论源于符号学家皮尔士(Charles S. Peirce)的符号分类法。皮尔士将符号分为三种类型，即象似符(icon)、标记符(index)和象征符(symbol)。与象似性讨论关系最直接的象似符(又称"图像符")被进一步分为映象符(image)、拟象符(diagram)和隐喻符(metaphor)三个次类。映象符(如人的肖像)因具有所指物(如所要描绘的人)的某些简单特征而获得相似性。映象符与其所指物之间的关系是一种单项式的(monadic)、简单的、感官式的或模仿式的相似。拟象符(如地图)表示与所指物(如版图)的结构相似的结构。拟象符通过自身组成部分之间的相似关系来表示所指物的组成部分之间的关系。拟象符与其所指物之间的相似是一种二项式的(dyadic)、关系上或结构上的类比关系。隐喻符表示在它事物上体现的平行性。隐喻符(如 my love is a rose)通过指向所指物(如 my love)与它事物(如 a rose)之间的平行性来表征所指物。符号与所指物之间连接的直接性从映象符到拟象符再到隐喻符呈下降趋势。另外，一个象似符可能同时涉及这三个次类而以其中一种为主(Hiraga，1994：6)。

与象似符的分类相对应，语言的象似性主要被划分为映象象似(imagic iconicity)、拟象象似(diagrammatic iconicity)和隐喻象似(metaphorical iconicity)三大类。在映象象似中，符号在某个特点(不一定是视觉特点)上与其所指相似；而拟象象似将符号系统地组织在一起，符号与其所指不一定相似，但符号之间的相互关系映照其所指之间的关系(Haiman，1980：515)。根据 Hiraga (1994：6-19)，映象象似主要包括拟声(onomatopoeia)和语音象征(sound symbolism)。拟象象似涵盖结构拟象(structural diagram)和关系拟象(relational diagram)两个方面:前者表示语言形式的结构与内容的结构或概念的结构相一致;后者表示语言形式上的关系与语言意义上的关系相一致,即"形同义同、形异义异"。其中,结构象似又可进一步分为以下六种,即线性象似(linear iconicity)、邻近象似(proximity iconicity)、数量象似(quantity iconicity)、对称象似(symmetrical iconicity)、非对称象似(asymmetrical iconicity)和范畴象似(categorical iconicity)。与前两大类不同,隐喻象似的形成需借助"其他事物",即符号与所指物之外的第三个事物。从这种意义上讲,隐喻象似其表指关系(signification)的实现需借助一个三项式(triadic)关系。隐喻象似的研究可以从语法隐喻、常规隐喻和诗体隐喻三个层面进行。笔者把以上分类图示如下:

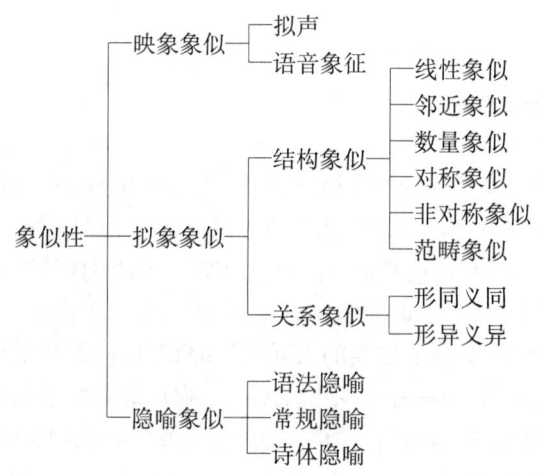

图 2.1 基于 Hiraga(1994:6-19)的象似性分类

另一个比较全面的分类是由 Fischer & Nänny(1999:xxii)提供的,Johl et al.(2010:2)对其做了局部修改(如图 2.2 所示):

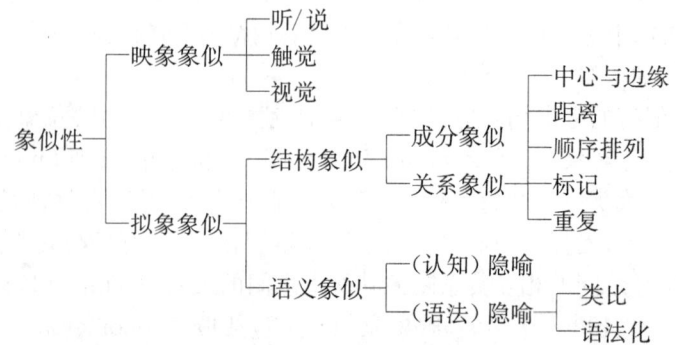

图 2.2 基于 Johl et al.(2010:2)的象似性分类

以上两个分类既各有所长,又各有不足。相比而言,前一个分类更全面一些。笔者以前一个分类为基础,在补充新内容的基础上提出了一个更全面的分类(如图 2.3 所示):

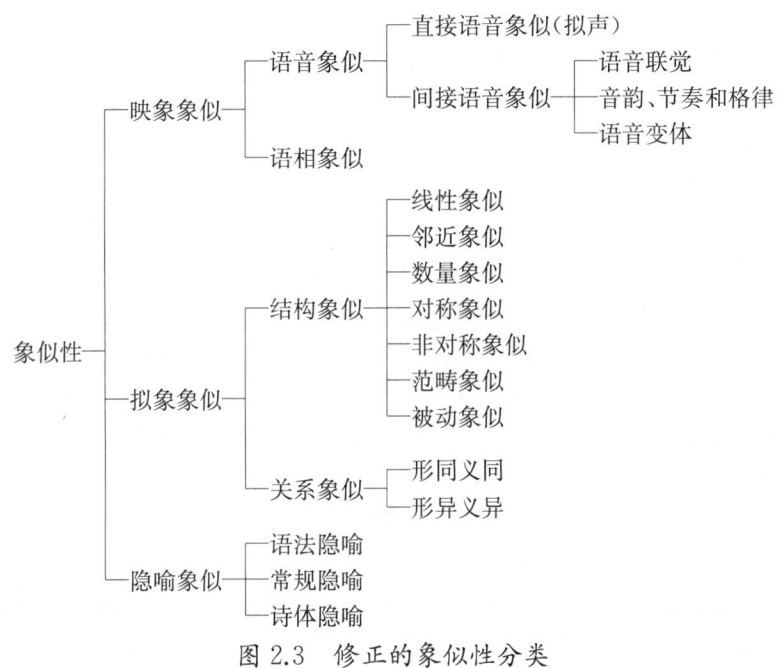

图 2.3　修正的象似性分类

Hiraga(1994:6)认为,映象象似(主要包括拟声和语音象征)不是语言中的主要象似性内容,所以并未展开论述。我们持不同观点,认为映象象似是语言象似性的重要组成部分,不但包含语音象似[①](即拟声和语音象征),而且还包含语相象似。就拟象象似中的结构象似而言,我们在原有六个小类的基础上增加了一个新的小类,即被动象似(passive iconicity)。

2.2.1　映象象似性

语言中的映象象似性主要涉及语音象似和语相象似两大类。

2.2.1.1　语音象似

语音象似(sound iconicity)指语言形式(即语音)与其所指内容之间存在一致性。语音象似的运作机制存在如下两种情形:对于书面语而言,其运作

---

① 笔者提出了"语音象似"的说法,并将其进一步分为"直接语音象似"和"间接语音象似"两个小类:前者用以指代 Hiraga(1994:6)的"拟声";后者相当于其"语音象征",但取其广义,囊括语音联觉、音韵、节奏、格律和语音变体等内容。

机制是借书面语营造的视觉效果来传递某种听觉效果;而对于口语而言,其运作机制是直接用语音来传递听觉效果。因为两种运作机制最后都落脚到听觉上,因此语音象似又可称为听觉象似(auditory iconicity)。语音象似可以分为直接语音象似和间接语音象似:前者主要指拟声,后者主要指语音象征。狭义的间接语音象似主要指对语音联觉(phonaesthesia)这种语音象征手法的使用,广义的间接语音象似还包括对音韵、节奏和格律以及语音变体等语音象征手法的使用。

拟声词指词的形式(即语音)与其代表的意义之间发生直接联系,也就是说,词的语音是直接模拟自然声音而构成的。根据模拟的对象,可以将拟声词分为如下四类:1) 自然界的声音,如英语中的 swish(唰唰作响)、crack(噼啪作响)、gurgle(汩汩作响)、rumble(隆隆作响/咕哝)和汉语中的"汩汩""潺潺""淙淙""哗哗""扑通""萧萧""呜呜";2) 动物的叫声,如英语中的 yap(狂吠)、bark(吠叫)、howl(嗥叫)、neigh(嘶鸣)、moo(发哞声)、roar(吼叫/轰鸣/咆哮/喧嚣)、growl(狂吠/咆哮/轰隆作响)、mew(喵喵叫)、quack(呱呱叫)、hum(嗡嗡叫)、cockadoodledoo(喔喔喔/啼叫)、buzz(嗡嗡叫)、hiss(咝咝作响)和汉语中的"唧唧""喳喳""喵喵""汪汪""喔喔""嗷嗷""嗡嗡""哞哞""咕咕""呱呱";3) 工具发出的响声,如 tinkling(叮当声)、ticking(滴答声)、banging(砰砰声)、creaking(嘎吱嘎吱声)、clattering(哐啷声)和汉语中的"丁丁当当""嗒嗒""砰砰""哐哐""轰轰""嚓嚓";4) 人发出的声音,如giggle(咯咯笑)、chuckle(咯咯地轻声笑)、mumble(咕哝)、whimper(呜咽)、groan(呻吟/哼哼)、chatter(喋喋不休)和汉语中的"嘻嘻""哈哈""咯咯""哎哟""吃吃""呼哧呼哧"。

张培基(1964:7-10)根据拟声词的功能,将拟声词分为如下三大类:第一类拟声词仅仅模仿物体的声音而不代表发声物本身,如上文提及的四类拟声词。第二类拟声词既模仿物体的声音,又代表发声物本身;或者它们仅仅代表发声物本身,人们已不再想起它们的拟声词源。例如,英语中的 cuckoo(布谷)、ping-pong(乒乓)和汉语中的"知了""蟋蟀""蝈蝈""蛐蛐"原本是昆虫、鸟类或者器具发出的声音,后来直接转指发出此类声音的发声物本身。这类拟声词从词性上说属于动词用作名词的转换,从认知上看属于声音动作转指施事的转喻认知机制作用的结果。第三类拟声词指带有声音象征的词语。这类词语在词源上没有拟声根据,但因为它们本身的某些字母的发音能象征某种概念或意境、气氛,引人联想。我们认为,前两种拟声词属于直接语音象似,而第三种则属于间接语音象似。

语音联觉手法主要出现在英语中,指某些非拟声词的语音能反映某种特定词义。下面是几种常见的语音联觉类型：1) 词首的 fl-音表示运动或带有光在移动的意思，如 flap(拍动/振动)、flee(逃走)、flick(轻打/轻拍/轻弹)、flicker(摇曳/闪烁)、fling(猛冲)、flip(轻弹/轻击)、flit(轻快地飞来飞去)、flow(流动)、flutter(飘动)、fly(飞)、flame(火焰)、flash(闪烁/闪亮)、flimmer(闪光)；2) 词首的 gl-音也常有光的意思——尽管是不动之光，如 glare(发强光)、gleam(发微光)、glint(闪亮/反射)、glow(灼热/燃烧)、glisten(闪光/闪亮)、glimmer(微光)；3) 词首的 sl-常有"滑溜"的意思，如 slippery(滑)、slick(光滑)、slide(滑动)、slime(变黏滑)、slop(泥浆中行进)、slosh(泥浆中跋涉)、slobber(流涎)、slushy(泥泞)；4) 短-i-音常含有"细小"的意思，如 inch(慢行)、imp(顽童/幼枝/幼芽)、thin(瘦)、slim(苗条)、little(小)、bit(点)、chip(碎片)、sliver(长薄片)、chink(裂缝/缝儿)、slit(裂缝)、sip(抿)、whit(丝毫)、tittle(微量)、snip(剪下的小片)、wink(眨眼)、glint(一闪/一丝)、pigmy(侏儒)、midge(侏儒)、chick(小鸡/小鸟)、kid(娃儿)、kitten(小猫)、manikin(侏儒)、miniature(缩影)；5) 长-o-或-oo-音暗示忧伤，如 moan(呻吟/呜咽)、groan(呻吟)、woe(痛苦/悲哀)、mourn(哀悼)、forlorn(孤苦伶仃/可怜)、toll(哀鸣)、doom(厄运)、gloom(忧郁)、moody(郁郁寡欢/情绪低沉)；6) 词尾的-are 音有时暗示强光或巨响，如 flare(火焰)、glare(闪耀)、stare(凝视)、blare(发出喧闹声/发出耀眼的光)；7) 词中间的-att-意味着某种零星动作，如 spatter(飞溅)、scatter(散开)、shatter(砸碎)、chatter(饶舌)、rattle(喋喋不休)、prattle(闲扯)、clatter(叽叽呱呱地闲谈)、batter(捣毁/砸烂)；8) 词尾的-er 或-le 音则示意重复，如 flutter(飘动/颤动)、shimmer(闪光/闪烁)、whisper(低语)、jabber(叽叽喳喳说个不停)、sputter(结结巴巴地说)、twitter(叽叽喳喳地叫)、mutter(嘟哝)、ripple(荡漾/形成波纹)、bubble(发出噗噗声)、twinkle(闪烁/闪亮)、sparkle(闪耀)、rattle(喋喋不休)、rumble(嘟嘟囔囔)、jingle(发出叮当声)。

当然，这些不同的语音并非一成不变地与其所暗示的词义结合在一起，但这些语音与观念之间的密切联系足以充分表明这种内在的隐蔽关系。

Perrine(1977)认为，拟声在语篇中的使用是有限的，只有在作者描写声音的时候才会被用到，而大多数的语篇并不描写声音。例如，在印刷广告语篇中拟声很少被用到，使用更为广泛的是广义上的间接语音象似。通过使用间接语音象似，可以使广告更加直观、形象、生动，刺激受众的听觉系统，产生相关联想，传达给受众直观的感受和经历，从而激起他们的购买欲。笔者认为，语音象似在实用类文体中局限性较大，但在文学创作(尤其是诗歌创作)中应用广泛。

2.2.1.2 语相象似

语相象似(graphological iconicity)指语言的排版印刷形式与其所表达的意义之间存在一致性。尽管在日常语篇中语相象似是一种少见的语言现象,但在诗歌、实验散文以及广告语篇中却应用甚广(Fischer,1999:251)。以广告为例,广告(尤其是印刷广告)在很大程度上依赖于语言的诗性作用,诗性语言本质上包含象似过程,因为诗性语言通过具体的、形式上的表达方式(主要是通过词汇安排,如诗句断裂、间距、创造词性、单词省略及其他一些方式)来传达意义(Robbie,2001)。语相象似手法在广告语言中的运用使广告在语言形式上更加新奇,更易吸引观众的注意力,从而实现其劝说作用。

2.2.2 拟象象似性

拟象象似性涵盖结构拟象和关系拟象两个方面。

2.2.2.1 结构拟象

结构拟象表示语言形式的结构与其内容的结构之间具有对应关系,即语言形式的结构与其内容的结构或概念化的结构相一致。如上所述,结构拟象可以从以下七个层面做进一步的分析,即线性象似、邻近象似、数量象似、对称象似、非对称象似、范畴象似和被动象似。在当代认知语言学界,语言象似性研究主要围绕前六种类型展开。

2.2.2.1.1 线性象似

线性象似,又称顺序象似(order iconicity)或序列象似(sequencing iconicity),指句法成分的排列顺序映照他们所表达的实际状态或事件发生的先后顺序(沈家煊,1993:4)。Hiraga(1994:8-9)指出,语言使用中成分出现的线性顺序与所涉及概念的时间序列一致。人们在描述时间上依次发生的系列动作时,所采用的正常句子顺序即现实中动作发生的实际顺序。譬如,可以说 John came in and sat down(约翰进来后坐了下来),却不可以说 John sat down and came in(约翰坐下后进来了)。又如:

(1) John entered the car and started the engine.
(2) He mounted the horse and rode off.
(3) I came, I saw, I conquered. (Julius Caesar)

时间顺序的观念是人类认知结构中最重要、最根本的观念之一(张敏,1998:159)。为了解释汉语里的语序现象,戴浩一(Tai,1985)提出了一条时间顺序原则,即时间顺序象似性原则(iconic principle of temporal sequence),表述为"两个句法单位的相对次序决定于它们所表示的概念领域里的状态的时

间顺序"。例如:

(4) 我吃过饭,你**再**打电话给我。　　(时间连接词"再"表示前一分句先发生)

(5) 我们工作一结束,他**就**来了。　　(时间连接词"就"表示前一分句先发生)

(6) 你给他钱,他**才**给你书。　　(时间连接词"才"表示前一分句先发生)

(7) 我吃过饭**再**打电话给你。　　(时间连接词"再"表示前一个动作先发生)

(8) 他吃了半碗饭**就**饱了。　　(时间连接词"就"表示前一个动作先发生)

(9) 你给了我钱**才**能走。　　(时间连接词"才"表示前一个动作先发生)

(10) 他上楼睡觉。　　(两个动词短语并列,表示连续的动作,其顺序与概念领域里的时间顺序一致)

(11) 他去图书馆拿书。　　(与例10相似)

(12) 他拿书去图书馆。　　(两个动词短语的排列顺序不同时,可以有不同的时间顺序解释。试比较例11)

(13) 我们开会解决问题。　　(与例10相似。同时,相对于后一个动词短语,前一个具有方式作用)

(14) 他骑脚踏车走了。　　(与例13相似)

2.2.2.1.2　邻近象似

邻近象似,又称距离象似(distance iconicity),是指语言中靠近的成分在语义上往往也更紧密(Hiraga,1994:9)。Bybee(1985:11-12)的研究表明,动词词干与屈折范畴之间的邻近性往往与动词意义的概念距离和这些范畴所表达的概念相一致,这是一种普遍的倾向。她对世界上50种语言进行了调查,考察了价、语态、体、语气以及数、人称和性的一致性等屈折范畴,结果显示:1)形态范畴与动词之间的相关性越高,就越可能与该动词出现在同一合成或黏着构式之中;2)形态范畴与动词之间的相关性越高,其标记就可能越靠近该动词的词干;3)形态范畴与动词之间的相关性越高,该范畴与词干之间的形态-音位熔合度就越大。

Posner(1986)观察到英语和德语中名词中心词其修饰性形容词的排列顺序中存在着一个有趣的邻近象似现象,这包括两种象似性:1)离名词中心词的局部距离显示出名词性的程度(Posner,1986:316),如下文例(15a)和(15b);2)语言距离上的邻近意味着语义上的靠近(Posner,1986:320),如下文例(16a)和(16b)。

(15) a. a heavy English mahogany writing table
   b. a heavy table for writing made of mahogany from England

这说明,无论是后置还是前置限定词,其名词性程度越高,就越靠近名词中心词。

试比较下面两个短语(Posner,1986:319):

(16) a. the uncompleted fourth symphony (未完成的第四组交响乐)
   b. the fourth uncompleted symphony (第四组未完成的交响乐)

释义上的这一区别说明,最靠近名词中心词的限定词与其构成一个语义单位。同样,限定词越靠近名词中心词,其语义范畴对后者的依赖性就会越高。

Lakoff & Johnson(1980:126-133)从"邻近性是效果强度"的认知隐喻角度讨论了类似的现象。例如:

(17) a. Mary does*n't* think he'll *leave* until tomorrow.
   b. Mary thinks he wo*n't leave* until tomorrow.

例(17a)的否定之力比例(17b)弱,因为其否定标记 n't 比后者离动词 leave(离开)远。同样,在以下两组句子中,(18b)中 Greek(希腊语)与 Harry(哈里)的邻近意味着对 Harry 具有比(18a)更强的教学影响效果;而例(19b)中 chair(椅子)与 comfortable(舒适)的邻近意味着比例(19a)具有更直接的体验(Lakoff & Johnson,1980:130):

(18) a. I taught *Greek* to *Harry*.
   b. I taught *Harry Greek*.
(19) a. I found that the *chair* was *comfortable*.
   b. I found the *chair comfortable*.

2.2.2.1.3 数量象似

数量象似指语言形式的量与意义的量(即力量、程度)之间存在着象似关系。也就是说,形式愈多,意义愈多(Hiraga,1994:11)。反过来说,量大的信息,表达它们的语言形式往往也比较大、比较复杂。数量象似说在认知上有其理据性。现实生活中,容器大小与容量成正比,这一关系在语言表达中的反映就是:形式多意味着内容多(Lakoff & Johnson,1980:127),即语言形式的量越大,所表达内容的量往往也越大。

认知语言学主张,从数量象似中可以衍生出复杂程度象似。在语言类型学上,相对简单的概念普遍由相对简单的语言形式表达,而相对复杂的概念则普遍由相对复杂的语言结构表达(Croft,1990)。这种趋势反映了语言结构与其所代表的外部世界和概念世界的结构的平行性,因而是象似性的一种表现。语言形式的复杂性反映了概念上的复杂性,这种观念早就是标记理论的一个重要方面。有标记的语言形式通常在结构上和语义上都比无标记的形式复杂。复杂概念与复杂形式的对应既反映在形态学上(如在世界各语言中,词语的复数形式往往比其单数形式长),又反映在句法结构上(如在以下修饰结构中,语言的形式越长,所表达的内容往往越复杂:河流<最长的河流<世界最长的河流)(张敏,1998:153-156)。

2.2.2.1.4 对称象似

对称象似指对称的语言表征反映了所表征概念的对称关系(Hiraga,1994:11),换句话说,在概念上具有同等重要性和并列关系的信息在语言表达上具有对称性(赵艳芳,2001:161)。

人类对对称的渴望源于人类身体的左右对称结构。譬如,我们有两只手、两条胳膊、两条腿,它们既是彼此的重复又是彼此的倒置。既然是彼此的重复,那么可以说它们是相同或相似的;而它们又是彼此的倒置,故又可以说是不同的。因此可以说,对称是神秘的对立中的相同(Norrman,1999:74-75)。人类天生具有借倒置和重复手段来克服(时间等)不对称性概念的欲望,这种对称欲深刻地影响着人类的思想、语言和文学。因此,人类的对称欲在本质上是象似的,在语言上直接反映在回文(palindrome)、回环(antimetabole/antistrophe)和交错法(chiasmus)①等辞格上,间接反映在反论(paradox)、矛盾修饰法(oxymoron)、对偶(antithesis)、反语(irony)和歧义(ambiguity)等辞格上(Norrman,1999:64)。

从修辞学和美学的角度来说,语言形式上的对称,除了具有视觉上前后

---

① 在对称象似的讨论中,Norrman(1999)仅仅论及交错法,而忽略了另外两种更典型的辞格,即回文和回环。或者说,Norrman(1999)的"交错法"取其广义,包含后两种辞格。

对称的形美和听觉上循环往复的音美之外,主要是为了传递内容上相互对称的意美。

Nöth(2001:23)把对称象似分为以下三种类型:第一种称为"镜像对称"(mirror symmetry),如小写字母 p 和 q 构成的对称,这种对称多存在于交错法和连珠法(anadiplosis)等辞格中;第二种称为"重复对称"(translative symmetry),即纯重复构成的对称(如 p p p …),这种对称多出现在排比、重叠构词和纯重复中;最后一种称为"反意对称"(antisymmetry),指有一个显著区别特征的两个形式之间的对称,如黑 p 和白 p 或黑 p 和白 q 之间的对称,这种对称的最好例证为 happy or sad(开心抑或忧伤)、come and go(来去)、in and out(里外)和 lion and lamb(字面义"狮子和羔羊",喻指"凶猛与温柔")等反义的成对词以及 March comes in like a lion and goes out like a lamb(字面义"三月来如狮子,去如羔羊",意指英国三月初春寒料峭,三月尾温煦柔和)等谚语。

2.2.2.1.5　非对称象似

非对称象似在某种程度上常见于线性象似和邻近象似之中,在这两种象似中成分之间的序列或距离反映出内容成分之间的不对称关系。Talmy(1978)认为,另一种句子中的非对称象似性反映了图形(FIGURE)和背景(GROUND)这两个认知语义范畴之间的区别。试比较以下两对句子:

(20) a. The *bike* is near the *house*.
　　b. ? The *house* is near the *bike*.
(21) a. *John* resembles his *father*.
　　b. ? John's *father* resembles *John*.

在以上两对句子中,句(a)和(b)不是同义句。在一般的语境下,the bike(自行车)与 the house(房子)以及 John(约翰)与 John's father(约翰的父亲)之间的不对称关系——每一组中的前者是可变成分,后者是参照成分——使得(a)句可接受,而(b)句则不可接受。其中,the bike 和 John 是图形,the house 和 John's father 是背景。在此类简单句中,图形被表达为话题(topic),背景被表达为评述(comment)。因此,话题/评述表征与图形/背景认知之间存在拟象对应。

类似的规则同样适合复合句,其中主句对应图形,从句对应背景:

(22) a. He *dreamt* while he *slept*.
　　b. * He *slept* while he *dreamt*.

在例(22b)中,主句的前景化功能与背景 he slept(他睡觉)这一认知范畴相冲突。

2.2.2.1.6 范畴象似

认知语言学认为,语言的范畴化与我们对世界进行概念化的方式一致,有关语言范畴化与认知范畴化之间关系的主张可以借拟象象似得以阐释。Lakoff(1987:58)认为,语言范畴与我们概念系统中的其他范畴应该属于同一种类型,语言范畴属性方面的证据应该有助于理解一般的认知范畴。用语言范畴理解认知范畴的这种方法论的基本前提预设着两者之间的一致性。这种一致性可以视为拟象性的,因为语言范畴与认知范畴属于同一种类型。正是由于认知与语言属于相同的类型,才说明两者之间具有结构拟象性。由此,范畴象似是指语言范畴与认知范畴之间所具有的结构拟象关系。

Hiraga(1994:13)认为,认知与语言之间具有明显的相关性还反映在如下方面:认知范畴里的"基本/非基本"的不对称性由语言范畴里的"无标记/有标记"不对称性来表征。例如,基数词和单数没有标记,而非基数词和复数在大部分语言中都是有标记的。基本时态现在时在语义上"无标记",多没有显性标记符号;而过去和将来等非基本时态在语义上"有标记",而且多有显性标记符号。因此,认知上的基本或"无标记"概念多具有"无标记"形式;而非基本或"有标记"概念多具有"有标记"形式。

认知语言学认为,语义结构是对人们在经验世界中形成的认知范畴的映射(文旭、江晓红,2001:15)。象似性是人类认知世界、归类事物的基础,语言范畴的功能就是建立在这种对客观世界的认知和分类基础上的。属于同一形式范畴的语言单位在认知上有相似之处,最典型的例子是词类,如名词、动词、形容词等都有各自的概念基础,可以在认知上加以界定,从而揭示形式范畴与概念范畴之间的对应性。除语词以外,语法范畴也明显体现了这种对应。语法上的主语和宾语倾向于与概念上的施事和受事相对应。"主语-谓语"句法结构在概念上表示句子以动词为中心,作为主语突出语这一范畴。大量的研究还表明,范畴化象似机制不只体现在语法范畴方面,还体现在词汇范畴方面。Rosch(1978)的研究表明,各种语言中对生物类别的命名规则就反映了这种机制。比如,属于种(species)层面的生命形式在概念上比处于属(genera)层面的要更复杂,感知领域的这一区别以象似的方式反映在语言范畴里。在世界上许多不同的语言中,属的概念都是由一个词来表达的,而种的概念则由包含一个属名和一个区别性特征的复合词来表达,如汉语中的"茶"和"红茶"、"杉"和"红杉"等。由此便不难理解罗素所说的"语言与世界同构"的深层含义,即语言与真实世界同构(isomorphic)和自同构(automorphic)(指语言系统内部的某些方面具有同构性),因为象似性是人类认知世界、归类事物和进行概念化、范畴化的基础(文旭、江晓红,2001:18)。

2.2.2.1.7 被动象似

语言中的被动形式是由动词的被动构式(passive construction)体现出来的。在被动构式中,支配动词的主语可以隐藏起来。被动的连续使用有时候会产生如下不同的形式效果:在科技写作(如 the test tube was filled with a 30% salt solution)中,使用被动形式是为了避免提及主语;在政治语言(如 something must be done)中,被动既能够表达关注却又可以不承担任何责任(Wright & Hope,2000:69-70)。

所谓"被动象似",是指借被动态的语法形式表征人类生活中的被动概念——包括物质上的被动和心理上的被动。在文学创作(尤其是小说创作)中,被动象似是一种重要的文学手法或修辞手段,对于塑造人物或展开故事情节具有重要的意义。

2.2.2.2 关系拟象

关系拟象表示语言形式之间的关系与语言意义之间的关系相一致,即形式相同表示意义相同,形式不同表示意义不同。这一同构原则(isomorphic principle)包含两个方面:形式不同反映意义不同,形式相同反映意义相同。

首先,关于形式不同。两个词或句子形式不同,意味着意义不同。这一观点受到语言中存在着同义和释义用法这一主张的挑战。对此,Bolinger(1977)提出如下反驳:"不存在意义完全相同的形式区别。"Haiman(1985b)也认为,语言中绝对的同义是罕见的。以下例子足以说明形式的不同往往反映出意义上的差别:

(23) a. Waiting would have been a mistake.

　　b. Waiting has been a mistake.

(24) a. To wait would have been a mistake.

　　b. *To wait has been a mistake.

(25) a. George turned the pages.

　　b. The pages were turned by George.

(26) a. George turned the corner.

　　b. *The corner was turned by George.

其次,关于形式相同。形式上的相同(或相似)意味着意义上的相同(或相似)。语言中存在着大量基于形式-意义连接的词语之间形成的联想,其结果是词语契合关系(word-affinity)。例如,英语中的词末/-ʃ/音表示"剧烈或快速"之意:bash(猛击/猛撞)、clash(发出刺耳撞击声)、crash(哗啦一声坠落)、dash(猛冲/飞奔)、lash(急速挥动/猛烈打击/猛烈抨击)、mash(压碎/打碎)、slash(鞭打/猛砍)、smash(打碎/粉碎)、splash(飞溅)、thrash(脱粒/痛打)、trash(丢弃/袭击)。与此相类似,汉语中同偏旁的词语也往往具有相近的意义,如"河""流""汁""汤""沉"和"泥"以及"坑""坝""坎""堆"和"塔"。

Haiman(1980)将拟象象似性分为同构(isomorphism)和动因(motivation)两类。同构,或称成分象似(相当于"结构拟象"),指拟象符的能指与其所指成分之间的一一对应,即拟象符中的每一个点与其代表物结构中的每一个点相对应,而不管这些点在任何特性上有什么区别,这种象似性在语言里体现为"一个形式对应于一个意义"的趋势。动因(或称"关系象似",相当于"关系拟象"),指的是这样一种符号特性:同样的构成成分之间的关系与其所指物的构成成分之间的关系相同。就语言而言,它指的是语言结构的构成成分之间的关系以拟象象似的方式反映意义或概念结构的成分之间的关系。简单地说,动因就是成分之间关系的对应(张敏,1998:151-152)。

2.2.3 隐喻象似性

与映象象似性和拟象象似性不同,隐喻象似性(metaphorical iconicity)的形成需要借助"另外的事物",即符号与对象之外的第三个事物。由此,隐喻象似表指关系的建立需要借助于一个三分体的关系。例如,隐喻表达式 my love is a rose(我的心上人是朵玫瑰)通过指向所指物 my love(我的心上人)与其他事物 a rose(玫瑰)之间的相似来表指所指物——my love 本身。隐喻象似性的概念在符号学上的意义在于:通过具有相似性内涵的隐喻的导入来促进人们对语言符号与思维对象之间相似性的关注与理解。

根据 Hiraga(1994:15-19),隐喻象似性可以分为语法隐喻(grammatical metaphor)、常规隐喻(conventional metaphor)和诗体隐喻(poetic metaphor)三种类型。

1) 语法隐喻。拟象象似体现于语法的方式也可以解释为隐喻象似性,因为该方式涉及跨域投射,如(时空)经验域投射到(语法)形式域,或者(认知)概念域投射到语言域。Langacker(2004:39)指出,语法体现常规意象(imagery),即这里所说的隐喻。为了语言表达的目的,意象以特定的方式为场景提供结构,强调场景的某些方面而同时忽视另外一些方面,从某一视角看场景,或者借某一隐喻对场景进行识解。

2)常规隐喻。隐喻——无论是常规隐喻抑或创新隐喻——普遍存在于语言中。认知语言学特别关注常规隐喻,其基本主张是,"隐喻不仅存在于语言中,而且存在于思维和行动中"(Lakoff & Johnson, 1980:3)。隐喻被置于人类形成、处理和发展概念或思维的认知平面上,换言之,概念以隐喻的方式被结构化。由于概念的隐喻性结构化,我们可以用隐喻体验事物,甚至用隐喻谈论事物。

3)诗体隐喻。当代认知语言学认为,象似性普遍存在于日常语言的各个层面上。而对于诗体语言来说,象似性是其规则,即支配诗篇结构的原则。现有的语言诗学多集中在对映象象似和拟象象似的探讨上。

为了借助象似性研究来理解诗体隐喻,在认知科学和皮尔士符号学影响下不断发展的语言诗学为诗体隐喻的结构力提供了很多的启示。Lakoff & Turner(1989)展示了构成日常表达法基础的基本概念隐喻如何也构成许多诗体隐喻的基础,如何部分地为诗体隐喻提供结构力。Haley(1988)将皮尔士的符号学融入对诗体隐喻的研究中,主张:诗体隐喻表现为皮尔士所称的"完整符号",其中,象征的、象似的和指示的层面被相互整合在一起。

赵艳芳(2001:159)认为,认知语言学主要关注拟象象似和隐喻象似,因为映象象似在语言中很少见。李鑫华(2005:71-72)探讨了将隐喻归入象似性的缘由,分析了隐喻与象似性之间的关系,认为:象似性所研究的是语言符号对自然存在的"临摹"与"相似",也就是说,语言符号与自然之间存在着相似性是象似性力主的理据性的思维;而隐喻,作为一种认知方式,帮助人们发现事物之间的相似性,从而更深入地认知对象事物,也就是在符号与对象之间架起一座桥梁。于是,从概念上来说,象似性是具有相似性内涵的概念,隐喻也是具有相似性内涵的概念,然而这种表层上的"同"并不能掩盖两者的"异"。隐喻所关注的相似是本体与喻体或源域与目标域之间的相似,而象似性所关注的相似是语言符号与思维对象之间的相似。"隐喻象似"概念在符号学上的意义在于:通过具有相似性内涵的隐喻的导入来促进人们对语言符号与思维对象之间相似性的关注与理解。因此,站在符号学的立场上,可以将隐喻看作象似性思维。隐喻中本体与喻体或源域与目标域之间的相似是表现语言符号与思维对象象似性的手段。象似性带有强烈的非任意性意识,这种非任意性意识体现在语言符号对客观存在的外界事物的象似性上。隐喻象似借第三个事物来阐述,通过将隐喻的相似性融合进象似具有的相似性中,最终对符号与对象做象似性的阐述。而 Haiman

(转引自张敏,1998:149-150)的观点则不同,他认为,人类自然语言里的象似性主要是映象象似和拟象象似,尤其是后者。

我们认为,尽管 Hiraga 将隐喻列为象似性的一个类型,而且李鑫华(2005)探讨了这种做法的理据性,但隐喻象似与映象象似和拟象象似毕竟存在较大的差异。可以说,后两者是典型的象似性类型,而前者则不是。隐喻象似的象似度(degree of iconicity)要比另外两种类型低得多——三者的象似度排列顺序由高至低依次为映象象似→拟象象似→隐喻象似。从另一角度来说,有关修辞隐喻和认知隐喻的研究已经非常普遍。因此,尽管将隐喻归入象似性对于象似研究和隐喻研究都有一定的意义,本书的研究重心仍将放在映象象似和拟象象似这两种典型象似性上面。就这两者而言,由于语言中前者的普遍性远不及后者,因此本书的研究探讨又将以后者为主。

2.3 研究现状

象似性研究 20 世纪 80 年代发端于国外,90 年代传播至中国。目前,象似性在国内外是一个重要而活跃的研究领域。

2.3.1 历史渊源

语言象似性观念的形成最早可追溯到古希腊哲学家对"词"与"物"关系的争辩以及我国先秦哲学家关于"名"与"实"的讨论。不过,长期以来,对这个问题感兴趣并做出较多研究的主要是符号学家。早在 1902 年,皮尔士把符号分为象似符、标记符和象征符,其中,象似符又分为映象符、拟象符和隐喻符三类,这种区分构成了象似性研究的符号学基础。现代语言学家对"语言是否具有象似性"问题一般避而不谈,或持否定态度,主要原因是索绪尔的"任意性原则"已深入人心,或是因为人们对象似性的认识过于片面和肤浅(张敏,1998)。但 20 世纪 50 年代以后,语言学研究的重点逐渐从语言结构本身转向语言形式背后的认知系统,其中的一个焦点就是象似性。

1965 年,雅各布森最先对语言的任意性提出挑战,打破了索绪尔语言符号任意性一统天下的局面,语言的理据性研究渐露端倪。自 20 世纪 80 年代以来,随着认知语言学的兴起,象似性研究逐渐发展成为语言理据性研究的核心议题。研究表明,语言在相当大的程度上具有象似性质,象似性是人类语言的重要特性。最早系统探讨象似性的是 Haiman(1980,1985b),他从同构和动因两个方面进行了开拓性的研究,从象似性以及经济性与象似性磨损两个角度深入探讨了句法动因,奠定了象似性研究的认知基础。此后,更全面的研究不断涌现,涉及语音、词汇、句法、篇章、共时和历时、文学和非文学等多个视角和层面,象似性研究的对象和范围逐步确立。在国内,自20世纪90年代以来,象似性也逐渐得到学术界的积极响应,发展势头迅猛。到目前为止,音位、形态、构词、句法、篇章以及语言变化等层面发现的语言与文学象似性越来越多,这些研究有力地证明:象似性是一种新的、重要的研究范式(Johl et al.,2010)。

2.3.2 国外的象似性研究

2.3.2.1 相关学术会议和论文集

20世纪80年代以来,象似性研究在国外方兴未艾。到目前为止,有关象似性研究的国际性专题大会已召开13次(王寅,2001:332;http://www.iconicity.ch),每次大会的论文都结集出版。

第一次句法象似性专题研讨会于1983年6月在美国斯坦福大学举行,会后Haiman(1985a)主编了《句法象似性》,研究的论题有"关系象似""同构与自同构"和"相竞的理据",研究焦点是语言中普遍存在的句法象似性现象。第二次语言象似性专题研讨会于1992年10月在意大利罗马大学举行,会议论文由Simone(1995)编入《语言象似性》,研究内容涵盖"语言学史""符号学理论""语言描写与语言学理论"以及"语言之外的符号系统"。

1996年,阿姆斯特丹大学与苏黎世大学合作成立了象似性研究项目组,在自建的网站(http://www.iconicity.ch)上开设"象似性介绍""国际象似性学术会议介绍"和"论文集介绍"等栏目。自1997年至今,该项目组每两年组织一次国际性、跨学科的语言与文学象似性专题研讨会,到目前为止业已举办12届。每届会议论文均由约翰·本杰明出版公司结集出版,到目前为止已出版11部(前10届会议的具体时间、会址和论文集内容介绍,请见2.3.2.2研究进展)。

此外,国际上还有两次研讨会与语言象似性研究相关。一次是1988年7月在南斯拉夫萨格勒布市召开的第十二届国际人类学与人种学大会,会上宣读的10篇象似性研究论文外加15篇约稿由Landsberg(1995)结集为《句法象似性与语言凝固词》出版,探讨了句法象似性的作用及其与语言、文学、心理学和哲学等学科间的关系。另一次是1992年8月在加拿大拉瓦勒大学召开的第十五届语言学家国际会议,其中的"隐喻与象似性"讨论组提交的7篇相关论文由Masako K. Hiraga与Joanna Radwańska-Williams编辑,在

《语用学杂志》(1994年第22卷第1期)的"隐喻与象似性"专号上发表。

上述研讨会及其论文集为象似性研究明确了研究范围、提供了研究范式、提出了研究方法论,为象似性研究今后的发展打下了坚实的基础。

2.3.2.2 研究进展

国外的语言象似性研究主要集中在欧洲,而该领域的研究成果又主要体现在以上介绍的象似性国际研讨会及其论文集中。从这些研讨会和已出版的论文集的名称变化可以看出,国外的象似性研究大致经历了三大发展阶段,即从最初的"句法象似性研究"发展到"语言象似性研究",再到"语言与文学象似性研究"。可以看出,象似性研究的范围不断拓宽,研究层次逐渐增多。

就后10届语言与文学象似性专题研讨会及会后出版的同名论文集而言,尽管研究的对象主要涉及语言与文学象似性,但前后之间在所涵盖的内容和研究范围上也存在着不同。第一部论文集主要探讨了书面篇章(written text)和口语语篇(oral discourse)中的象似性。之后出版的论文集研究范围迅速扩大,囊括了诸如视觉篇章、手势语、视觉与听觉符号化、媒介象似性、生态象似性、东亚语言文化象似性以及象似性与翻译的交叉研究等领域,象似性研究对象从初期的语言和文学扩大至后来的音乐、电影、摄影、戏剧、游戏、佛经等多种媒介。这充分说明,人们更深刻地认识到,意义与形式之间存在着广泛的相似性和一致性(Ljunberg & Tabakowska,2007)。

下面着重介绍代表着国外象似性研究现状的、已经出版的十部同名论文集的研究状况。

1) 形式模仿意义(Form Miming Meaning)

首届语言与文学象似性专题研讨会于1997年3月在瑞士苏黎世大学(Zurich University)举行。会后,Fischer & Nänny(1999)主编出版了论文集《形式模仿意义——语言与文学象似性》。编者在绪论中指出了象似性作为一种创造力对于语言和文学的重要性。他们用大量实例讨论了映象象似性和拟象象似性,认为:映象象似性在实际语言中虽不起主要作用,但在文学语言里作用重大;更抽象的拟象象似性则广泛存在于更高的语言层面上。在映象象似中,符号("能指")与映象/物体("所指")之间存在着"直接的"联系;而在拟象象似中,这种联系更"抽象",是一种关系象似。拟象象似性又分为结构象似性和语义象似性。属于语义象似性的隐喻在语言变化中起着重要作用,这主要表现在语法化上。

在语言的认知理论框架内,形式与内容间的相互关系已成为当代语义学研究的一个核心话题,其基本假设是:语言结构不直接反映客观世界,而是反映人类感知的世界。因此,象似识解本质上不与感知过程相关,而是直接反映概念结构。对语言结构与其背后的概念间的相似性的实际识别需要语言使用者遵循一定的规约。由于规约因文化和语言而异,象似性就难以被视为"自然的""普遍的",象似符与象征符之间构成了一个连续统相对的两极(Tabakowska,1999)。

2) 有理据的符号(Motivated Sign)

第二届语言与文学象似性专题研讨会于1999年3月在荷兰阿姆斯特丹大学(Amsterdam University)举行。会后,Fischer & Nänny (2001)主编出版了论文集《有理据的符号——语言与文学象似性之二》。在该论文集中,Nöth (2001)区分了两类象似性,即向心象似性(endophoric iconicity)和离心象似性(exophoric iconicity)。"形式模仿意义"的象似性是离心的,而出现在词语重复和对称结构中的"形式模仿形式"的象似性是向心的。离心象似性属于经典的、纯符号学的象似性概念,而向心象似性涉及语言的横组合和纵聚合映射,包含重复、排比、头韵、押韵和格律等特征。由此可见,Nöth把象似性概念由离心象似性扩展到了向心象似性,使文艺美学中的模仿论与自主论这两个相左的理论得以调和。由此,象似性概念成为文艺美学中这两个不相容理论的共享部分。此外,向心象似性概念在该论文集中还被其他学者用来讨论其他象似性,如语音象似性、排版象似性以及语法结构和篇章结构象似性。

3) 从符号到符号化(From Sign to Signing)

第三届语言与文学象似性专题研讨会于2001年3月在德国席勒大学(Schiller University)召开。会后,Müller & Fischer (2003)主编出版了论文集《从符号到符号化——语言与文学象似性之三》。该论文集中主要出现了以下三个新的研究动向。一是对手势语的兴趣,具体地说,是对"符号化"(signing,即符号语言的手势模式)的兴趣。手势符号和符号语言结构方面的研究可以说明口语的象似性基础以及口语象似性演变的方式。Grote & Linz (2003)分析了符号语言象似性对语义概念化的影响,并指出,对一个符号而言,其所指只有某些属性被以象似的方式表征出来,也就是说,符号与其所指间的相似既不全面也不客观,对这种象似性的认识总受到感知者理解的过滤。因此,符号的即时语境规约性越高,从象似性角度理解规约化符号的可能性就越低。该研究所做的实验说明,心理词库中的语义组织受符号象似性的影响;不仅概念化引导语言表达,而且语言反过来也影响概念化。二是对读者反映论的创新应用,即读者根据从文学语篇中发现的提示来对其进行象似化处理。Johansen (2003)从阅读的角度讨论了映象、拟象和隐喻,并区分了映象化(imaginisation)、拟象化(diagrammatisation)和讽喻化(allegorisation)这三种文学篇章象似化方式。尽管这三个过程在阅读中相互关联,但也可以视作理解过程中三个层面的抽象化。三是对媒介象似性(intermedial iconicity)的关注。媒介象似性指形式层面上不同艺术媒介间的相互依赖和互动关系。Wolf(2003)认为文学形式能够模拟其他艺术和媒介,并据此分析了文学形式模拟其他媒介的三种媒介象似性,即小说的图示化、小说的电影化和小说的音乐化。

翻译过程中如何保留或创造象似性的问题也涉及一种语言媒介与另一语言媒介间的互动。Tabakowska(2003)的研究表明,一种语言中的某些规约象似性用法或许在另一语言中仍然具有表现力,这方面的知识对于翻译而言意义重大。翻译过程中,只有那些确有表现力的象似手段才应该以同样的方式转换出来,以便在目的语中传递相同的特殊交际目的。

4) 由外及里与由里及外(Outside-In and Inside-Out)

第四届语言与文学象似性专题研讨会于 2003 年 3 月在比利时鲁汶大学(Louvain University)召开,会后 Maeder et al.(2005)主编出版了《由外及里与由里及外——语言与文学象似性之四》。该论文集的标题反映了所收录论文的方向性。象似性所涉及的认知过程是从大脑"之内"转向大脑"之外"(即概念或思想的外在表达)的过程,亦即"由里及外"(inside-out)的过程。从某种意义上说,前三部论文集均论及"由外及里"(outside-in)的象似性过渡,在这种过渡中,人们对"外部"世界的感知给心智或大脑带来"内部"概念化所需要的刺激,继而形成"外部"的概念表达,并反映在语言行为中。

象似性是一种文化现象,它取决于人们认识能指与所指间关系的方式。所以,象似性研究与文化研究直接相关,能使我们理解不同的文化以何种方式在心理上表征其世界和价值。象似性因具有文化含义而成为识别价值和自我文化的修辞手段。人们可以通过表征事物的象似性来操纵他人。这种观点背离早期的象似性观点,认为符号能主动地参与到产生和接受符号的语境之中。该观点把象似性概念变成一种批评工具,用这种工具可以挖掘各种艺术领域中对意识形态的操纵。这种象似性操纵构成了该论文集由里及外的象似观(Ljunberg & Tabakowska,2007)。

为了给象似性提供多面性的理解,在研究语言形式的基础上应该同时研究音乐等其他人类交际形式(Herlofsky et al.,2005)。因此,音乐及其与语言的互动成为该论文集研究的一个焦点。Georis(2005)认为,象似性不仅仅是一种"响亮"和"夸张"手段,而且还是蒙特威尔第用来揭示贯穿其整个牧歌集结构的东西;在此,象似性具有元语言功能。该研究表明,象似性是巴洛克音乐的典型手段,音乐因象似性而成为"他律性艺术";象似性是音乐作品的一种文学策略。

5) 毋庸置疑的映象(Insistent Images)

第五届语言与文学象似性专题研讨会于 2005 年 3 月在波兰雅盖隆大学(Jagiellonian University)召开。该会议论文集《毋庸置疑的映象——语言与文学象似性之五》(Tabakowska et al.,2007)的出版标志着中心在阿姆斯特丹的象似性研究项目组头十年研究已经结束,并由此进入了第二个十年研究期。该论文集有两个新动向:一是电影和多媒体表演被纳入"文学"体裁的范畴之中,二是生态象似性(eco-iconicity)理论被提出。

Purdy(2007)在探讨电影映象的复杂性时把镜头视作象似符,分析了电影摄制过程中表现出的象似属性,认为:电影是一系列相片,或者说,是一系列包含其他象似符的象似符,这些象似符连在一起产生一种移动的感觉,这种组合效果作为"象似符矩阵"影响着观众;形式或者通过规约,或者借其他象似符构成的更大的拟象单位来把象似符变成象征符,从而产生意义和效果。因为电影之间相互参照,而且大部分伟大的制片人学习自己的前任,所以电影象似符本质上是自指性的(self-referential)。在多媒体表演中视觉、手势、言语和声学等不同类型的象似符号的复杂组合给这一符号过程的分析带来了困难,然而 Moser(2007)对 Laurie Anderson 的作品《白百合》的精彩分析解决了这一难题。他讨论了象似性在言语形式(抒情诗)与非言语形式(音乐、舞蹈、卡通及其媒介形式)间的跨模态整合,认为媒介象似性整合了语言表征与言语和视听交际手段,并据此从认知符号学和"体验认知"的角度探讨了 Anderson 的多媒体表演。

另外,Terblanche & Webster(2007)把卡明斯作品中的动态复杂性界定为符号的动态性,这种动态性典型地反映了生态系统的动态性。他们从"形式模仿意义"的角度分析了卡明斯的图像诗,指出:句法、词语拆分、书页上的视觉布置、空白的运用以及他们所称的"转换语义学"配合使用,一起"模拟"生态系统的动态过程。由此,诗歌以象似的方式实现了人与自然间生态的、相互依赖的、共存的融合。

6) 符号的力量(Signergy)

第六届语言与文学象似性专题研讨会于 2007 年 4 月在南非约翰内斯堡大学(Johannesburg University)召开。会后,Conradie et al.(2010)主编出版了论文集《符号的力量——语言与文学象似性之六》。该论文集涵盖了两个重要的研究课题,即象似性的综合理论探讨以及象似性与翻译的交叉研究。Elleström(2010)在空间思维观的基础上指出,形式都有意义,意义都有形式。他在以下假定的基础上提出了一个模式,即假定象似性在某种程度上具有等级性,说明象似性领域包含许多现象,而这些现象一般不被视作相互关联,而是具有系统的可比性。同时也说明,超越视觉与听觉以及物质与心理界限的模仿力能够分辨出"隐喻"和"弱拟象"。因此可以说,象似性不仅可以理解为形式模仿意义和形式模仿形式,而且还可以理解为意义模仿意义和意义模仿形式。

本部论文集中有两篇论文探讨了象似性在翻译理论和实践中的作用和地位。Petrilli(2010)认为,不同语言间的翻译只不过是符号系统间翻译的一种特例,因为从符号学的角度看,任何篇章本身就是一种翻译,即篇章本身包含符号材料与理解问题。然而,对于既需要纯粹的模仿、复制和重复又需要创造和解释的文学翻译而言,象似性匹配需要受到进一步的检验,即需要在源语与目的语篇章之间创造一种距离,从而创造出一个既像又不像原文的篇章。Naudé(2010)则借《古兰经》和《圣经》中的例子,从翻译学的角度提出了如下主张,即源语与目的语篇章间的关系不再仅仅是一种相似关系,也非人们所普遍认为的具有高度象似性,而或许主要是标记性(indexical)或象征性(symbolic)的关系。这一看法总体来说能促使人们更好地理解翻译的上位范畴。

7) 表象与表指(Semblance and Signification)

第七届语言与文学象似性专题研讨会于2009年6月在加拿大多伦多大学(Toronto University)举行。会后,Michelucci et al.(2011)主编出版论文集《表象与表指——语言与文学象似性之十》。该论文集至少具有如下两个特点:一是研究范围广,象似性研究领域涉及语言学、文学创作、媒介研究、电影、音乐、绘画、建筑以及认知诗学工作坊等;二是所收录论文对象似性在概念的形成和交际及其编码和解码过程中所起的作用提出质疑,并考察了象似性在(英语、意大利语、日语、汉语、手势语等)多种语言、(文学、电影、音乐、摄影、混合媒体等)艺术媒介以及象似性与其他关键符号问题之间的接合点问题(如拟象和隐喻表达、标记性和多模态)等领域内的相关性和运作方式,而且特别关注象似性的认知基础及其在多模态视角研究中的作用(Michelucci,2011:xi)。

特别值得一提的是,有三位大陆学者首次参加该研讨会,且其论文收录于该论文集之中:《汉语映象象似性》(胡壮麟,2011)、《燃烧的战争世界——象似性在构建小说〈永别了,武器〉的世界观中的应用》(赵欣欣,2011)、《中国古典诗歌心理空间映射的认知研究》(张汉良,2011)。他们首次在国际研讨会上就象似性研究发出了自己的声音。

8) 象似性探索(Iconic Investigations)

第八届语言与文学象似性专题研讨会于 2011 年 6 月在瑞典林奈大学(Linnaeus University)举行,会后 Elleström et al. (2013)主编出版了《象似性探索——语言与文学象似性之十二》。该论文集既关注语言的语言学特征,又关注其文学特征。有些研究分析了语言的认知结构,而另一些研究则密切关注口语的声音和书面语的视觉特征。还有的研究聚焦音乐映象和视觉映象等媒介类型,而这些媒介类型又整合为一个整体工程来加深人们对象似性的理解,即主张象似性是借助相似关系来创造意义。该论文集认为,在语言及其他媒介类型中,象似性是表指关系的一个基本组成部分,但同时又是学界探讨相对较少的部分。在过去数十年里,象似性研究已成长为一个至关重要的研究领域,其跨学科视野具有深远的意义。

值得一提的是,该论文集中出现了如下三个新的研究领域:一是象似性与整合理论的交叉研究,如 Turner (2013)探讨了整合理论对象似性的解释力;二是戏剧象似性研究,如 Maeder (2013)考察了歌剧(opera)和神剧(oratorio)中采用的象似性结构和策略问题;三是游戏象似性研究,如 Mooijer (2013)分析了数字化阅读游戏中的经验象似性。

9) 象似性:东西方交汇(Iconicity: East Meets West)

第九届语言与文学象似性专题研讨会于 2013 年 4 月首次在亚洲召开,具体地点在日本立教大学(Rikkyo University)。会后,Hiraga et al. (2015)主编出版了论文集《象似性:东西方交汇——语言与文学象似性之十四》。以往的象似性研究多以欧美等西方语言文化为研究对象,而本论文集一多半的篇幅或探讨了亚洲语言文化中的象似性,或对世界上的不同语言进行了比较研究,其中至少有两篇论文专门论述了日语词汇象似性问题。

Hiraga et al. (2015: 2 - 3)指出,既然象似性在东西方普遍存在,以东方语言文化为主要研究对象的这本论文集恰是象似性研究中出现的可喜变化。正因为东方语言文化象似性研究的深度和广度远远不够,尚未引起学界足够的重视,所以该论文集出现了东方语言文化象似性研究的如下特色:东亚语境下一个关键的象似性研究话题是书面语和手势语等视觉语言及其相应的象似书写系统;在当今的电子传播时代,中国、韩国和日本等国家采用的表意/语素文字系统(logographic systems)为视觉传播的象似机制提供了巨大的研究空间,因为象似性是大众传播和私人交流这一新阶段一种主导性的"传播模式";表意/语素文字书面交际在东方比在西方更具主导性,所以书写类型对手势语传播模式的影响便成为东亚语境下一个颇具挑战性的研究领域。

10) 象似性的维度(Dimensions of Iconicity)

第十届语言与文学象似性专题研讨会于 2015 年 3 月在德国蒂宾根大学(Tübingen University)召开。会后，Zirker et al. (2017)主编出版了论文集《象似性的维度：语言与文学象似性之十五》。该论文集涵盖如下五个不同维度的象似性研究：声音维度的研究以实证、历时和理论研究为基础，而认知维度的研究则探讨了象似性的功能；多模态维度的研究从哲学、语言学和文学的视角出发，分析了书面篇章与映象之间的拟象互动关系；施为维度的研究聚焦佛经、好莱坞电影以及莎士比亚修辞结构的动态性。论文集最后一部分探讨了象似性研究的新方法，包括计数象似性、象似性、歧义与可解释性之间的相互关系以及形式语义学角度的文学分析象似性。

不难看出，尽管以上十部会议论文集的名称——主要是副标题——保持不变，但是学者们的实际研究范围已经远远超出了语言和文学的范畴。这既反映了象似性研究相对稳定的一面，同时也反映出该研究领域不断发展的趋势。

此外，第十一届语言与文学象似性专题研讨会于 2017 年 4 月在英国布莱顿大学(University of Brighton)召开，会议的主题是"象似性的操作化"(operationalization of iconicity)，大会论文集《操作化象似性》(Operationalizing Iconicity)已于 2020 年 5 月出版。第十二届语言与文学象似性专题研讨会于 2019 年 5 月在瑞典隆德大学(Lund University)召开，根据惯例，大会论文集将于会后两年出版。

除了以上 11 部会议论文集之外，还有如下五部作品也被项目组列入了"语言与文学象似性"这一系列研究之内：《限定象似：从元理论基础到语言象似性的创造性可能性——语言与文学象似性之六》(de Cuypere, 2008)、《自然性与语言象似性——语言与文学象似性之七》(Willems & de Cuypere, 2008)、《从互动到符号：符号演变与交际的系统观——语言与文学象似性之八》(Sadowski, 2009)、《创造性动力：叙事的拟象策略——语言与文学象似性之十一》(Ljungberg, 2012)、《韵律与象似性——语言与文学象似性之十三》(Hancil & Hirst, 2013)。这些论文集的出版进一步扩大了象似性研究的范围和影响面。

最后值得一提的是，日本学者 Hiraga (2005)撰写的《隐喻与象似性——篇章分析的认知路径》是象似性研究的一部力作。作者在探讨隐喻与象似性之间的交互关系的基础上，提出了隐喻-图像连接(metaphor-icon links)模式，并分析了该模式对诗歌的解释力。此书对于诗歌等文学体裁的批评研究具有重要借鉴意义。

2.3.3　国内的象似性研究

受到欧美学术潮流的冲击,在我国语言学界,语言的象似性也逐渐成为热门话题。根据张喆(2007),我国的象似性研究已经由引介走上了创新研究的路子,重点集中在符号的本体性特征问题、象似性的认识与具体表现以及象似性理论的构建问题等方面,并呈现如下三个特点: 1) 象似性研究由句法层面向语音、篇章层面拓展,但句法层面仍然是研究的重点;2) 象似性诸类型的研究程度参差不一,它们之间的相互关系以及与具体语言的关系研究有待加强;3) 由单一的寻求象似性的证据转向象似性理论指导意义的研究。笔者认为,我国象似性研究的另一个重要特点是存在着象似说与任意说之间的争论,这既反映了正常的学术争鸣,同时也反映了象似说在我国诞生后所遭遇的阻力。尽管如此,象似性研究在我国也得到了长足的发展。

2.3.3.1　理论研究

2.3.3.1.1　理论背景:象似说与任意说之争

国外语言象似性与任意性争论经历了三个阶段,即两论相持时期(古希腊至 19 世纪末)、索绪尔时期(20 世纪初至 60 年代)和后索绪尔时期(20 世纪 60 年代以来)。在第一个时期,基本上是两种观点并存、两论相持;在第二个时期,任意说占上风;而在第三个时期,象似说得到认可,重新出现两论相持的局面(王寅,2000a、2007)。

在我国,象似性研究的时间不长,但任意性与理据性(或象似性)间的争论相当激烈,主要有三种观点。第一种观点是"任意性支配说",认为语言符号与客体的联系是任意的,语言发展中语言单位间的理据性本身也是任意的(王德春,2001;马壮寰,2002;张绍杰、张延飞,2007;赵宏宇、胡全生,2009),这种任意性是符号系统的本质特征(郭鸿,2001)。持此种观点的最新研究(霍永寿、孙晨,2017)更是从语言哲学的角度进一步系统阐释了索绪尔的语言符号任意性观点,认为:任意性乃语言符号意义解释之第一原则;学界之所以误解索氏任意性是因为有关学者只关注该原则的语言学特性,而忽视了其语言哲学属性。第二种观点是"理据性支配说",主张任何语言符号都有理据,"尚未找到理据性"不等于"任意性";许多表面任意性实际上是不同理据性相互作用的结果(陆丙甫、郭中,2005)。该观点与"任意性支配说"针锋相对,有矫枉过正之嫌,但有助于探求语言世界背后的规律。第三种观点是"象似性辩证说",认为语言符号具有高度的象似性,索绪尔任意性原则的普遍性值得怀疑(许国璋,1988;沈家煊,1993;褚孝泉,1997;王寅,1999;秦洪武,2001;朱永生,2002;王艾录,2003;顾嘉祖、王静,2004)。语言符号的象似性和任意性既有区别,也有联系,既互相对立,又相互补充;语言就处于这两极之间(王寅,2002)。

胡壮麟(2009)指出,近二三十年来,国内之所以就符号和语言的任意性和象似性问题时有争论,原因在于如下几个方面:任意论者所谈的符号是语言符号,而象似论者所谈的符号具有包括语言符号在内的元符号性质;就语言而言,前者着重语音和口述语言,而后者还兼及文字和书面语言;就象似性而言,前者承认为数较少的高度的拟声性,而后者则扩展至拟象性、隐喻和有理据性。

我们认为,任意性是语言的基本属性,象似性既是对任意性的挑战,又是对语言本质认识的深入和发展,"语言符号既有任意性,又有象似性,这两者间的关系是并存的,甚至是互动的"(朱永生,2002:6)。因此,应该搁置分歧,求同存异,允许两种学说并存,这才是科学的态度。

2.3.3.1.2 理论研究现状

在我国,象似性理论研究的现状主要体现在以下几个方面:许国璋(1988)在我国外语界首次对任意说发起挑战,从语言哲学的角度指出语言符号的能指和所指之间只存在"人为的联系",受到语言和社会双重机制的制约,两者之间的联系是理性的联系,而不是任意的联系。该文为我国学者的象似性研究吹响了号角,奠定了我国象似性研究的基础。李葆嘉(1994a)通过对《普通语言学教程》的研读,发现索绪尔在论证任意性原则时有三大失误;李葆嘉(1994b)进一步论证了符号的可论证性原则,认为该原则可以为字/词源学和词汇系统的研究,为探讨词的内部形式或象似性提供理论基础。严辰松(2000)将语言的理据分为外部理据和内部理据两大类。王寅(2002)指出,任意说的哲学基础为客观主义,象似说的哲学基础为非客观主义,即体验哲学;王寅(2009)认为,语言表达象似于人的认知方式,也在其作用下在某些方面和某种程度上象似于现实世界,这充分体现了后现代哲学的人本主义精神。颜小娜(2008)认为,篇章象似性的认知理据在于人类认知模式的顺序性和记忆的"联系原则"以及语言输出加工的机制。石卫(2013)指出,狭义的象似性仅存在于语言符号与所指意义之间,而广义的象似性则更多地存在于人类的未知领域和已知领域之间,是人类认知世界的基本方式之一;广义象似性之所以成为一种基本认知方式,背后有着深刻的原因——世界本身是象似的,人的思维模式在本质上也是象似的。

以上研究廓清了象似性与任意性的辩证关系,阐明了象似性理论的基本内容和观点,为我国的象似性研究奠定了理论基础。

2.3.3.2　不同语言层面的象似性研究

在我国象似性研究的早期阶段,学者们从各个层面对语言中的象似性做了有益的探讨。

1) 语音层面。尽管象似性比较显著地反映在句法层面上,但在语音和词汇层面上同样存在着象似性。因此,有些学者就这两个层面的象似性进行了探讨。

在语音层面,李世中(1987)探讨了汉语声调与词义之间的象似性关系,认为:汉语声调对词义的象征性表明,汉语在音义层面上存在许多可理解性和可论证性,并不是完全任意的。杜文礼(1996)探讨了音义相联形成的象似性。延俊荣(2000)从语音形式与句法意义、语音形式与语义和语音形式与语用义三个方面讨论了汉语语音的象似性问题。贺川生(2002)论述了语音与所表达意义之间的象似性关系,并论述了音义学的哲学基础、历史渊源、研究目的、研究对象、理论意义和实践价值。马秉义(2002)运用《果裸转语记》所提供的语源研究方法,对汉语果裸与英语 R 语族进行了比较,发现了不少此类汉英相近似的东西,认为汉英在语源及其派生方法上的许多相似之处可能说明了语言的共性。如果能够发现更多此类语源,可能意味着语言即使在语音的层面上也不是任意的(王寅,2009:5-6)。刘丹青、陈玉洁(2008、2009)赞同指示词的语音形式与距离远近之间存在着关联的观点,提出了指示词语音象似性的三条原则——背景原则、响度原则和重度原则,并通过大量汉语方言数据的统计分析进行了验证。林艳(2009)提出了语词音义联系是语言符号象似性的表现之一的观点,并用大量语言事实论证了语词音义联系的必然性,说明这种必然性与语词音义联系的机制一样,都体现了语言符号的象似性原理。应学凤(2009)以统计分析为基础,指出现代汉语单音节反义词的音义之间存在一定的对应关系,即表"正面"的反义词的元音、辅音和声调的音响度常高于表"反面"的。张立昌、蔡基刚(2013)介绍了 20 世纪以来国内外语音象征研究的方法和成果,指出了存在的问题以及进一步探讨汉语语音象征研究的前景。陈再阳(2015)指出,汉语音韵要素的象似性功能表现在三个层面,一是对自然音响的客观性临摹,二是对特定事物的转喻性临摹,三是对特定情感的隐喻性临摹;汉语这种象似性的理据是声、韵、调的特点,以此为基础,形成了具有不同表现功能的聚合类词族。

2) 词汇层面。同语音层面的象似性研究一样,词汇层面的象似性研究也不多见。杜文礼(1996)的第二部分"词汇象似性"既是语音层面的象似性探讨,同时也属于词汇层面的象似性研究,因为这里探讨的语音象似性仅限于词汇层面。张敏(1998)在《认知语言学与汉语名词短语》一书的下编"距离动因和汉语名词短语"中,利用象似性理论对汉语名词短语中"的"的隐现的多种不同情况进行了阐释。文旭(2001a)探讨了英语词序,尤其是凝固词(freezes)的词序问题,提出词序主要受以下四个原则的支配,即图像序列原则、与说话人接近原则、邻近象似原则和文化规约象似原则,并认为:词序象似性的揭示是对索绪尔开创的结构主义语言学中任意性原则的反动。卢卫中(2002)则从时间顺序、空间顺序、思维视点和文化观念等多种认知因素的角度,考察了英汉凝固词构成成分线性排列顺序的规律和认知依据,证明了词语的内部顺序与人的思维、认知顺序相一致。蒋澄生、廖定中(2009)讨论了英汉成语中象似性的分类以及两种不同语言的成语在象似程度与分布上的差别。张东方、卢卫中(2013)以认知语言学的象似性理论为基础,对比、分析了汉英两种语言中名量词的构建理据。文章通过列举并分析大量的实例证明,大部分名量词的构建都以象似性为理据,从而为解释名量词的构建提供了一个全新的视角。张积家等(2013)采用手语词-图片确认任务,通过两个实验,考察象似性在手语词语义加工中的作用。实验1以聋生为被试,发现在手语词语义加工中存在象似性效应和熟悉性效应。实验2以聋生和健听口语-手语双语学生为被试,进一步证实在手语词语义加工中存在象似性效应,聋生的象似性效应大于健听口语-手语学生。整个研究表明,象似性在手语词语义加工中具有重要作用。

3) 句法层面。与国外的象似性研究一致,我国早期的象似性研究主要集中在句法层面上。沈家煊(1993)对国外的句法象似性方面的研究情况做了比较全面的介绍,探讨了象似性原则与其他认知原则之间的关系、象似性的认知基础、汉语句法的象似性等问题,指出句法象似性研究应注重从认知角度探索句法规则约定俗成或"语法化"的规律。该文为我国的句法象似性研究打下了基础,指明了研究的方向。严辰松(1997)介绍了四类语言结构形式临摹现实世界的现象,即疏离、对称、不可预料性和思维的顺序,认为语言结构在某种程度上反映了人们所经历的世界结构。张敏(1998)在《认知语言学与汉语名词短语》的第三章"句法的象似性"中,详细论述了复杂性、独立性、次序、对称、重叠和范畴化等六种句法象似性,并探讨了象似性动因的竞争以及象似性的减损。文旭(2000)探讨了句法结构和形态结构中的距离象似性,证明了距离象似性在句法结构和形态结构中都是客观存在的;文旭(2001b)从英汉语料出发,对比探讨了并列结构、顺承关系、连动式、动补式等句法中的顺序象似性,验证了认知语言学中的顺序象似原则。路云(2006)从时间顺序和空间顺序两个角度探讨了英汉句序的认知特点,认为就句序与思维和认知的关系而言,句子的构成成分之间的线性排列次序映照人类思维与认知的轨迹。李艳华(2009)在分析"一边 p,一边 q"中 p、q 语义关系的基础上,对 p、q 的换位问题进行了探讨,认为"一边 p,一边 q"中 p、q 的位置比较固定,绝大多数情况下不能互换,要遵循篇章衔接的合理性和句法象似性原则。邱细平、石毓智(2011)指出,象似性原则对话语形式与功能之间的关系具有很强的解释力,对英汉被动语态句子结构差异以及被动标记的语法化过程也具有很强的解释力。张建(2013)基于 1 000 万字语料的统计分析,发现并列项时间关联的紧密度和其句法形式之间具有较强的象似性,即:并列项时间关联的紧密度越高,它们之间的句法距离越小;反之,它们之间的句法距离就越大。陆丙甫、刘小川(2015)根据从最简起点去逐步推导、解释复杂现象这一科学研究中的普遍程序,提出"交际功能跟编码形式之间的一致性"可以作为语法分析的初始起点之一。这种一致性在人类语言中大量表现为象似性。文章也分析了各种象似性间的关系、象似性之外的一致性以及一致性对于理论系统的价值。周韧(2017)从轻重象似、松紧象似和多少象似三个方面分析了汉语的韵律语法,指出:只有重视汉语中"音节—语素—字"对应的基本格局,重视汉语音节的重要性,并以此为基础构建相关解决方案,才是破解汉语韵律语法问题的关键。

4) 篇章层面。篇章层面的象似性研究是个较为崭新的领域,因而该领域研究显得相对薄弱。刘礼进(1999)从人类对客观事物的基本感知规律出发,着眼于篇章语序,探讨了篇章结构意义的连贯与人的认知规律或程序之间的交互关系。项成东、韩炜(2003)探讨了篇章中的象似性及其认知基础,认为各种象似性原则几乎都在篇章层面上得到反映。王寅(2006)论及象似性这一认知方式对篇章连贯的解释力。邓海丽(2010)运用认知语言学的象似性学说和概念合成理论,从《关雎》音韵分布与风格基调的对应、韵脚与章节划分的对应以及诗行语音结构与内容主旨的对应三方面探讨了该诗作音韵的篇章象似性特征,证明了象似性理论是分析诗歌语篇的有效途径之一。

5) 语用层面。象似性与语用理论的交叉研究比较少见。王寅(2003a)认为象似性原则具有较强的语用性,与多种语用原则存在共通之处,并在此基础上分析了数量、顺序和标记等三条象似性原则的语用性。侯国金(2006)从数量象似性、顺序象似性和标记象似性等三个象似性原则的角度探讨了象似性原则的准则和象似性的语用性问题。侯国金(2007)提出了由句式-意图象似性、话语-语境象似性、话语-得体参数象似性和话语-距离象似性四个语用象似性原则构成的"语用象似论",把象似性研究纳入了语用学的研究范围,因而拓宽了象似性研究的范围。以上研究就象似性与语用理论的交叉进行了初步的探索,为该领域的进一步研究奠定了基础。高红云、蒯振华(2011)指出,人们在语言交际中选择句式受到认知和语用因素制约,主要表现在认知语境、认知效果、语用意图象似性以及语用现象语法化等方面;说话者选择的句式结构是一种具有最佳关联性的明示刺激,是对语言符号进行的最优化配置,旨在传递说话者特定的意图和话语隐含。

2.3.3.3 汉语象似性专题研究

20世纪80年代以来,汉语学者开始运用象似性原则来解释汉语现象,并取得了较大的成绩。汉语象似性专题研究主要体现在以下几个方面。

1) 顺序象似性。汉语语序上的象似性研究主要涉及两个领域,即时间顺序和空间顺序。

就时间顺序而言,戴浩一(Tai,1985)在对象似性进行深入研究的基础上提出了时间顺序原则和时间范围原则,认为汉语语法是象似性原则占主导地位的语法。谢信一(1994)深化了戴浩一(Tai,1985)时间顺序原则的思想,把时间分为真实的、推断的和想象的三类,提出了信息中心原则,并证明汉语是话题-说明型语言,它比别的语言更一贯地服从时间顺序原则。张敏(2019)则对戴浩一(Tai,1985)提出的时间顺序原则的作用范围与效度问题进行了检讨和质疑。秦洪武(2001)指出,汉语语言思维清晰顺畅的逻辑脉络在结构上的反映是汉语句子结构呈现流水样态,即先发生的动作或事物在语言上往往先描述。作者从感知方式、行为的顺承性、动作性质和环境与动作的亲疏关系以及社会意向等四个方面论述了顺序象似性在汉语句法结构中的体现,并据此探讨了语言表达的一般规律,认为语言结构反映了人类对自然和人文时态发展过程的认知方式。

就空间顺序而言,刘宁生(1995)探讨了汉语偏正结构的认知特点,认为汉语中"修饰语"位于"中心语"之前的语序取决于"参照物"先于"目的物"的语序原则。该发现为汉语空间顺序研究奠定了基础。蒋平(2004)指出,就空间概念顺序而言,汉语主要遵循由范围到核心的顺序,概念上较大的成分倾向于靠前;英语则相反,主要遵循由核心到范围的顺序,概念上较大的成分倾向于靠后。这一原则对于英汉空间顺序具有较强的解释力。

以上研究论证了汉语语序与现实顺序之间的象似性,但需要指出的是:有些汉语语序受汉语规则的制约而不具象似性,呈现出复杂性的特点(周红,2005:51)。

2) 距离象似性。汉语距离象似性方面的研究比较少见。张敏(1998)认为,领属结构中"的"字的隐现与定语和中心语之间的概念距离大小有关,这一规律系统地反映在多项定语的相对语序里。郭继懋、王红旗(2001)用距离象似性原则分析了黏合补语和组合补语,认为前者表示规约性结果,后者表示偶发性结果。相比而言,规约性结果与原因的概念距离相近,语言形式之间的距离也近;相反就远。

以上研究表明,名词短语和动词短语都受到距离象似性原则的制约。反过来说,距离象似性是人类语言的一种重要构造方式,可以为不少语言规律提供合理的认知解释(周红,2005:51)。

3) 对称象似性。汉语对称象似性方面的研究也不多见,主要反映在以下两本专著中:沈家煊(1999)用标记理论描写、解释了汉语语法中的种种不对称现象,如肯定和否定的不对称、主语和宾语的不对称、形式和意义的不对称以及词类和句法成分之间的不对称等。石毓智(2001)用数量特征统一解释了词语、句法结构和语义上肯定和否定的对称与不对称现象,即用定量和非定量的概念解释肯定和否定的使用,用离散和连续的概念解释"不"和"没"的分工。

2.3.3.4 应用研究

在国内,象似性的应用研究主要体现在以下四个方面,即翻译、文学批评、语言教学和幽默语言。

2.3.3.4.1 象似性与翻译的交叉研究

国内学者就象似性与翻译的关系以及前者对后者的启示作用进行了初步的探索,取得了一些研究成果。

卢卫中(2003b)以顺序、数量和对称等典型的象似性原则为基础,探讨了篇章层面的象似性理论对于翻译所具有的重要指导意义,认为在翻译过程中以象似性为切入点,有助于译者加强对篇章的理解,从而取得"形神皆似"的理想翻译效果。王林(2007)探讨了文学翻译中发生在语相象似性层面的文体风格变形现象,并对其成因进行了分析。龚晓斌(2008)主张,译者在汉英互译时必须注意语言形式所起的表意作用,并用实例说明了在英译汉和汉译英中如何使用数量象似性原则。张沉香(2010)指出,科技词汇的构词特点、所表达的意义以及认知方式都包含着象似性特征,因而在此类词汇的翻译过程中,从象似性的视角考虑英汉语言符号对等,根据英汉语言的构词规律、语言特点和惯用表达方式构建新词,有助于信息的传递和科学知识的传播。文旭(2010)以英汉语料为基础,从并列关系、顺承关系、连谓式和动补式等方面对比分析了英汉句法结构的象似性,揭示了二者之间的异同,探讨了两种语言之间的翻译转换问题。党争胜、马丽萍(2011)以语言象似性理论为依据,就文学翻译"语篇形似"问题进行了讨论。卢卫中(2011)在提出并阐述象似性与修辞学融合而成的象似修辞理论的基础上,从词汇、句子和篇章三个纬度考察了象似修辞的翻译转换问题,证明了象似修辞翻译对于修辞翻译的理论研究与实践具有重要的启示和意义,是实现形式与内容相统一的"形神皆似"之修辞翻译效果的有效途径。邵璐、高晓鹏(2019)以阿来的作品《尘埃落定》英译本为个案,从映象象似性、拟象象似性及隐喻象似性三个层面,探究了葛浩文夫妇为再现原作的结构和意义所做的语言选择及产生的效果,并指出:象似性普遍存在于文学语言之中,译者需要深入理解原作,把握作品中所蕴含的象似性特征,在英译时采取有效的翻译手段再现其效果,并根据目的语的表达规范做出调整,以再现源文本的象似性原则和作者的认知思维模式,从而实现与源文本的相似性。

可以看出,以上研究主要探讨了语音、语相、顺序、数量、距离、对称和隐喻等典型象似性原则在文学和科技翻译中的应用与作用,证明了象似性理论对于文学和非文学翻译理论与实践所具有的重要启示价值。

2.3.3.4.2 象似性与文学批评的交叉研究

尽管象似性与文学和文学批评研究关系密切,但国内此类研究尚不多见,以下学者对此作出了积极的探索。

朱纯深(2004)认为,句法象似性除了具有语言类型学的意义之外,还是文本心理效果的一个重要来源。认识到这一点对于文学翻译来讲具有非常重要的意义。蓝仁哲(2004)遵照语言符号象似性理论,对福克纳的语言风格进行了分析,认为:福克纳的小说以繁复著称,但繁复只是他语言风格的主要一面,并不能概括其风格的全貌;他的风格还有简洁的一面。从语言学的观点来看,福克纳的繁复风格是因为文学语言具有象似性,这能够说明福克纳的语言风格为什么具有多样化的特征,其作品的语言结构象似于其概念结构。福克纳总体的语言繁复正象似于他自己构建的约克纳帕塔法世系,其小说文本的繁复风格恰恰是他描绘的美国南方历史与社会之纷繁的适当映照。而福克纳的短篇小说中尤以写儿童或从儿童的视角进行叙述的部分最为简洁透明,是因为儿童思想单纯,尚未浸染复杂的社会和人生。刘国辉、汪兴富(2010)认为,诗歌意象的建构主要有两大途径:象似性与隐喻性表征,同时涉及语言变异问题。张昀霓(2010)认为,诗性从源起到构建无一不与象似性息息相关;诗性美或通过外象似性模拟再现真实世界的形象美,或通过内象似性模拟展现对真实世界的艺术印象美;就象似性构建而言,诗性美集中体现在视象美、音象美和意象美。赵秀凤(2014)认为,诗学象似性是文学的特质,具有本质上的审美性、过程上的整合性和机制上的隐喻性。诗学象似性的多模态表征创造出新的文学阅读和审美体验模式,调用读者的多个感官,甚至会诱发读者的身体动作,令其得以在真实和虚拟、身体和认知之间的界面上感受文学艺术的审美效果,体悟文学世界的喜怒哀乐。

概而言之,以上研究从文学的不同角度探讨了象似性与文学和文学批评的关系,其中主要包括句法象似性与文学翻译的关系、象似性对小说繁复与简洁风格的解释力、象似性对诗歌意象的解释力、象似性与诗性美的关系以及诗学象似性的文学价值。不难看出,目前的此类研究仅局限于专题研究,系统的研究尚未出现。

2.3.3.4.3 象似性与语言教学的交叉研究

语言学理论对语言教学具有重要的指导意义,象似性理论也不例外。但象似性理论在语言教学中的应用研究目前尚不多见,这方面的研究主要集中在王寅(2001,2007)的《语义理论与语言教学》第十六章"象似性理论与语言教学"和《认知语言学》第十四章"语言符号象似性"。Taylor(1993)认为,任意说和象似说的分歧反映在语言教学中,形成了两种对立的教学方法:前者是形式本体观教学法的基础,后者是语义本体观教学法的基础。王寅(2007:539)指出,形式本体观教学法注重对语言形式的学习,重在句型操练,强调简单刺激反应;而语义本体观教学法注重描述外界的关系、人类的经验结构和认知方式与语言形式之间的内在联系,重视对语言的理解,对从根本上提高语言能力和运用水平具有重要意义,有利于大大提高语言教学的效果。王寅(2001:341-380)从距离象似性、数量象似性、顺序象似性和标记象似性等象似性原则的角度详细探讨了象似性理论与语言教学的关系,其研究对于英汉对比、英语的教与学,特别是对于记忆英语单词、掌握句法结构规律、提高英语表达能力等方面具有重要的参考价值(张喆,2007:71)。

由以上论述可知,象似性与语言教学之间的关系方面的研究,仍处于起步阶段,相关研究空间巨大。

杨昆、毛延生(2013)以近二十年来国内有关象似性研究的文章为研究对象进行历时分析,发现国内象似性研究经历高峰期后开始进入瓶颈期,因受限于哲学基础和语言理论等原因而难以实现有效突破。与此同时,跨学科视域下的象似性研究开始受到关注并成为突破象似性研究瓶颈的方法之一。这些发现对于国内象似性研究具有一定的启发意义。

2.4 研究趋势

从以上论述可以看出,象似性研究已成为认知语言学的一个重要而稳定的研究领域,研究范围在不断扩大,深度逐渐增加。我们认为,未来的象似性研究将主要呈现以下几个发展趋势(卢卫中,2011b:846-847)。

2.4.1 研究范围

象似性研究有两大路径:一是从象似性内部研究象似性;二是从象似性外部即从其他学科的角度探讨象似性。

就前一路径而言,象似性研究的一个总趋势是研究对象的范围逐渐扩大,从最早的句法象似性研究发展到语言象似性研究,再到文学中的象似性研究。目前,象似性研究的范围已扩大到非文学领域的语言象似性,今后的象似性研究还会渗透到非言语交际,甚至非语言的领域。关于后一路径,见2.4.3节。

2.4.2 理论发展

在象似性的理论研究方面,学者们指出有两个方面需要进一步加强:一是要深入研究象似性与经济原则和抽象句法规则之间的关系(周红,2005:52),二是需要加强研究象似性的生理学基础和象似性的可检验性(张喆,2007:73)。Johl et al.(2010:13)认为,象似性研究项目组头十年(1997—2007)的研究重点在于探索象似性的理论基础;而在第二个十年里(2007—2017),研究的焦点将转向象似性或象似化(iconisation)综合理论的探索上。

在此基础上,笔者认为,象似性的理论研究应关注如下几个方向:一是象似性的理论研究应该系统化、综合化,使象似性理论趋于完善,以增强其解释力;二是在现有研究的基础上挖掘新的象似性原则,不断丰富象似性研究的内容;三是充分利用其他相关学科的研究成果,促进该学科的发展;四是进行跨语言对比研究,借以揭示语言之间的共性和个性。

2.4.3 跨学科与对比研究

象似性研究的另一个总趋势是从纯语言(学)研究转向跨学科研究。象似性的跨学科研究至少有如下三个路径。一是就象似性理论与隐喻、转喻、概念整合等其他认知语言学理论进行交叉研究,以挖掘认知语言学诸理论对语言的解释力,构建宏观的认知语言学理论框架。例如,Hiraga(2005)系统论述了文学和语言学(尤其是语法和语篇)这两大领域中隐喻与象似性之间的互动关系;王小潞、徐婷婷(2019)探讨了象似度与隐喻推广之间的关系,指出:象似性是隐喻映射的基础,而象似度更会影响隐喻映射的强度,从而影响隐喻推广的范围。二是将认知语言学之外的其他学科的理论用于象似性研究。学者们已将社会语言学(王寅,1999)、文化学(郭熙煌,2000)、生成语法(韩景泉等,2000)、系统功能语法(柴改英,2000)以及语用学(王寅,2003a;侯国金,2007;Bergien,2007;Colapietro,2010)等领域的理论用于象似性研究。今后,我们除了要继续在这些领域进行更深入的探索之外,还可以挖掘其他理论对象似性的解释力。三是探讨象似性理论对其他学科的应用价值。国外学者就如何将象似性理论应用于翻译研究(Tabakowska,2003;Petrilli,2010;Naudé,2010)以及广告(Fischer,1999;Goh,2001)、商标(Piller,1999)、音乐(Georis,2005)和因特网交际(Wyss,1999)等应用文体的研究做出了很好的尝试,国内学者则就如何将象似性理论用于语言教学(王寅,2001,2007)、修辞(卢卫中,2003a;凤群,2005)、文体(王寅,2000b;聂新艳,2003)、文学批评(朱纯深,2004;蓝仁哲,2004)、手语(张积家等,2013)以及翻译(卢卫中,2003b;龚晓斌,2008;张沉香,2010;文旭,2010;党争胜、马丽萍,2011)等领域进行了初步探讨。

今后,学者们将就以上领域做更深入、更系统的探讨,并开拓新的应用研究领域,如分析象似性与心理变化的互动关系以及象似性对语言习得的影响,探讨象似性理论对政论、新闻、法律、商务等体裁的解释力。笔者认为,跨学科的象似性研究的意义体现在多个方面。它能拓宽象似性研究的视野,拓展象似性研究的深度和广度,增强象似性理论的解释力,还能扩大其应用范围,使之辐射到其他学科的研究之中。

对比研究也是象似性今后研究的一个重要手段和趋势。英汉语言之间在各个语言层面上的跨语言象似性对比研究能够揭示两者之间在象似性特点和规律上所具有的异同,从而有利于揭示语言的普遍性和规律性及其本质特征。例如,王文斌、宋聚磊(2020)以语言象似性理论为参照,采取定量与定性相结合的方法对英汉名词重叠现象的典型成员进行了系统的对比研究,挖掘出两者之间的差异性以及隐匿于差异现象背后的深层动因。

2.4.4 研究方法

现有的象似性研究多采用定性的方法,随着 IT 技术和研究工具的不断完善,未来的研究有多样化趋势。譬如,在实施跨学科研究和英汉对比分析时,可以采用实验、统计分析以及语料库数据分析等方法,以增强象似性研究的实证性和客观性,如张积家等(2013)通过两个实验考察了象似性在手语词的语义加工过程中所起的作用;应学凤(2010)运用统计方法跨语言考察了指示代词的语音象似性特征,指出指示代词的语音象似受语音音响度和复杂度象似动因驱动;张建(2013)基于 1 000 万字语料的统计分析,发现并列项时间关联的紧密度和其句法形式之间具有较强的象似性。此外,采用问卷调查和访谈的方法可以了解人们对语言象似性现象的认识程度,为象似性研究提供数据支持。

值得一提的是,国外的语言象似性研究领域出现了基于语料库数据的批评与反批评的辩论倾向。譬如,在 Haspelmath（2008a）用语料库数据证明频率不对称和经济原则比数量、复杂和衔接等象似性原则更能解释语法中的不对称现象时,Haiman（2008）和 Croft（2008）从捍卫象似性理据的角度分别对其进行了回应。之后,Haspelmath（2008b）又对以上回应做了答复。需要指出的是,此类批评与反批评之间的辩论无疑有益于推动象似性研究的进步,值得提倡。

2.5　小结

通过对语言象似性的定义、分类及其研究现状的梳理和分析,我们初步得出了如下结论：1) 象似性是语言的客观属性之一,这已成为不争的事实; 2) 语言象似性研究注重把语言的内部机制与外部因素相结合,这样做有助于揭示语言的本质属性以及语言与认知的关系,提高人们对语言本质的认识,促进语言学的发展; 3) 语言象似性研究还没有形成完整、统一的理论框架,其理论研究有待继续深化、系统化,研究方法也有待更新; 4) 语言象似性的跨学科研究潜力巨大,应用前景广阔。

第 3 章
象似修辞理论

3.1 引言

笔者认为,象似性不仅是语言的一种基本属性,而且还可以用作修辞手段,这即是本书所主张的象似修辞理论(iconic rhetoric)。本章主要介绍该理论的研究背景、概念界定、类别、认知修辞效果、文体功能和修辞性以及理论来源、学科特点和研究领域等内容,以便为后续章节的研究奠定理论基础。

3.2 研究背景

国内外的象似修辞研究源于学者们对象似性的文体和修辞用法及其相应功能的研究。象似性在文学中的标记性用法是作家取得文体特征的一种重要方式(凤群,2005),这是象似性角度的文体和修辞研究的前提。基于这种认识,学者们把象似性理论用于文体和修辞现象的阐释和研究之中,并取得了初步的成果。

在国外,Webster(1999:199-214)对 E. E. Cummings 的视觉诗中的象似性用法的分析以及 Fischer(1999:251-283)对印刷广告语象似性的研究,属于文体学中的语相变异研究这一范畴,因此属于象似性的文体特征研究。

简单地说,象似修辞理论是象似性理论与修辞学理论相互融合的结果。就象似性与修辞的关系而言,主要存在如下两种研究路径:一是探讨修辞格的象似性特征,二是分析象似性手段的修辞功能。就前一种路径而言,Müller(2001:305-322)通过分析莎士比亚戏剧中运用的修辞格的象似之力——即修辞象似性(rhetorical iconicity)——探讨了修辞与象似性的关系,即省略(ellipsis)、重复(repetition)、谐音双关(paronomasia)、异形重复(polyptoton)和交错法(chiasmus)等修辞格具有的象似潜势,对于文学创作具有重要的修辞功用。Nänny(2005:195-215)分析了英诗中不同层面的押韵象似性,认为某些押韵之间的语音关系同时也是一种语义关系,属于拟象象似性。其研究说明,押韵不仅仅是一种装饰或形式上的约束,诗人甚至把押韵格式或押韵中断视作高效的语义工具。

就后一种路径而言,Norrman(1999)指出,对称修辞的根源在于人类对对称的偏爱与象似性渴求。Haiman(1985a:72-73)认为,有序的心理概念与有序的言语表达之间具有象似关系,概念上的对称是语言中一种最容易、最常见的图示化思想,平行结构(parallelism)和对照(antithesis)之类表达平衡的手段是所有语言中两种标准的修辞工具。在此基础上,Alderson(1999:109-120)探讨了英国18世纪和19世纪散文写作对象似性的修辞用法;Müller(1999:393-408)分析了英美小说中的句法象似性用法,包括对省略的象似功能、意合句法的象似性以及句法与叙事的一致性等话题的分析。Ljungberg(2001:351-366)指出,Margaret Atwood在其诗歌和散文创作中通过探索形式与内容之间的关系来使读者参与到意义的创造之中,这既是该作者创作的一个典型特征,也是作品采用的显著文体和修辞手法。

需要说明的是,本书的研究对象和重点是第二种路径,即对象似性的修辞性,亦即象似修辞的研究。

在国内,就象似性与文体的交叉研究而言,王寅(2000b)最早将象似性理论运用到文体学研究中,认为多种辞格是对不同象似性原则的具体运用,提出了可以从象似性的角度研究文体特征的设想,开创了象似文体研究的先河。聂新艳(2003)从英汉语言出发,分析了顺序象似原则的两大方面——基本语序顺象似原则和线性顺序语义原则,以并连句式为例初步探讨了顺序象似性在文学作品中的文体效果。项成东(2003)认为,文学语篇的临摹性(即象似性)表现突出,具有多种表现形式,表现手段趋向于多样化,并具有连贯性、突出性、形象性和想象性等文体功能。任大玲(2004)从认知语言学、社会符号学和标记理论的角度,探讨了文学作品中的篇章象似性(textual iconicity)及其文体功能。在这些研究中,王寅(2000b)为我国的象似性文体学研究奠定了理论基础,聂新艳(2003)集中探讨了顺序象似性的文体效果,而项成东(2003)和任大玲(2004)则探讨了篇章象似性的文体功能。

象似性与修辞的交叉研究主要体现在如下三个方面:卢卫中(2003a)从语音象似、顺序象似、数量象似和对称象似的角度探讨了诗歌语篇象似修辞的特点,认为象似性是诗歌创作的一种十分重要的手段,并据此提出了"诗歌象似修辞"理论。郝文杰(2003)从语音象似、句法象似和篇章象似三个层面探讨了象似性在语言交际中的修辞效果。凤群(2005)从词汇、句法、篇章层次对20世纪盛行于西方文坛的意识流小说中的心理象似修辞做了具体分析,反映了意识流小说创作"真即是美,美即是真"的艺术内涵。在这些研究中,前两者探讨了语言象似性的修辞特点和作用,而后者则分析了心理象似修辞问题。

以上所有这些研究成果都为象似修辞的理论建构与应用分析奠定了学理基础和研究基础。

3.3 象似修辞的概念、分类及其认知修辞效果

3.3.1 象似修辞概念的提出

语言形式是意义的载体,意义是借其形式表现出来的,没有了形式也即无所谓意义。对于文学创作,尤其是诗歌创作而言,语言形式尤为重要。因此,雅各布森指出,"诗歌仿效并'浓缩'了语言,'凸现'了语言的形式特征"(Hawkes,1977:81)。而象似手法正是诗歌赖以实现其"以形示意"或"以形衬意"之语言表达效果的有效途径和手段。根据亚里士多德,艺术是对自然的模仿。作为一种典型的艺术形式,诗歌自然离不开模仿。诗歌既模仿现实、自然和世界等具体的东西,又模仿人的经验、情感和思想等抽象的东西。因此,我们认为,诗歌语篇中普遍存在着象似性语言表达和象似性修辞手法。在此基础上,卢卫中(2003a)提出了"诗歌象似修辞"的概念,用来指诗人在创作过程中为加强诗歌语言的表达效果对各种篇章象似性原则的有意选用。这是"狭义的象似修辞"。

Wales(2001:193-194)认为,文学广义上可被视作象似性的,其形式可以以多种方式模仿它所反映的现实。在此基础上,我们认为,语言使用者在言语交际过程中,为了修辞效果和交际目的的需要,有时倾向于选用象似度高的语言形式或结构,部分或整体地映照、衬托所要表达的意义。换言之,用语言表达的外在组织形式或结构映衬所要表达的意义,以获得"以形衬意"或"以形示意"的修辞效果。这是"广义的象似修辞"。在该意义上,象似性不再被视作人们无意识使用的语言的自然属性,而成为人们有意识使用,准确地说,是有目的地使用的修辞手段。这也正是象似性作为修辞手段

所具有的主动性和能动性之所在,亦即本书所指的象似性的修辞性。

语言以各种象似性方式映照现实,而挖掘、利用语言的各种象似性潜势(iconic possibilities)正是文学的特点:文学能够使形式与意义之间原本惰性化的关系重新联系起来(Leech & Short,1981:235)。我们认为,文学和非文学语篇中普遍存在着象似修辞用法,换言之,象似修辞普遍存在于文学和非文学语篇的语音、词汇、句子和篇章等各个语言层面上。从这个意义上说,象似修辞研究具有重要的普遍意义。

3.3.2 象似修辞的分类

与本书第 2 章提供的象似性分类相对应,可以把象似修辞分为映象象似修辞、拟象象似修辞和隐喻象似修辞三大类。其中,映象象似修辞又可以进一步分为语音象似修辞和语相象似修辞;拟象象似修辞分为结构象似修辞和关系象似修辞,而结构象似修辞又可以细分为顺序象似修辞、距离象似修辞、数量象似修辞、(非)对称象似修辞、范畴象似修辞和被动象象似修辞等。我们认为,象似修辞的这些不同类型广泛存在于各种文学和非文学语篇的生成和理解过程之中。

3.3.3 象似修辞的认知修辞效果

据侯敏(2012:179),语言运用过程中所产生的修辞效果要反映出语言使用者的心理效应。而语言的象似性在本质上就反映了认知心理上所产生的感知或认知效果,能够发挥修辞潜能。文学创作,尤其是诗歌创作,更要特别关注语言象似性这一审美认知形式。文学表达形式上所产生的象似性可以映射出语言使用者的思维,并让这种思维所反映的内在成为外在的现实。正因为如此,诗人创作时会有意地使用某种象似性原则来加强诗歌语言的修辞效果,从而形成诗歌语言的外在表现形式、内容和效果的高度统一。我们认为,象似性的这种修辞功能和效果也不同程度地反映在其他文学体裁,乃至非文学体裁的语言运用之中。

语言的象似性可以是知觉上的,也可以是联想上的。它是基于语言主体的一种心理体验,即认为语言形式或结构作用于认知心理从而产生一种能动的效果体验。这种效果即认知修辞效果,换言之,就是语言形式或结构通过主体心理认知的作用所产生的暗示力、表现力和感染力。这些心理效果能够有效地衬托意义、烘托情感、映射意境。当然,语言象似性的这种认知修辞效果首先是文学创作的一种典型特征,但同时也不同程度地出现在非文学语篇的语言运用之中。

3.4 象似性的文体功能和修辞性

3.4.1 象似性的文体功能

广义上讲,文体与修辞密不可分。或者说,文体是修辞的一个重要组成部分。由此,在分析象似性的修辞性之前,有必要先分析象似性的文体功能。

据项成东(2003:40),篇章象似性具有如下四个文体功能,即连贯性、突出性、形象性和想象性。首先,从篇章象似性的表现形式可以看出,无论从什么视角入手,象似性篇章都具有很强的连贯性。其次,篇章象似性有时侧重"失调",如形状象似、标记象似;有时侧重"失衡",如时空象似、认知象似;有时"失调"与"失衡"共同起作用,如心理象似、声音象似。再次,象似性篇章往往有助于故事情节的展开,增加对事物叙述的生动性、形象性,使读者仿佛身临其境,如闻其声,如见其形。此外,象似性篇章有时能开拓新的意境,激活读者的想象力,丰富作品的内涵。

3.4.2 象似性的修辞性

Fischer & Nänny (1999: xxvii)认为,象似性不是语言的边缘属性,而是语言的基础,是活的言语的基本原则。事实上,象似性存在于文学语篇和各种话语语篇的所有语言层面上。Hiraga (1994: 18)也认为,象似性存在于日常语言的各个层面上,尽管我们没有认识到这一点。由此可以说,象似性普遍存在于语言用法之中。

象似性作为一种有效的修辞手段,具有多种修辞功能,其中主要体现在以下三个方面,即象似性的表达作用、组篇作用和意图表征作用。

3.4.2.1 表达作用

作为一种有效的修辞手段,象似性的使用有助于增强语言的表达效果,从而更好地传递说写者的说写目的和意图。语言使用者可以借语音象似、语相象似、顺序象似、数量象似和对称象似等修辞手段构筑不同体裁的语篇——尤其是文学语篇,借以实现音、形、义的多种组合,从而以不同的体裁形式达到相应的交际目的。

就运用范围而言,象似修辞手法广泛应用于文学、演讲、广告、商标等多种体裁之中。

3.4.2.2 组篇作用

就衔接与连贯的关系而言,Halliday & Hasan(1985:94)认为,连贯是在衔接的基础上自然形成的,衔接是连贯必不可少的条件。这一观点引起了许多学者们的质疑和批评,大家从不同角度阐述了对语篇连贯的理解。Brown & Yule(1983:66)认为,人们在解释一个语篇时,不需要语篇形式标记,而是自然地假定语篇是连贯的,然后在这种假设的前提下来解释语篇。Stubbs(1983:96)指出,语篇的连贯是由读者的理解来实现的,听/读者(即受话者)可以依赖其自身的认知能力去赋予或创造语篇的连贯性。Givón(1995a)认为,语篇的连贯不是外在语篇的连贯,而在于内在语篇的心理连贯,是一种靠受话者或交际双方在交际过程中不断协调,以达到彼此理解的主观行为。王寅(2006:10)也认为,与衔接手段相比,心智中的连贯思维显得更为基础和重要。人类语言交际的本质和目的是交流思想、建立人际关系。说/写者(即发话者)倾向于说/写出连贯的语句,而受话者自然也向着连贯性方向去理解语篇。因此心智连贯是语篇连贯的基础,心智连贯决定着语篇的连贯性。概括起来说,连贯主要是一种心理表征,是在一定的认知语境中心理互动和推理的结果。

笔者认为,可以把以上连贯观分为如下两大类:一是在衔接基础上形成的连贯,即连贯可以从词汇和语法衔接链条或手段中直接构筑出来,不妨称之为"显性连贯"(explicit coherence);二是从无表层衔接手段的语篇中推断出的连贯性,可以称之为"隐性连贯"(implicit coherence)。相比而言,后者,即隐性连贯,对于受话者而言更难以捕捉。

笔者认为,象似性手法在语篇构建过程中具有连句成篇的衔接作用,而衔接同时又是语篇实现其连贯性的主要手段之一。因此,象似性手法既是衔接手段,又是连贯手段。象似性衔接(iconic cohesion)也可以分为显性衔接(explicit cohesion)和隐性衔接(implicit cohesion)两种形式:前者往往通过象似标记词(iconic marker)得以实现,而后者的实现则不需要借助象似标记词。凭借这两种衔接手段,语言使用者即可相应地实现语篇的连贯性——包括显性连贯和隐性连贯。

3.4.2.3 意图表征作用

就文学语篇而言,作家可以借助语言形式与意义之间数量上的一致性来营造某种修辞效果,如通过对句子或篇幅长短的选择、重复的运用等数量手段映照所要表达的意义,实现特定的修辞目的和创作意图。例如,在叙事会话语篇中,会话者语言的量(如话轮长度)与作品的创作目的和人物塑造之间有着密切的关系,语言量的调控有助于呈现人物的情绪和态度,揭示叙事会话语篇中人物之间的身份和地位关系。由此可见,在小说叙事过程中,象似性手法的使用有助于人物形象的刻画。在诗体语篇中,诗人可以通过对诗行长度和诗歌篇幅的操控来传递附加信息,借以表达特定的创作意图。

我们认为,正是象似性手法与小说叙事和诗歌创作之间的这种密切关系充分说明,象似修辞可以视作小说叙事和诗歌创作及其阅读欣赏研究的一个新视角。

3.5 理论来源、学科特点和研究领域

3.5.1 理论来源

象似修辞研究的理论基础是包括象似性理论在内的认知语言学理论与传统的修辞学理论。传统的修辞学理论为该领域研究提供基础的理论和方法,而当代认知语言学则为该领域的研究提供新的理念和新的研究方法。

象似性与任意性既相互对立,又相互依存。二者共同构成语言的基本属性。基于象似性的象似修辞研究有助于揭示该领域的修辞特征及其规律,丰富修辞学研究的内容,并为传统的修辞学研究提供方法论意义上的启示,从而促进修辞学的新发展。

3.5.2 学科特点

诞生于 20 世纪 80 年代的认知语言学,是一个解释性特色鲜明的语言学流派,其理论和成果为许多传统的语言学现象和观点提供了新的令人信服的系统阐释视角(束定芳,2009)。

本书试图在认知语言学的象似性理论与修辞学理论之间架起一座桥梁,进行交叉研究,从而催生象似修辞这一崭新的研究领域,因而具有跨学科性和交叉性的鲜明特征。

3.5.3 研究领域

我们认为,象似修辞不仅广泛运用于文学创作之中,而且也常见于非文学领域的实用体裁之中。就文学体裁而言,本书将主要探讨象似性在诗歌、散文和小说等主要体裁类型上展现出的修辞特征、修辞规律和修辞效果。就非文学体裁而言,本书主要考察象似修辞在演讲、广告、商标等实用语篇中所具有的修辞特点、修辞规律和修辞效果。

在以上研究的基础上,我们还将考察象似修辞理论对于翻译研究和语言教学研究所具有的启发意义。

3.6　小结

本章在梳理现有的象似修辞研究的基础上,对"象似修辞"这一理论概念进行了较为详尽的界定,并分析了象似性的修辞性,论述了该学科的理论来源、学科特点和研究领域。这为后续章节的分体裁象似修辞研究奠定了理论基础。

第 4 章
文学语篇象似修辞(上)

4.1 引言

　　象似性与任意性相对而存在,因此我们可以从中探寻它传达的意图及效果。在文学创作中,作者可以运用象似性来实现某种修辞目的,达到某种文体效果。在这个意义上,象似性是文学创作的重要手段。因此,Wales(2001:193-194)指出,文学广义上可视作象似性的,它可以用多种形式临摹所反映的现实。Fischer & Müller(2003:1)也认为,象似性既出现在日常语言中,又出现在文学语言中。正是凭借象似性研讨会的跨学科特点以及象似性现象研究的语言和文学视角,人们才得以更深刻地感知到所有语言形式中普遍存在着象似性,从而能够更好地理解语言的结构特点,并深刻了解诗人和作家所使用的工具和方法,继而更全面地欣赏文学文本本身。

　　在本章中,我们拟提出并证明如下观点,即:象似性在文学创作中可以充当一种使用频率较高的特殊而重要的修辞手段。在该意义上,象似性不再被视作人们无意识使用的语言的自然属性,而是人们有意识地使用——准确地说,有目的地使用——的修辞手段。这也正是象似性作为文学创作的修辞手段所具有的主动性和能动性之所在,亦即本书所指的文学象似性的修辞性,或称"文学象似修辞"。

　　我们认为,文学象似修辞广泛运用于语音、词汇、句子和篇章等语言层面,尤其以后两个层面为主。本章和下一章拟从文学语篇中常用的如下几个典型的象似性原则入手展开论述:语音象似、语相象似、顺序相似、数量象似、对称象似、被动象似以及多种象似性手段之间的交织。

4.2 语音象似修辞

　　语音象似是映象象似性的一种主要表现形式,指语音与其所指(即语义)之间存在一致性。在文学作品中,语音象似修辞的运作机制主要是借书面语言视觉效果的营造来传递某种听觉效果,即基于视觉的语言文字组合形式在读者脑海中变成了基于听觉的联想效果——对读者大脑产生的声音刺激,深深印在读者的脑海里,从而加深对作品的印象和理解。

文学语音象似修辞主要分为直接语音象似修辞和间接语音象似修辞两大类。

4.2.1 直接语音象似修辞

直接语音象似修辞主要靠拟声词(onomatopoeic words)实现其模拟声音的修辞效果。拟声词的作用在于加强语言的直观性、形象性和生动性(胡曙中,1993:373),即增强语言的感染力。文学创作中,拟声词多见于诗歌和小说两种体裁中:在后一体裁中,拟声词往往在句子的层面上使用;而在前一体裁中,拟声词既在句子又在篇章的层面上使用。下面,首先讨论拟声手法在小说中的使用:

(1) The pounding of the cylinders increased: *ta-pocketa-pocketa-pocketa-pocketa-pocketa*. (J. Thurber, *The Secret Life of Walter Mitty*)

(2) ... half an hour by the huge, *roaring* steel interurban trolleys ... (S. Lewis, *Arrowsmith*)

(3) **吱吱嚎叫的**独轮车,三轮大牛车,载运着米粮、被服和弹药……(吴强《红日》)

(4) **咚咚咚,噔噔噔,嘭嘭嘭**,是在过桥了吗?(王蒙《春之声》)

(5) **绷!绷!绷!**三声炮响,焕之突然感到身体轻起来……(叶圣陶《倪焕之》)

(6) 天空更暗了,接着来的是豆大的雨点,**啪嗒啪嗒**落在地上。(周而复《上海的早晨》)

(7) 她们轻轻地划着船,船两边的水**哗、哗、哗**。(孙犁《荷花淀》)

(8) "**呃啾**"的一声响,爱姑知道是七大人打喷嚏了,但不由得转过眼去看。(鲁迅《离婚》)

在以上诸例中,前四例中的拟声词分别模拟了各种机器(尤其是交通工具)发出的不同声音,在读者的脑海中营造这些不同机器的声音和联想形象;例(5)的拟声词直接呈现了枪炮发出的巨响;例(6)和(7)借拟声词模拟了雨水滴落和船桨划水的声音;最后一例则模仿了人打喷嚏时发出的怪声。

下面是拟声手法在英语诗歌篇章层面的运用：

(9) Hark, hark!
　　Bow-wow.
　　The watch-dogs *bark*!
　　Bow-wow.
　　Hark, hark! I hear
　　The strain of strutting chanticleer
　　Cry, "*Cock-a-doodle-doo!*"
　　(W. Shakespeare, *Song: Hark, Hark!*)

在这首抒情短诗中，诗人先后使用了 bow-wow（汪汪叫）、bark（吠叫）和 cock-a-doodle-doo（啼叫）这三个拟声词，而且其中的 bow-wow 重复使用一次。为了加强拟声效果，诗人还把与 bark 发音相近的 hark（听）一词重复使用多次。显然，通篇中拟声词的多次使用有助于模拟、描绘狗和公鸡这两种动物的叫声，营造出"鸡鸣、犬吠"的真实生活场景，给读者带来从视觉到听觉的联想刺激效果。

(10) Don't you love to lie and listen?
　　　Listen to the rain,
　　　With its little *patter*, *patter*,
　　　And its tiny *clatter*, *clatter*,
　　　And its silvery *spatter*, *spatter*,
　　　On the roof and on the pane?
　　　(L. Scollard, *A Rain Song*)

该诗作者采用拟声手法描摹雨声：首先，patter（啪嗒啪嗒声）、clatter（噼噼啪啪声）和 spatter（噼啪声）三个拟声词音感不同，分别模拟雨点滴落房顶和窗格时不同的敲击声和溅落声；其次，这三个拟声词重复出现，使雨声的节奏感跃然纸上；最后，三个拟声词具有相同的词尾——atter，或者说三者押相同的尾韵，产生了一种前后回响的语音效果，从而有助于构造一幅节奏优美、音韵和谐的美丽雨景。

汉语诗歌运用语音象似修辞由来已久，从最早的诗集《诗经》开始，就有了对拟声词的运用。例如，"伐木丁丁，鸟鸣嘤嘤"中的"丁丁"和"嘤嘤"分别形象地模仿伐木声和鸟鸣声。唐代大诗人白居易的名篇《琵琶行》中有"大弦嘈嘈如急雨，小弦切切如私语"的名句，其中"嘈嘈"和"切切"皆为状弦声的拟声词,生动地描绘了琵琶弹奏时音色变化之精妙:忽而沉重舒长,如急雨盖地;忽而细促清幽,如窃窃私语。杰出女词人李清照的《声声慢》更是一篇出色运用拟声词和叠音的佳作。显而易见,这些拟声词和叠音直接描摹人、动物和器具,增强了诗歌的音响效果和音乐美。而当读者读到"寻寻觅觅、冷冷清清、凄凄惨惨戚戚"时,则会无意识地被带入一种空冷、凄楚的气氛之中(董洪川,1990:11)。

下面是《木兰辞》对拟声词的运用:

(11) **唧唧**复**唧唧**,木兰当户织。不闻机杼声,唯闻女叹息。
......
......不闻爷娘唤女声,但闻黄河流水**鸣溅溅**。旦辞黄河去,暮至黑山头。不闻爷娘唤女声,但闻燕山胡骑**鸣啾啾**。
......
......
爷娘闻女来,出郭相扶将,阿姊闻妹来,当户理红妆,小弟闻姊来,磨刀**霍霍**向猪羊......
......

该诗前后共使用了四个拟声词,即"唧唧""鸣溅溅""鸣啾啾"和"霍霍",分别模仿机杼声、流水声、马鸣声和磨刀声。不难看出,拟声词在该诗中的运用,使得读者仿佛听到了遥远过去的各种真实的声音,从而赋予了该作品一定的真实感和韵律美。

由以上论述可以看出,拟声这种直接语音象似修辞手法对于诗歌意境的营造、气氛的烘托和情感的渲染都起着十分重要的作用。

4.2.2 间接语音象似修辞

如前所述,间接语音象似修辞主要指对语音象征的使用。狭义的间接语音象似修辞主要指对语音联觉这种语音象征手法的使用,而广义的间接语音象似修辞还包括对音韵、节奏和格律以及语音变体等语音象征手法的使用。

4.2.2.1 语音联觉

Perrine(1977:200)指出,拟声词的作用是有限的,因为只有在诗人描绘声音时才能使用拟声词,而绝大多数诗歌并非描绘声音。但如果能把拟声与传达意思的其他方式——主要是语音联觉手段——结合在一起,诗人便可收到极其微妙的效果。庄和诚(1999:58)也认为,拟声词的作用是有限的,语音象征主要体现在语音联觉之中,所以诗人常常靠语音联觉手段来实现借语音加强语义的目的。下面的例子可以说明诗人如何综合运用拟声和语音联觉手段来达到理想的语音效果:

(12) Spring, the sweet spr*ing*, is the year's pleasant k*ing*,
　　　Then blooms each th*ing*, then maids dance in a r*ing*.
　　　Cold doth not st*ing*, the pretty birds do s*ing*:
　　　Cuckoo, *jug-jug*, *pu-we*, *to-witta-woo*!

　　　The palm and m*a*y make country houses g*a*y,
　　　Lambs frisk and pl*a*y, the shepherds pipes all d*a*y,
　　　And we hear *a*ye birds tune this merry l*a*y:
　　　Cuckoo, *jug-jug*, *pu-we*, *to-witta-woo*!

　　　The fields breathe sw*eet*, the daisies kiss our f*eet*,
　　　Young lovers m*eet*, old wives a-sunning s*it*,
　　　In every str*eet* these tunes our ears do gr*eet*:
　　　Cuckoo, *jug-jug*, *pu-we*, *to-witta-woo*!
　　　Spring! The sweet spring!
　　　　　(T. Nashe, *Spring*)

在这首诗歌中,表示"和谐"和"悦耳"的 s 音在整首诗中前后出现十五次以上,增强了对春天和谐、怡人气氛的渲染。而且该诗大量采用悦耳、优美的元音,尤其是 ee、ear、oo、ai、ir、ay、a、au、er、ea 和 our 之类的长元音,来更好地传达春天轻松愉快的心情。就押韵而言,每小节前三行都采用了尾韵和行内韵,营造了相同的音前后回响的效果;就拟声而言,诗人在第一小节的第四行采用了四个拟声词来模仿四种不同的鸟的叫声,而且在后面两小节的相同位置重复了这种拟声用法,从而在全诗中创造了一种春日百鸟齐鸣、仿佛回响在读者耳畔的效果。可以说,该诗中采用的各种直接和间接语音象似手法构建了一个充满多种声音的语言实体,而该实体又是对春天充满各种声音的大自然的映照。总之,该诗中采用的不同语音形式把读者带入了一个情景交融的诗的意境之中(何功杰,1998:78)。

4.2.2.2　音韵、节奏和格律

　　英诗中使用的音韵手段主要有押韵、头韵、元音韵和辅音韵等形式。这里我们将通过对押韵和头韵这两种典型音韵手段的分析来说明音韵修辞对于诗人传达诗意的重要辅助作用。

利用押韵模拟读者所熟悉的声音,可以激发读者的联想。有时,这种声音回响贯穿全诗,成为诗歌的主旋律。例如,美国诗人 H. W. Longfellow 写过一首题为《乡村铁匠》(*The Village Blacksmith*)的诗,堪称此类押韵修辞的典范:

(13) Under a spreading chestnut tree
  The village smithy *stands*;
  The smith, a mighty man is he,
  With large and sinewy *hands*;
  And the muscles of his brawny arms
  Are strong as iron *bands*.

  His hair is crisp, and black, and long,
  His face is like the *tan*;
  His brow is wet with honest sweat,
  He earns whate'er he *can*,
  And looks the whole world in the face,
  For he owes not any *man*.

该诗为六行体诗,分为两个小节,共 12 个诗行。值得注意的是,这 12 个诗行中竟有 6 行的尾韵押的是/æn/。在英语中,/æ/是个响音,所以它的反复出现模仿了打铁时"乓乓、乓乓"的响声。同时,又好像铁匠发力时发出的有节奏的呼哧声。除此之外,这里押的都是"阳韵"(masculine rhyme)形式,使韵脚更加坚定、有力。不难看出,押韵在此所制造的音响效果有助于塑造铁匠的高大形象(贾卫国,1999:41)。

头韵也是英诗常用的修辞手法,常与其他语音手段一起使用,以实现借助语音加强语义的效果。下面的诗节选自 S. T. Coleridge 的诗作《古舟子咏》(*The Rime of the Ancient Mariner*):

(14) The *f*air *b*reeze *b*lew, the white *f*oam *f*lew,
  The *f*urrow *f*ollow'd *f*ree;
  We were the *f*irst that ever *b*urst
  Into the *s*ilent *s*ea.

在该节诗中,由 f、b 和 s 音分别构成的头韵用法与 blew(吹)和 flew(流)、

first(第一)和 burst(闯入)分别构成的行内韵以及 free(自由)和 sea(大海)构成的尾韵一起营造了一种和谐的语音回响效果和节奏,极好地模拟了习习的微风声和海浪不断轻拍船体发出的声音,获得了"以形示音"的修辞效果,增加了诗的音乐美。

汉语中与英语头韵相类似的手法是双声。尽管双声的修辞功能不大,但诗人偶尔也用之实现某种语音效果,如《诗经》中的"**参差**荇菜,左右流之"以及下面的诗行:

(15) **歌管**楼台声**细细**,
　　 秋千院落夜**沉沉**。
　　 (苏轼《春夜》)

在这两行诗中,诗人采用了"歌管"和"秋千"这两个双声词,与"细细"和"沉沉"两个叠词一起造成了音节和声韵的回环流转,增强了诗文在表情达意方面的形象性和音乐性。

除了双声之外,汉诗中实现间接语音象征的手段还有叠韵和叠音等手法,如"明月出天山,**苍茫**云海间"(李白《关山月》)和"荒草何**茫茫**,白杨亦**萧萧**"(陶渊明《挽歌词》)。在此,诗人借音律的使用营造了诗歌的音乐美。

在英诗篇章中,诗人借语音象征加强语义的另一种有效方法是对诗行节奏进行有意安排。英诗的节奏模式通常是由轻重音的组合与音节的数量两个因素决定的。节奏不但可以使韵文增加美感,还可以模拟自然、动物或人的有节奏的声响以增强诗的渲染力,从而有助于诗人更好地传达所欲表达的意义(贾卫国,1999:41)。Perrine(1977:180)认为,我们喜爱节奏和格律,因为它们与我们心脏的跳动有关,与我们脉搏的波动有关,与我们肺部的呼吸有关。无论做什么事,只要我们做得自然、优美,就一定有节奏。有节奏的语言对我们有一种强大的吸引力。这从认知的角度解释了节奏和格律对于人类生活和诗歌创作所具有的重要意义。英国诗人 T. Gray 的诗作《墓园挽歌》(*Elegy Written in a Country Churchyard*)以其生动的节奏给读者留下了深刻的印象。现取其中一节分析如下:

(16) The curfew tolls the knell of parting day,
　　　The lowing herd wind slowly o'er the lea,
　　　The plowman homeward plods his weary way,
　　　And leaves the world to darkness and to me.

该节诗描写了在傍晚的钟声里,一个劳累了一天的农夫拖着沉重的脚步踏上了回家的路。诗人利用了弱-强音有规律的变化(即抑扬格),使读者好像听到了晚钟"叮当、叮当……"有节奏的敲击声和农夫疲惫的脚步声。尤其是诗人在诗节的结尾处连续使用了三个非重读音节(而且 me 也不应当读得太重),改变了最后一行韵节的数目,同时也改变了节奏。这个"反常规"的以弱音为主的韵节给人一种"低沉、宁静"的感觉。诗人在此有意创造出一种低调的气氛,借此表现诗人对穷苦农夫的深切同情(贾卫国,1999:42)。

4.2.2.3 语音变体

在小说创作过程中,作者有时用特殊的拼写形式模拟作品人物的错误发音、方音、说话方式等语音特点,以便逼真地呈现人物的说话特点,从而有助于刻画人物鲜活的形象特点。

小说创作中主要存在三类语音变体形式。第一种类型是模拟人物错误发音的语音变体形式,如:

(17) "Ah!" said Joe. "There's another *conwict* off." (C. Dickens, *Great Expectations*)

(18) "We shot him, Granny!" I cried. "We shot the *bastud*!" (W. Faulkner, *Unvanquished*)

(19) 坐在那里的小孩扭过头,眼睛忽闪忽闪地望着我,说:"叔叔!我不是**银**(人)?"(杜鹏程《夜走灵官峡》)

(20) 他说:"妈妈说,我的**印**(任)务是看妹妹。妈妈回来,我就下班了!"(杜鹏程《夜走灵官峡》)

在以上例子中,作者故意借人物错误的发音形式来呈现其鲜活的形象,尤其是儿童形象。

第二种类型是模拟人物方音的语音变体形式,如:

(21) Long before the year was up, Janie noticed that her husband had stopped talking in rhymes to her. He had ceased to wonder at her long black hair and finger it. Six months back he had told her, "If *Ah kin* haul *de* wood *heah* and chop it *fuh yuh*, look *lak* you *oughta* be able *tuh* tote it inside. *Mah fust* wife never bothered me *'bout choppin'* no wood nohow. She'd grab *dat* ax and sling chips *lak uh* man. You done been spoilt rotten."

So Janie had told him, "*Ah*'m just as stiff as you is stout. If you can stand not to chop and tote wood, *Ah* reckon you can stand not to *git* no dinner. *'Scuse mah* freezolity, *Mist'* Killicks, but *Ah* don't mean to chop *de* first chip." (Z. N. Hurston, *Their Eyes Were Watching God*)

作者在小说中描写了美国南方黑奴刚刚获得解放后的生活。在这两段引文中,作者的叙述部分用的是标准英语,贾尼与她丈夫之间的对话则属于非标准英语,即黑人英语这种大的方音变体。为了体现黑人的社会地位、生活习惯及语言风格,作者在对话部分使用了许多非标准英语形式,如 Ah(I)、kin(can)、de(the)、heah(here)、fuh(for)、yuh(you)、lak(like)、tuh(to)、Mah(My)、fust(first)、'bout(about)、choppin'(chopping)、dat(that)、uh(a)、git(get)、'Scuse(Excuse)、Mist'(Mister)等。它们都是现实生活中黑人说话方式的真实写照。相比较而言,贾尼的用词要比她丈夫标准些,也显得正式些。例如,贾尼把 first 仍读作/fɜːst/,而她丈夫却把它读作 fust;贾尼说的 can 和 to 都是标准英语,而她丈夫却把这两个词读成 kin 和 tuh(秦秀白,2002:403-404)。这种区别说明:虽然两人都是黑人,但贾尼的用词比其丈夫略显标准些,这或许是因为贾尼的教育水平或者语言意识比其丈夫要高一些。

第三种类型是模拟人物口吃的语音变体形式,如:

(22) He asked, "Wul-well, was he ever a *c-c-c-cockroach*, like Archy?" (J. Updike, *A Sense of Shelter*)

(23) "If you do not go away from these premises before night, I shall feel bound—indeed, I am *bound-to-to-to* quit the premises myself!" (H. Melville, *Bartleby the Scrivener*)

以上两例把作品中人物结结巴巴说话的方式真实地呈现了出来,使人物形象鲜活,给读者产生了从视觉到听觉的刺激感知变化,从而留下了深刻的印象。

第四种类型是模拟人物拖音的语音变体形式,如:

(24) ... instantly a Negro drayman, famous for his quick eye and prodigious voice, lifts up the cry, "*S-t-e-a-m-boat a-comin'*!" and the scene changes! (M. Twain, *Life on the Mississippi*)

(25) 仿佛已经看见了灯烛辉煌的美景,他们两个肩膀贴着肩膀,齐着步调,嘴里哼着先生教给他们的口号,"增进——全——国——儿——童——的——幸——福!"(叶圣陶《四三集·儿童节》)

在以上两例中,前者模拟了人物在河流上发出的叫喊声,后者则模拟了人物发出的口号声。

4.3 语相象似修辞

语相是视觉符号的意义编码(于学勇,2008:28)。语相学研究的不是语言符号在语言系统内的用法,而是书写和印刷符号的形状、大小,即书写和印刷符号的形式。因而,对文学作品进行语相分析,意味着要对文学作品中文字符号的形状和大小进行分析。实际上,语相学不但研究语素这一级单位的书写或印刷符号的形状、大小在表意方面的作用,还对单词、句子和篇章诸单位的形状或形式进行分析(李志岭,2002:57)。

我们认为,语相象似是映象象似性的另一种表现形式,指语言的书写或印刷形式与其所表达的意义之间存在象似关系。作为修辞手段使用的语相象似,即语相象似修辞,可以分为以下三大类,即标点象似修辞、拼写象似修辞和印刷格式象似修辞。对文学作品进行语相象似修辞研究,不但要对以上语相象似修辞形式进行基于语言学的分析,同时还需要在此基础上探讨作者采用这些形式的修辞目的以及所取得的文体效果。

4.3.1 标点象似修辞

标点符号是表达语义的重要语相手段。对于标点符号的使用,语言中有约定俗成的规定。如果文学作品中出现超常规用法,说明作者有特定的创作意图或目的。例如,句号等标点符号在正常情况下不能省略,但在下面这首诗歌中作者却故意将其省略了一次:

(26) Girls scream,
　　 Boys shout;
　　 Dogs bark,
　　 School's out

　　 Cats run,
　　 Horses shy;
　　 Into trees
　　 Birds fly.

　　 Babes wake

> Open-eyed;
> If they can,
> Tramps hide.
>
> Old man,
> Hobble home;
> Merry mites,
> Welcome.
> (W. H. Davies, *School's Out*)

该诗生动地描述了少年、婴儿和老人这三代人的表现。少年儿童们精力旺盛，无拘无束，老人们却只能蹒跚而行。正常情况下，每一个小节的末尾都应该使用句号，但诗人故意将第一小节的句号省略了，以此来映照少年儿童们的自由和不受限制（张德禄、张国，2008：58）。

在文学创作中，作者有时候将某一篇章范围内的标点符号全部省略以传递特殊的含义。例如：

(27) Just by imagining the clump it seemed to me that I could hear whispers secret surges smell the beating of hot blood under wild unsecret flesh watching against red eyelids the swine untethered in pairs rushing coupled into the sea and he we must just stay awake and see evil done for a little while its not always and it doesnt have to be even that long for a man of courage and i yes sir dont you and he every man is the arbiter of his own virtues whether or not you consider it courageous is of more importance than the act itself ... (W. Faulkner, *The Sound and the Fury*)

作者在此描写了昆廷自杀前的心理活动。因为此时的昆廷心理混乱，所以他的讲述和评论语无伦次，缺乏逻辑性。在此，标点符号的全部省略正是为了向读者传递这种缺乏逻辑性和次序之感（张德禄、张国，2008：61）。

4.3.2 拼写象似修辞

拼写也是语言表达语义的重要语相手段，正确的拼写是语言表达最基本的要求。但在文学创作过程中，作者为了表达特定的目的，有时故意采用错误的拼写形式。例如：

(28) "Aw sud more likker look for th' horse," he replied. "It 'ud be tuh more sense. Bud, aw can look for norther horse, nur man uf a neeght loike this—as black as t' chimbley!" (E. Brontë, *Wuthering Heights*)

在该例中,因为刻画人物性格特征的需要,作者故意采用了多个误拼的单词。作品中的人物约瑟夫是个仆人,不会讲标准英语,地位低下(张德禄、张国,2008:61)。作者采用误拼形式正是为了呈现人物的说话特点,并借此表现这一人物形象。由此可见,这是作者有意使用的误拼现象,是文学修辞的需要。

4.3.3 印刷格式象似修辞

在文学创作中,作者可以借助对不同印刷方式的使用来表征作者的特定创作意图。印刷格式主要包括对斜体、粗体、大写、空间布局等手段的使用。下面主要通过对斜体和空间布局这两种最典型的印刷手段的分析,来说明印刷格式象似修辞对于文学创作所具有的重要意义。

首先,在英语文学中,斜体是作家经常采用的印刷象似修辞手段。例如:

(29) "Did you come to meet Caddy," she said, rubbing my hands. "What is it. What are you trying to tell Caddy," Caddy smelled like trees and like when she says we were asleep.

What are you moaning about, Luster said, you can watch them again when we get to the branch. Here. Here's you a jimpson weed. He gave me the flower. We went through the fence, into the lot.

"What is it." Caddy said, "What are you trying to tell Caddy. Did they send him out, Versh." (W. Faulkner, *The Sound and the Fury*)

本吉是坎普森家族最小的孩子,卡迪的弟弟,是个智力障碍者。他平生只在乎三样东西:家里的草坪、卡迪和火光。30 岁生日那天,他在黑奴勒斯特的照顾下观看人们打高尔夫。当人们叫球童(caddy)的时候,他就想起姐姐卡迪(Caddy),并开始呻吟。

在上文中,本吉回忆起过去发生的事情,然后讲述现在发生的事情。其中的斜体形式就用来表示从过去到现在和从现在到过去转换的意义(张德禄、张国,2008:62)。

其次,在现代英汉诗歌创作中,空间布局语相象似修辞比较常见。借助这种修辞手段创作的诗歌通常被称作"图像诗"(picture poetry)或"视觉诗"(visual poetry),指诗人把诗歌运用的语言文字排列成视觉观照体的相似之形,使之具有一种绘画感而作的诗。此类现代图像诗从内涵到外延不但具备诗的要素,而且还具有图像之美。使读者未曾读诗,先从诗的图像上观照了诗的抒情客体。从审美的角度来看,图像诗显示出一种艺术与生活相结合之美;同时也说明了这样一个事实,即形式本身就是内容(胡宗锋,1998:119)。

空间布局语相象似修辞与诗歌创作的关系主要有以下两大类,即诗歌的某一(或某些)构成部分或者整首诗采用这种语相象似修辞手段。

4.3.3.1 局部空间布局语相象似修辞

局部空间布局语相象似修辞指一首诗(或一个诗节)的某一行或若干行的排列构成视觉图像,以传递特定的含义。请看如下五首诗及其分析:

(30) He lunges for the stairs, swings down-off,
　　　Into the sun for his Easter eggs,
　　On very
　　　　Nearly
　　　　　　steady
　　　　　　　　legs
　　　(E. Morgan, *Good Friday*)

这首诗写的是"他"下楼到户外寻找复活节彩蛋的情景。诗人把后四行排列成楼梯状,使读者能更直观地理解诗的内容,同时不乏诙谐幽默之感(鞠玉梅,2009:62)。

(31) 起飞　就是
　　　堕
　　　落
　　　(寒山石《绿叶》)

绿叶,自然是一种生机勃发、绿意盎然的象征,是枝头上闪现的蓬勃的生命。但是,固守枝头的绿叶总是羡慕栖息枝头的鸟儿,渴望与鸟儿一样欢快地飞翔。但绿叶一旦"起飞"就意味着"堕落",意味着生命的终结。或许,这首微型诗的启迪意义就在于:每个人都有着属于自己的天空,有着自己植根的土壤,不恰当的角色选择其实是对个人生命的戕害。而将"堕落"一词分行排列,则有着一种视觉意义上的效果,使读者有如身临其境,仿佛看到那充满生机的"绿叶"一意孤行地"起飞",又一败涂地地"堕落"。

(32) 自从母亲别我永去,
 　　我便不再看它一眼,
 　　深怕那一大滴泪水
 　　落
 　　下
 　　来
 　　湿了人间。
 　　(桑恒昌《中秋月》)

作者抒写的是对逝去的母亲的长久的悲伤和无尽的怀念。所以由自己眼中之泪联想到中秋的月亮也是一滴眼泪,作者的深厚感情充塞天空。把"落下来"排列成一个自由落体的轨迹,也让那滴中秋月之泪由静而动,从而实现形式对内容的升华式表达。

(33) 天空一直就在那里
 　　空
 　　着
 　　起初真的有些树声
 　　一
 　　丝
 　　丝
 　　云
 　　(萧萧《深》)

在这首诗的前半部分,"空着"单独排列,形成画面空白感,使人产生天空广阔无际的印象;在后半部分,"一丝丝云"一线排下,则给人以云丝飘忽的感觉(鞠玉梅,2009:62)。该诗通过前后两处空间布局上的特殊处理,以别具一格的表现形式,造成视觉上的画面之感,给人以视觉形象上的联想,实现了语相符号的特殊象似修辞目的。

(34) 你是那疾驰的箭
 　　我就是你翎旁的风声
 　　你是那负伤的鹰

我就是抚慰你的月光
你是那昂然的松
我就是缠绵的藤萝
愿
天
长
地
久
你永是我的伴侣
我是你生生世世
温柔的妻
（席慕蓉《伴侣》）

该诗对"伴侣"做了很好的诠释。作者有意把其中的"天长地久"四字拆开竖排，用空间距离的拉长与拓展来比拟时间和感情的绵长久远。与此同时，"生生世世"这个叠词的使用更加强了对这种寓意的表达。

4.3.3.2　整体空间布局语相象似修辞

整体空间布局语相象似修辞指一首诗的诗行整体排列成一个映照诗歌内容的视觉图像，传递特定的含义。请看如下六首诗及其分析：

(35)　　　　　　　　Star
　　　　　　　　　If you are
　　　　　　　　A love compassionate,
　　　　　　You will walk with us this year,
　　　　We face a glacial distance, who are here
　　　　　　　　　Huddled
　　　　　　　　　At your feet
　　　　　（W. S. Burford, *A Christmas Tree*）

在该诗中，作者独具匠心地将诗行排列成圣诞树的图形，使整首诗直接模仿了诗歌描述对象的形状，因而也就使得诗歌所要表达的内容变得一目了然，形式服务于内容得到了极好的体现。

(36)　l(a
　　　le
　　　af

fa
ll
s)
one
l
iness
　(E. E. Cummings)

该诗的主题是孤独,既包含物质上的孤独,又包含精神上的孤独。从语相的角度看,用文字建构的图形至少具有以下三个方面的作用:一是诗人将单词拆散竖排,借以表现落叶飘落的方式;二是将 a leaf falls(一片叶子落下)嵌入 loneliness(孤独),目的是借人们对落叶的感受来传递孤独之感,即希望读者在阅读时能够感受到孤独恰似落叶或者希望读者看到落叶时就联想到孤独;三是整个篇章的形状就像一个人孤零零地立在那里,又像一棵没有树叶的树干,最后一片叶子也凋落了。由此,人、树、叶子和文字之间相互映射。孤零零的树、孤单的落叶、孤单的人以及"孤独"的文字四者之间的相互映射,强化了诗的主题:人是孤独的,自然界中的植物是孤独的,整个世界是孤独的。诗人借他描绘的这幅悲惨凄凉的图画表达了他对这个社会的感受——孤独(于学勇,2008:29)。

(37) 泪
　　碑
　　(寒山石《神女峰》)

这首微型诗虽然只包含两个字、一个词,却是一首由两个诗行构成的完整的诗。尽管诗歌短小,但作者在其中巧妙地采用了空间语相象似的修辞手法。该诗包含两层语相意义:一是动态视觉意义,即竖排的"泪碑"二字仿佛少女的眼泪滴落留下的轨迹;二是静态视觉意义,即这两个字构成一座小墓碑的形状。诗人仅借"泪碑"一词就巧妙地塑造了含泪盼归终化石身的贞女形象,营造了凄婉哀绝的动人意境。由此,那"泪碑"既是少女思念的泪水,又是少女身后留下的墓碑,以此烘托出对一个凄婉动人的美丽传说的描述。

(38) 响在锯电盘高在雀
　　　　旋高　鸟
　　　　的
　　　　木

堆
上

这首无名氏作的诗其组合造型别出心裁,可以做两种解读:一方面,可以把诗的造型视为一把电锯;另一方面,又可以将其视作一棵树。那要命的电锯之声,仿佛已"响"在树脚,可那雀鸟还栖止在树梢上。电锯之声厉厉,雀鸟绕木三匝,无枝可依。其状之凄,可想而知。

(39) Thus I
　　　Pass by,
　　　And die:
　　　As One
　　　Unknown
　　　And gone:
　　　I'm made
　　　A shade,
　　　And laid
　　　I' th' grave:
　　　There have
　　　My cave,
　　　Where tell
　　　I dwell.
　　　Farewell.
　　　(R. Herrick, *Upon His Departure Hence*)

该诗写他人的永诀。诗人故意采用抑扬格单音步将诗句分行竖排,在视觉上构筑了一座墓碑。由此,诗的形式衬托了对诗歌主题的表达。无独有偶,下面是一首用汉字"砌成"的"纪念碑"诗:

(40)　　一
　　　　尊
　　　　巨
　　　　大
　　　　的
　　　　磨
　　　　刀

　　　　石
　　砥　砺　着
　民　族　的　意　志
（周振中《人民英雄纪念碑》）

这是一首典型的图像诗：诗的前八行，即竖排的"一/尊/巨/大/的/磨/刀/石"模拟人民英雄纪念碑碑身的形状，最后两行则模拟碑座的形状。读者视之，威严肃穆的纪念碑迅即立于眼前。

4.4 顺序象似修辞

如前所述，语言成分的排列顺序，即语序，与所表达内容的顺序一致时就构成了顺序象似性，而文学创作过程中作家为了修辞目的而对顺序象似性的有意使用，就构成了顺序象似修辞。

语序存在于词、句子和篇章三个层面，可以分别称之为词序、句序和篇序。文学语篇中的顺序象似修辞主要出现在后两个层面上，即句序象似和篇序象似上面。

就语序与自然的关系而言，主要存在两种类型，即时间顺序和空间顺序。由此，顺序象似性可以划分为时间顺序象似和空间顺序象似两大类。除此之外，语言表达中还存在一种特殊的修辞顺序，即程度顺序象似修辞。

4.4.1 时间顺序象似修辞

如前所述，时间顺序的观念是人类认知结构中最重要、最根本的观念之一(张敏，1998：159)。人类语言只能在时间轴上依次单向度地展开，这就使得语言结构上的安排很自然地对应于它所表达的概念的次序。在文学创作中，作家有时有意采用这一原则以表现动作或事件发生的自然顺序，呈现一种自然之美。

根据是否存在时间象似标记词(temporal iconic marker)，可以把时间顺序象似修辞划分为显性时间顺序象似修辞和隐性时间顺序象似修辞。

4.4.1.1 显性时间顺序象似修辞

显性时间顺序象似修辞指有时间象似标记的象似修辞篇章。时间顺序主要包括以下两种，即从小到大的时间顺序和先后发生的时间顺序。准确地说,前一种顺序是后一种顺序中典型的一种。

1) 带年龄标记词的时间顺序象似修辞

在文学创作中,作家可以以人物的年龄为主线自然排列,从而将描述的内容连为一体。例如:

(41) **十三**能织素,**十四**学裁衣。**十五**弹箜篌,**十六**颂诗书。**十七**为君妇,心中常苦悲。(《孔雀东南飞》)

(42) 吾**十有五**而志于学,**三十**而立,**四十**而不惑,**五十**而知天命,**六十**而耳顺,**七十**而从心所欲,不逾矩。(《论语》)

(43) **十五**府小史,**二十**朝大夫,**三十**侍中郎,**四十**专城居。(《陌上桑》)

以上三例均采用年龄这一时间标记形式来将叙述内容前后连为一体。在第一例中,五个时间标记词构成一个衔接链,把刘兰芝17岁出嫁之前不同年龄段的才艺依次展示了出来;在第二例中,由六个时间标记词构成的衔接链将孔子一生不同年龄段的生命层次从低到高依次呈现出来;最后一例中的四个时间标记词构成的衔接链把"他"不同年龄段的官职变化表现了出来。由于这三个例子都采用了带年龄标记词的时间顺序象似修辞手法,因而在事件表达上都取得了脉络清晰、衔接自然的修辞效果。

2) 带人生时间段标记词的时间顺序象似修辞

在文学创作中,作家也可以以人生所包含的几个大的时间段为主线进行排列,从而使所描述的内容前后衔接、连贯。例如:

(44) **少壮**不努力,**老大**徒伤悲。(《乐府诗集·长歌行》)

在该例中,从"少壮"(从少年时代到成年时代)到"老大"是一种基于年龄段的自然的时间变化,而由这两个时间标记词连接的上下两句同时还是一种因果关系,即"少壮不努力"会导致"老大徒伤悲"。因此,前后两部分之间的顺序既是时间顺序,又是因果顺序。

(45) **小时候,**
　　乡愁是一枚小小的邮票,
　　我在这头,
　　母亲在那头。

　　长大后,
　　乡愁是一张窄窄的船票,
　　我在这头,

新娘在那头。

后来啊,
乡愁是一方矮矮的坟墓,
我在外头,
母亲在里头。

而现在,
乡愁是一湾浅浅的海峡,
我在这头,
大陆在那头。
(余光中《乡愁》)

这是一首非常工整的诗歌,四个小节之间的衔接和连贯关系同时由以下三种机制完成:由"小时候……长大后……后来……现在"等时间象似标记词构成的时间顺序象似;由"(时间)/乡愁是(具体的东西)/我在……头(处所)/(人/物)在……头(处所)"构成的排比结构;由"乡愁是(邮票/船票/坟墓/海峡)"构成的四个隐喻。不难看出,四个诗节的前后衔接首先是通过四个时间象似标记词来实现的。

(46) **少年**不识愁滋味,爱上层楼。爱上层楼,为赋新词强说愁。
而今识尽愁滋味,欲说还休。欲说还休,却道天凉好个秋。
(辛弃疾《采桑子》)

这首词以"少年"与"而今"相对比,表达了一种深刻的人生感受。上阕说少年时登高望远,气壮如山,不识愁为何物。无愁说愁,是诗词中常见的文人习气。下阕转入"而今",转折有力,不仅显示时间跨度,而且反映了不同的人生经历。在涉世既深又饱经忧患之余,进入"识尽愁滋味"的阶段。比之少时的幼稚,这或许是老练成熟多了。其实,"却道"也是一种"强说"。故意说得轻松洒脱,实际上也是难以摆脱心头的沉重抑塞。由此可见,"少年"与"而今"两个时间标记词的使用,使得上、下两阕衔接得自然而流畅。

(47) **少年**听雨歌楼上,红烛昏罗帐。**壮年**听雨客舟中,江阔云低断雁叫西风。**而今**听雨僧庐下,鬓已星星也。悲欢离合总无情,一任阶前点滴到天明。(蒋捷《虞美人》)

该词在时间上先后承接(少年→壮年→老年三个人生阶段),在听雨地点上不断变化(歌楼→客舟→僧庐)。正是这种对时间顺序象似手法和空间位置变换手法的使用,使得诗人能够绝妙地依次推出三幅画面:温软香艳的"歌楼夜雨图",凄风苦雨的"江舟秋霖图",孤独苦寂的"僧庐听雨图"。这三幅画面前后衔接而又相互映照,艺术地概括了作者由少到老的人生道路和由春到冬的情感历程。其中,既有个性烙印,又有时代折光:由作者的少年风流、壮年飘零和晚年孤冷,分明可以透见一个历史时代由兴到衰、由衰到亡的嬗变轨迹,而这正是此词的深刻与独到之处。

3) 带一般时间段标记词的时间顺序象似修辞

在文学创作中,作家还可以根据事件发生的先后,将事件划分为若干时间段进行描述。例如:

(48) 小屋在山的怀抱中,犹如在花蕊中一般,慢慢地花蕊绽开了一些,好像群山后退了一些。山是不动的,那是光线加强了,是**早晨**来到了山中。当花瓣微微收拢,那就是**夜晚**来临了。(李乐薇《我的空中楼阁》)

在该例中,作者描述"我"在不同光线下观看小屋的样子时,采用了先"早晨"后"夜晚"的时间顺序,呈现了早晚两个画面依次展开的自然之美。

(49) **雾起时**
  我就在你的怀中
  这林中充满了湿润的芳香
  充满了 那不断要重现的少年时光

  雾散后却是一生
  山空
  湖静

  只剩下那
  在千人万人中
  也决不会错认的
  背影
  (席慕蓉《雾起时》)

这首诗表面上是在写自然界的风光——"雾起时"的缥缈迷离和"雾散后"的寂寥空落,但实际上是在借助隐喻写恋人间的情感变化和状态:起句写恋人间情感的产生和交融，即两情相悦而带来的朦胧迷醉的心理感受；之后写情感的消减和终结，山空湖静，徒留追忆。这首诗借助雾起雾落之自然变化演绎恋人间缘生缘灭之情感轨迹，显示了诗人高超的技艺和手法。

(50) 世界要是没有光
也就没有杨花飞絮的**春天**
也就没有百花争妍的**夏天**
也就没有金果满园的**秋天**
也就没有大雪纷飞的**冬天**
（艾青《光的赞歌》）

因为这一节描绘了光对于四季的重要性，所以诗人将"春""夏""秋""冬"这四个季节依次按顺序排列。其实，四季是一个循环，其中的任何一个都可以作为起点，但从大自然生命衍生的角度来看，春天无疑是生命的开始，由此便决定了春天对于万物的首要性与重要性。

(51) They took the flag out, *and* they were hitting. *Then* they put the flag back and they went to the table, *and* he hit *and* the other hit. *Then* they went on, *and* I went along the fence. (W. Faulkner, *The Sound and the Fury*)

在该例中，作者选用英语中表达时间先后的连词 and（就/然后）和 then（然后）来呈现对系列动作的描述。这种按时间顺序铺排的片段式描述，对于英语而言是比较少见的，因而具有特定的修辞意义，即作者是为了借此暗示本吉的愚蠢。

4.4.1.2 隐性时间顺序象似修辞

隐性时间顺序象似修辞指没有时间象似标记词的象似修辞篇章，即所描述动作或事件的前后时间顺序是隐含的。例如：

(52) 当时高俅辞了柳大郎，背了包裹，离了临淮州，迤逦回到东京，径来金梁桥下董生药家下了这封书。（《水浒传》第二回）

在该例中，连续五个动作，由一句话一气呵成，增加了被描述事件的紧迫感。这里虽然没有时间标记词，但五个动作按实际发生的先后顺序依次排列，清晰、自然、顺畅。

(53) 少小离家老大回，
乡音无改鬓毛衰。

儿童相见不相识，
笑问客从何处来。
（贺知章《回乡偶书》）

该例综合使用了时间顺序象似修辞手法：首先，一、二行采用了从时间背景至人物状况的描写顺序；其次，三、四行是原因至结果的描写顺序；最后，前两行与后两行之间则是事件与对事件的反应之间的描写顺序。尽管通篇没用时间标记词，但时间和逻辑顺序分明，达到了理想的修辞效果。

(54) 河面大小船只泊定后，莫不点了小小的油灯，拉了篷。各个船上皆在后舱烧了火，用铁鼎罐煮红米饭。饭焖熟后，又换锅子熬油，哗的把菜蔬倒进热锅里去。一切齐全了，各人蹲在舱板上三碗五碗把腹中填满后，天已夜了……（沈从文《鸭窠围的夜》）

该片段由四句话构成，描述河船上的水手们前后依次发生的动作和事件，包括泊船、点灯、拉篷、煮饭、炒菜和吃饭等。虽然该文字叙述没有采用显性时间标记词，但所描述的动作和事件与时间的发展顺序相一致，前后衔接自然顺畅，以简洁的笔触呈现出一种单调琐碎而又自然纯朴的生存方式（李瑾，2004：87）。

(55) 在灰沉沉的天底下，忽而来一阵凉风，便息列索罗地下起雨来了。一层雨过，云渐渐地卷向了西去，天又晴了，太阳又露出脸来了。
（郁达夫《故都的秋》）

在这一描述片段中，基于时间的事件和动作铺排顺序非常明显，即从"来一阵凉风"，到"下起雨来"，到"云……卷向了西去"，再到"天又晴……太阳又露出脸来"，将秋季瞬息万变的天气特点依次清晰地呈现了出来，收到了干净利落、不拖泥带水的表达效果。

4.4.2 空间顺序象似修辞

自然界中基本的相对空间关系有上下、前后、左右、里外和远近等。一般而言，空间事物的描写顺序受到人类认知的影响和制约，而且多以人的视觉感知为基础。例如，人类对"先上后下""先高后低"顺序的表达习惯源于人类对"人的直立行走特点"和"地球的引力"的感知与认识；对"先前再后"顺序的表达习惯系人类主要感知器官面对着前方而成前后不对称所致。另外，"先大后小""先整体后部分""由近及远"等表达次序源于人类对以下三种视觉感知规律的认知，即"大比小显著""整体比部分显著""近的事物比远的显著";而"由里到外"或"由外到里"的相对次序则取决于视觉感知的参照点,即当人位于物体的内部时倾向于采用前一种顺序,而位于外部时则倾向于采用后一种顺序(卢卫中,2002:6-7)。

以上是人的认知与语言中空间顺序表达的基本关系。出于修辞的目的,文学创作过程中作家或者遵循或者违背这些规律。我们认为,文学作品中不同事物间的空间关系映照现实世界中事物间的真实空间关系或者人的认知规律,这体现了空间顺序象似修辞的含义。

文学创作过程中的空间顺序象似修辞主要在上下、大小和远近这三个对比层面上展开。

4.4.2.1 上下顺序

在描述人的外貌特征时,作家通常采用自上而下的顺序,即人自上而下打量人的顺序。例如:

(56) This officer was standing across a small counter from a young white boy who was wearing *a V-necked sweater*, *khakis* and *loafers*. (P. Ross, *The Boy and the Bank Officer*)

(57) 这个人打扮与姑娘们不同,彩绣辉煌,恍若神妃仙子:**头上**戴着金丝八宝攒珠髻,绾着朝阳五凤挂珠钗,**项上**戴着赤金盘螭璎珞圈,**身上**穿着缕金百蝶穿花大红云缎窄褙袄,外罩五彩刻丝石青银鼠褂,**下**着翡翠撒花洋绉裙……(曹雪芹《红楼梦》第三回)

在前例中,作者描写男孩的服饰时遵循了从上到下的垂直顺序:V-necked sweater(V领毛线衫)→khakis(卡其布裤子)→loafers(懒汉鞋)。在后例中,"头上→项上→身上(上身)→下(下身)"的语序铺排也遵循了自上而下的垂直顺序。语言表达的顺序与观察者上下打量人的顺序相一致。

对于空间事物的描写,作者也喜欢使用自上而下的语序,如:

(58) Out of the bosom of the Air,
Out of the cloud-folds of her garments shaken,
Over the woodlands brown and bare,
Over the harvest-fields forsaken,
Silent, and soft, and slow
Descends the snow.
(H. W. Longfellow, *Snowflakes*)

在该诗节中,作者描述雪花飘落时采用的顺序是"天宇→云层→树林→田野"。这正是雪花飘落的自然顺序。作者有意把 snow(雪)一词置于诗节的末尾,显然是为了映射雪花在人的视觉范围内飘落的最终位置——地面。在此,作者不仅采用了雪花飘落的时间顺序,更呈现了雪花从高空中飘过不同空间层面而最终降落大地的立体移动次序。正是这种对雪花自然降落的时空顺序的直接临摹,赋予了此诗立体感和动态美。

4.4.2.2 大小顺序

汉语里有一条把整体放在部分前面的总的线性排列原则,即"由大到小"的原则(戴浩一,1985)。这种原则自然反映在语言成分的排列次序即语序上面。张炼强(2000:153)认为,整体先于部分或由大到小的语序有其坚实的认知基础。部分在整体的包含之中,对视觉来说,首先感知到的是整体,其次才是部分。在临摹这种客观现实时,语言自然要依照视觉感知的先后顺序得以进行。

大小空间顺序在语序表达上主要体现为以下三种具体形式:由大空间到小空间的顺序;由事物整体到其部分的顺序;由大范围到小范围的顺序。

1) 大空间到小空间的语序

汉语倾向于采用"由参照物(ground)到目的物(figure)"的语序(刘宁生,1995),因为大的往往比小的更显著,更容易引起人的视觉感知。文学创作难免涉及对大、小空间之间关系的描述,所以作家往往也遵循这种顺序。例如:

(59) 石像的**整个姿态**应该怎样,**面目**应该怎样,小到一个**手指**应该怎样,细到一根**头发**应该怎样,他都想好了。(叶圣陶《古代英雄的石像》)

(60) 看看醉猫似的**爸爸**,看看**自己**,看看两个饿得像老鼠似的**弟弟**,小福子只剩了哭。(老舍《骆驼祥子》)

在前一例中,作者采用了"大空间到小空间"或者说"由大到小"的顺序,即"整个姿态→面目→手指→头发"。后一例遵循的是年龄上"由大到小"的顺序,即"爸爸→自己→弟弟"。事实上,这是"由大到小"的空间概念投射到年龄域的结果,因而在广义上也属于从大空间到小空间的排列顺序。下例与此相类似:

(61) 茅檐低小,溪上青青草。
醉里吴音相媚好,白发谁家翁媪。

大儿锄豆溪东,**中儿**正织鸡笼。

最喜**小儿**无赖，溪头卧剥莲蓬。
（辛弃疾的《清平乐·村居》）

在该词的下阕中"大儿""中儿""小儿"的依次排列也是遵循了年龄域中的大小顺序。

（62）**祖国**是一座**花园**，
　　　北方就是园中的**蜡梅**；
　　　小兴安岭是一朵**花**，
　　　森林就是花中的**蕊**。
　　　花香呀，沁满咱们的心肺。
　　　（郭小川《祝酒歌》）

在该诗前四行的行首和行尾位置上，诗人同时采用了两个由大到小排列的顺序，即"祖国→北方→小兴安岭→森林"和"花园→蜡梅→花→蕊"。这是诗人精心设计的结果，它映照了中国人一种典型的思维方式，即由大到小。

2）整体到部分的语序

从事物的整体到其组成部分或属性的语序也是文学创作常用的大小空间顺序，如：

（63）她今天也异样，不知是电灯照的，还是擦了粉，**脸**上比平日白了许多；脸上白了些，就掩去好多她的凶气。**嘴唇**上的确是抹着点胭脂，使虎妞也带出些媚气。（老舍《骆驼祥子》）

"脸"是大框架，是整体；相比之下，"嘴唇"是框架中的部分。这种从整体到部分的顺序选择便于凸显人物面貌的突出特点。

（64）He had lost *everything*—*his blanket*, *his gun*, and *his gold*. (J. London, *Love of Life*)

（65）It was lunch time and the only officer was a fortyish black *man* with short, pressed *hair*, a pencil *mustache*, and a neatly pressed brown *suit*. (P. Ross, *The Boy and the Bank Officer*)

在这两例中，everything（所有的东西）与 blanket（毯子）、gun（枪）和 gold（黄金）之间，man（人）与 hair（头发）、mustache（胡须）和 suit（西装）之间分别构成整体与部分的关系。前者是事物的整体与其构成成员之间的关系，后者则是人物与其外貌特点和服饰之间的关系。

3) 大范围到小范围的语序

与前两种语序相比,大范围到小范围的语序是一种概括性程度更高的大小关系排列顺序。例如:

(66) 环滁皆山也。其西南诸峰,林壑尤美。望之蔚然而深秀者,琅琊也。山行六七里,渐闻水声潺潺,而泻出于两峰之间者,酿泉也。峰回路转,有亭翼然临于泉上者,醉翁亭也。(欧阳修《醉翁亭记》)

在此,作者写"环滁皆山也",是个大范围。接下写"西南诸峰",范围缩小。再写"琅琊",再缩小。最后写山上的醉翁亭,再缩小。从作者所见开始,先看环滁的山,再走向西南诸峰,看到"林壑尤美"。再走上琅琊山,看到"蔚然深秀"。再上山,听见水声,看到泉水泻出两峰间。再前行,"峰回路转,有亭翼然",遂登上亭子。从大范围到小范围的描写是为了突出醉翁亭。一路写来景物各异,是移步换景,写出所见所闻,引人入胜。

(67) 曲曲折折的荷塘上面,弥望的是田田的叶子。叶子出水很高,像亭亭的舞女的裙。层层的叶子中间,零星地点缀着些白花,有袅娜地开着的,有羞涩地打着朵儿的;正如一粒粒的明珠,又如碧天里的星星,又如刚出浴的美人。微风过处,送来缕缕清香,仿佛远处高楼上渺茫的歌声似的。(朱自清《荷塘月色》)

作者在此也采用了由大及小的描写顺序:先写荷塘"曲曲折折"之总体视感;继而缩小范围,描写荷叶"亭亭"之风姿;然后具体刻画荷花"袅娜"与"羞涩"之神韵;最后写"渺茫的歌声似的"花香,让人感到自然而顺畅。

(68) 我打江南走过
  那等在季节里的容颜如莲花的开落
  东风不来,三月的柳絮不飞
  你的心如小小的寂寞的城
  恰若青石的街道向晚
  跫音不响,三月的春帷不揭
  你的心是小小的窗扉紧掩
  我达达的马蹄是美丽的错误
  我不是归人,是个过客
  (郑愁予《错误》)

这首诗从结构上看,隐含着一条自大景到小景的线索。开头两句先以广阔的江南为背景,再将镜头推移到小城,然后到街道、帷幕、窗扉,最后落在马蹄上及打破前面一片寂静的马蹄声。这种写法与柳宗元《江雪》中从"千山鸟飞绝"大景,最后落墨在渔翁独钓江心的小景上的空间处理颇有相似之处,将诗情层层推向高潮。

(69) 小屋之小,是受了土地的限制。论"领土",指有限的一点。在**有限的土地**上,**房屋**比土地小,**花园**比房屋小,**花园中的路**又比花园小,这条小路是我袖珍型的花园大道。(李乐薇《我的空中楼阁》)

这里采用了从大范围到小范围的顺序,即"有限的土地→房屋→(比房屋小的)花园→花园中的路",从而营造了层次分明、依次推进的表达效果。

(70) 我最最最感激妈爸的是他们给我的**爱,无边的爱,无底的爱,无保留的爱,和艺术的爱**。(梁文蔷《我的父亲母亲》)

在该例中,"从大范围到小范围"的顺序发生在"爱"与后面的"爱的四种形式",即"无边的爱""无底的爱""无保留的爱"和"艺术的爱"之间,达到了"先总后分"的修辞效果。从严格意义上讲,这是空间上"大"的概念在抽象的"爱"这一概念域中映射的结果。

4.4.2.3　远近顺序

对于"近"和"远"这两个空间概念而言,人们更习惯于"由近及远"而不是"由远及近"的顺序,因为在认知上,对于人的视觉感知来说,近的事物比远的显著。正因为如此,文学作品中有许多由近及远的景物描写。例如:

(71) A *fish* jumps. *The river* shatters for a moment, then glazes over. *The forest* which rims it is a long, loping smudge of charcoal. You could make it by running your thumb along the top edge of the water. (J. Raban, *Old Glory*)

(72) Ours was the marsh country, down by the river, within, as the river wound, twenty miles of the sea. My first most vivid and broad impression of the identity of things seems to me to have been gained on a memorable raw afternoon towards evening. At such a time I found out for certain, that this bleak place overgrown with nettles was the *churchyard*; and that Philip Pirrip, late of this parish, and also Georgiana, wife of the above, were dead and buried; and that Alexander, Bartholomew, Abraham, Tobias, and Roger, infant children of the aforesaid, were also dead and buried; and that the dark flat wilderness

beyond the churchyard, intersected with dykes and mounds and gates, with scattered cattle feeding on it, was *the marshes*; and that the low leaden line beyond, was *the river*; and that the distant savage lair from which the wind was rushing was *the sea*; and that the small bundle of shivers growing afraid of it all and beginning to cry, was Pip. (C. Dickens, *Great Expectations*)

在前一例中,作者采用了"由近及远"的顺序,即先描写河里的鱼儿,再描写范围更大的河流,最后描写河流周边的森林,叙事井然有序。后一例是《远大前程》第一章开首第三段。其中的第三句话,也是根据"由近及远"的顺序来描写周围环境的,即先写近处的教堂公墓,然后写沼泽地,再写河流,最后写远处的大海。尽管该句繁杂冗长,但由于采用了依次展开的"由近及远"的顺序,使得所描写的空间关系层次分明。

(73) 天门中断楚江开,碧水东流至此回。
两岸青山相对出,孤帆一片日边来。
(李白《望天门山》)

该诗的前两句写近景,后两句写远景。作者所描绘的画面"由近及远"依次展开,难免令读者流连忘返。

(74) 纱窗日落渐黄昏,金屋无人见泪痕。
寂寞空庭春欲晚,梨花满地不开门。
(刘方平《春怨》)

该诗写宫女的孤独寂寞,借梨花飘零隐喻美人迟暮、青春不再之悲。全诗描写环境,由内及外,由近及远,层层烘托,突出了女主人公命运之悲苦和内心之凄凉。

(75) 荷塘的四面,远远近近,高高低低都是树,而杨柳最多。这些树将一片荷塘重重围住;只在小路一旁,漏着几段空隙,像是特为月光留下的。树色一例是阴阴的,乍看像一团烟雾;但杨柳的丰姿,便在烟雾里也辨得出。树梢上隐隐约约的是一带远山,只有些大意罢了。(朱自清《荷塘月色》)

该例描写荷塘的四周,由近及远,写了丛生的树木和树梢上一带远山的背景。这种手法宛如拉伸的镜头,伸缩自然,层次分明。这一切,组成了一幅意境幽美的工笔画。

需要指出的是,人类的生活中还存在着"由里及外"和"由外及里"两种相对的顺序。那么,"里"与"外"在语言表达中应该孰先孰后呢?可以说,"由里及外"或"由外及里"的相对语序取决于认知主体视觉感知的参照点:认知主体位于物体的内部时倾向于采用前一种语序;而位于外部时,则倾向于采用后一种语序。这里需要指明的是,尽管这是两种方向相反的语序,但它们实际上都遵循了"由近及远"这同一条认知顺序原则。下面一例采用了"由外及里"的描写顺序:

(76) 迈进金黄色**大铜门**,穿过宽阔的**风门厅**和**衣帽厅**,就到了大会堂建筑的枢纽部分——**中央大厅**。(孙世恺《雄伟的人民大会堂》)

在该例中,描述者按照"由外及里"的次序描述自己依次看到的人民大会堂的构成,这一空间顺序的铺排同时与描述者经历的时间序列相一致——即先看到的先描述。另外,上文选用的欧阳修《醉翁亭记》中的片段既是从大范围到小范围的顺序,同时也是从外到里的顺序,即从最外面的环滁诸山写起,之后写"西南诸峰",然后写"琅琊",再写"酿泉",最后写最里面的"醉翁亭"。不仅顺序得当,而且一层层地展现了醉翁亭周围的景物,行文有跌宕之感。

而下例则采用了"由里及外"的顺序:

(77) 古老的济南,**城里**那么狭窄,**城外**又那么宽敞,山坡上卧着些小村庄,小村庄的房顶上卧着点雪,对,这是张小水墨画,也许是唐代的名手画的吧。(老舍《济南的冬天》)

此例写景,采用了由里及外的顺序,即先写城里,再写城外的山坡、村庄、房顶和雪花。由于作者是从城里往外观察的,所以采用了这种由近及远推进的顺序。

以上论述的是空间移动者与观察者是同一个人的情况。同时不可忽视的还有另一种情况,即当空间移动者与观察者不是同一个人的情形。这时候,作为观察者的描述者倾向于采用"由远及近"的顺序。当然,此时对于空间移动者而言,仍然是"由近及远"的顺序。例如,在 He opened the door, came in, and sat down.(他打开门,走进来,坐了下来。)和 He came out of the house and walked to us.(他从房子里出来,朝我们走来。)两句中,前一句遵循的是"由外及里"的顺序,后一句是"由里及外"的顺序。但对于作为观察者的叙述者而言,都是"由远及近"的顺序。例如:

(78) 月落乌啼霜满天,江枫渔火对愁眠。姑苏城外寒山寺,夜半钟声到客船。(张继《枫桥夜泊》)

这里先写高挂天空的一轮明月,再写栖息树上的乌鸦,再写江岸、江中的枫火,最后写耳边的钟声,完全按照由远及近来写,层次感很强。

(79) 月亮上来了。

是一轮灿烂的满月。它像一面光辉四射的银盘似的,从那平静的大海里涌了出来。大海里,闪烁着一片鱼鳞似的银波。沙滩上,也突然明亮了起来,一片片坐着、卧着、走着的人影,看得清清楚楚了。啊!海滩上,居然有这么多的人在乘凉。说话声、欢笑声、唱歌声、嬉闹声,响遍了整个的海滩。(峻青《海滨仲夏夜》)

这里的景物描写运用了由远及近的方式,也是由上到下的方式,从满月到大海再到人群,层次清楚,条理井然。

此外,碧野在《天山景物记》这篇散文中整体上采用了由远及近的描写顺序,即先写天山的远景:

(80) 天山是我们祖国西北边疆的一条大山脉,连绵几千里,横亘塔里木盆地和准噶尔盆地之间,把广阔的新疆分为南北两半。远望天山,美丽多姿,那常年积雪高插云霄的群峰,像集体起舞的维吾尔族少女的珠冠,银光闪闪;那富于色彩的连绵不断的山峦,像孔雀开屏,艳丽迷人。

再写近景(雪峰、溪流、森林、野花,迷人的夏季牧场,野马、蘑菇圈、旱獭、雪莲,天然湖、果子沟……)。文章由远及近、由淡而浓地描写了天山的美景,热情歌颂了景色奇丽、物产丰富的祖国边疆,抒发了作者热爱祖国河山的深情厚谊。

由以上举例及其分析可以看出,文学语篇中存在着"由近及远"和"由远及近"两种相反的顺序,具体采用哪一种取决于叙述者是否是空间移动者:如果叙述者本人就是空间移动者,则多采用前一种语序;否则,往往采用后一种语序。

除了上面论及的三种主要空间顺序象似性之外,文学创作中还涉及其他多种空间顺序象似性,如"从薄到厚"的顺序和"从浓到淡"的顺序。对此类相对空间顺序的取舍取决于作家的修辞目的,如:

(81) "……就跟以前那个馋嘴媳妇似的。问她雪下多大?**她说有一张薄饼的厚度了,再问就是烙饼的厚度了,打她一巴掌脸就成了发面馒头了。**"(六六《蜗居》)

(82) 婚姻的热度由**滚烫的浓咖啡**,转向**温牛奶**,到现在的**凉白开**。(六六《蜗居》)

在前一例的黑体部分,三个小句之间采用了基于物品"从薄到厚"的顺序,即"薄饼→烙饼→发面馒头"。为了描绘馋嘴媳妇之类的形象,作者故意采用了与食品相关的三个隐喻,并按照食品"从薄到厚"的顺序进行了排列,生动形象,符合人物角色特点。与前一例相类似,后一例也采用了跟食品相关的顺序,但不同的是:这里同时采用了基于液体食品两种属性的两种顺序:一是"从浓到淡"的顺序,即"浓咖啡→牛奶→白开水";二是"从高温到低温"的顺序,即"滚烫→温→凉"。由于液体食品的这两种属性为人们所熟知,因而这种修辞表达便于读者理解和体会作者的表达意图——即婚姻由激情浪漫到平淡冷漠的变化过程。

4.4.3 程度顺序象似修辞

程度顺序象似修辞主要指文学创作中对渐升和渐降两种修辞顺序的使用。在修辞学上,渐升法(climax)是指把句子中的词、短语或小句,按照它们所表达的思想内容的重要性,依次由弱到强、由轻到重排列,最后达到顶点的组织方法(李定坤,1994:519);突降法(anticlimax)则是一种顺序上相反的修辞手法,指根据由强到弱、由重到轻或到轻浮的、重要性或强度上依次递减的顺序来陈述思想内容的组织手法。渐升法特别适合煽动人的情感,而渐降法经常用于讽刺、挖苦。该手法依据的原则是,重要性上越低的思想内容,其讽刺挖苦之力就越高。造成的修辞效果要么是幽默式的,要么是致命性的(Feng,1995:81-83)。

我们认为,渐升法和渐降法中采用的顺序本质上说都具有象似性的特点,都映照或者根植于事物发展的自然规律,即"诞生→成长→成年→衰弱→死亡"的过程。渐升映照从起始到中间的发展阶段,而渐降则映照从中间到最后结束的阶段。就两种手法在文学创作中所具有的修辞功能而言,语言单位在重要性或强度上渐升或渐降的顺序映照世界(或者作者概念中的世界)里的事物之间的相似顺序。因此,从某种意义上说,语言中渐升或渐降的顺序都是作者有意选择与排列的结果。两者之间的不同在于其顺序相反,两者之间的相同在于都是表达事物程度变化的顺序——尽管前者表达程度的提高和加深,后者表达程度的降低和减弱。从隐喻的角度来看,前者是从小到大的空间域在程度域上的投射,而后者则是从大到小的空间域在程度域上的投射。

首先,请看在文学作品中经常使用的渐升语序(climactic order):

(83) It was *the ruin of the family*, *the uprooting of morals*, *the*

destruction of Germany. (W. S. Maugham, *Of Human Bondage*)

(84) When we send our young men and women into harm's way, we have a solemn obligation *not to fudge the numbers or shade the truth about why they're going, to care for their families while they're gone, to tend to the soldiers upon their return, and to never ever go to war without enough troops to win the war, secure the peace, and earn the respect of the world*. (B. Obama, "The Audacity of Hope", 2004 Democratic National Convention Keynote Address)

(85) 这诗怎么样？**有辱骂，有恐吓，还有无聊的攻击**；其实是大可不必的。(鲁迅《辱骂和恐吓决不是战斗》)

在以上三例中，渐升语序和平行结构都是作者有意采用的手段，目的在于编织越来越强烈的语义效果。在例(83)中，从"家庭的毁灭"，到"道德的沦丧"，再到"整个德国的灭亡"，严重的程度依次加深。在例(84)中，奥巴马出兵前对其国人的承诺程度依次提高：从"不回避出兵数量和真相"，到"呵护士兵家属"，到"战后优待士兵"，再到"不打无把握之仗"。在例(85)中，从"辱骂"到"恐吓"，再到"攻击"，"无聊"的程度逐渐增强。

其次，渐降语序(anticlimactic order)也经常用于文学作品中，其目的在于取得一种与渐升语序不同的修辞效果。例如：

(86) *When George the Fourth was still reigning over the privacies of Windsor, when the Duke of Wellington was Prime Minister, and Mr Vincy was mayor of the old corporation in Middlemarch*, Mrs Casaubon, born Dorothea Brooke, had taken her wedding journey to Rome. (G. Eliot, *Middlemarch*)

(87) The Grand Tour has been a tradition of newly rich countries ever since young British aristocrats took to the Continent in the eighteenth century, picking up *languages, antiques*, and *venereal disease*. (E. Osnos, "The Grand Tour", *The New Yorker*, April 18, 2011)

(88) 他父亲留下的一份家产就这么变小，变做没有，而且现在负了债。(茅盾《春蚕》)

在例(86)中，作者在叙述多萝西娅小姐的婚礼时有意提及"从国王，到首相，再到市长"等由大到小的当权者,目的在于讽刺女主人公幼稚社交的虚伪性。在例(87)中,从"语言"到"古玩",再到"性病",三件东西相对于人生之真谛而言,其重要性依次降低。在例(88)中,"变小→变做没有→负债"这一渐降语序的采用,有助于突显主人公不断恶化的经济状况。

4.4.4 无序象似修辞

如上所述,文学创作中,语言表达往往是有序的。但有时为了某种修辞目的,作家会故意采用杂乱无章的语序,借此映照事物或人物的某种无序状态。这就是我们所谓的"无序象似修辞",可以说,这是一种"有意的无序与无序中的有序"。例如:

(89) O What a noble mind is here o'erthrown!
　　　The *courtier's*, *soldier's*, *scholar's*, *eye*, *tongue*, *sword*.
　　　(W. Shakespeare, *Hamlet*)

这是奥菲莉亚对哈姆雷特装疯的叹息。在该例中,作者故意将三组名词所有格结构分开,并打乱顺序,以此映照社会秩序的颠倒混乱。

(90) *Me up at does*
　　　out of the floor
　　　quietly Stare
　　　a poisoned mouse
　　　still who alive
　　　is asking what
　　　have i done that
　　　You wouldn't have
　　　(E. E. Cummings, *Me up at Does*)

该诗虽然在句法上是一个复合句,但诗的体裁决定着它是由八句诗行组成的一个篇章。前五行的正常句法顺序本应为"a poisoned mouse/who still alive/does Stare quietly/out of the floor/up at Me"(王守元,2000:33),但作者故意将其打乱,意在借语言形式的错误铺排映照描述对象的晕眩状态,即误食毒药的老鼠的晕眩状态。同时,通篇不用标点符号的选择也有助于加强对这种晕眩感的营造(试比较朱永生,1989:62;王守元,2000:34)。

黄国文(1988:15-16)也指出,在有些现代小说中,有些句子的排列不符合逻辑,这主要是为了表现人物的潜意识活动,展现人物的心理结构。因

此,用来描述潜意识和无意识活动的语言也是不符合逻辑的。例如:

(91) She kissed me. My youth. Never again. Only once it comes. Or hers. Take the train there tomorrow. No. Returning not the same ... The new I want. Nothing new under the sun ... Think you are escaping and run into yourself. Longest way round is the shortest way home ... All changed. Forgotten. The young are old ... (J. Joyce, *Ulysses*)

在此,作者采用意识流手法再现主人公布鲁姆在回忆当年与妻子热恋时所出现的迷离恍惚思绪。该段句子之间衔接凌乱,没有什么连贯性。但正因为连贯性不好,这一段文字才能原原本本地再现布鲁姆支离破碎、来去飘忽的意识流活动,才能再现他当时既混乱又清醒的思绪状况。

4.4.5 宏观篇序象似修辞:个案分析

上文分别分析了时间顺序、空间顺序、程度顺序和无序等顺序手法如何单独作用于文学作品的创作。这里我们将通过对两首诗歌和两篇散文的分析,来说明一种顺序手法如何分层次作用于文学作品的创作,或者多种顺序手法如何交叉作用于文学作品的宏观结构。

4.4.5.1 个案分析之一

以下是北朝民歌《木兰诗》:

(92) 唧唧复唧唧,木兰当户织。不闻机杼声,唯闻女叹息。问女何所思,问女何所忆。女亦无所思,女亦无所忆。昨夜见军帖,可汗大点兵。军书十二卷,卷卷有爷名。阿爷无大儿,木兰无长兄。愿为市鞍马,从此替爷征。

东市买骏马,西市买鞍鞯,南市买辔头,北市买长鞭。旦辞爷娘去,暮宿黄河边。不闻爷娘唤女声,但闻黄河流水鸣溅溅。旦辞黄河去,暮至黑山头。不闻爷娘唤女声,但闻燕山胡骑鸣啾啾。

万里赴戎机,关山度若飞。朔气传金柝,寒光照铁衣。将军百战死,壮士十年归。

归来见天子,天子坐明堂。策勋十二转,赏赐百千强。可汗问所欲,木兰不用尚书郎,愿驰千里足,送儿还故乡。

爷娘闻女来,出郭相扶将。阿姊闻妹来,当户理红妆。小弟闻姊来,磨刀霍霍向猪羊。开我东阁门,坐我西阁床。脱我战时袍,着我旧时裳。当窗理云鬓,对镜贴花黄。出门看火伴,火伴皆惊惶。同行十二年,不知木兰是女郎。雄兔脚扑朔,雌兔眼迷离。双兔傍地走,安能辨我是雄雌。

尽管该诗的五个小节之间没有使用时间标记词,但各小节之间前后脉络清晰、自然,这是因为整个诗篇采用了时间顺序的象似修辞手法:第一小节属于"事起";第二小节属于"备战与行军";第三小节属于"征战";第四小节属于"凯旋与赏赐";最后一小节属于"庆贺"。这是事件前后发生的时间和逻辑顺序。因为没有明示的时间标记,所以属于隐性时间顺序象似。

以上分析的是该诗宏观上采用的篇序象似修辞用法,下面是该诗每一小节内部的顺序象似修辞特点:

1) 就每一小节之内的语序而言,除了最后一小节的最后两句("雄兔脚扑朔,雌兔眼迷离。双兔傍地走,安能辨我是雄雌。")之外,每一小节内部句子之间都采用了时间顺序象似修辞的用法。

2) 第一小节中的第一句("唧唧复唧唧,木兰当户织。")的两个小句之间是"从声音到动作"的顺序,即"从听觉感知到视觉感知"的顺序——所谓"先闻其声,再见其人";第三至六句采用了"先问后答"的时间顺序:第三句("问女何所思,问女何所忆。")是木兰父亲的发问,后面几句是木兰的回答。

3) 第二小节的第一句("东市买骏马,西市买鞍鞯,南市买辔头,北市买长鞭。")内部各小句之间采用了地理方位顺序;第二句("旦辞爷娘去,暮宿黄河边。")和第四句("旦辞黄河去,暮至黑山头。")内部两个小句之间都是带有时间标记词"旦"和"暮"的时间顺序象似用法。

4) 第四小节的最后一句("可汗问所欲,木兰不用尚书郎,愿驰千里足,送儿还故乡。")也是一问一答的顺序。

5) 最后一小节的各个句子的内部存在不同类型的顺序用法:前三句("爷娘闻女来,出郭相扶将。阿姊闻妹来,当户理红妆。小弟闻姊来,磨刀霍霍向猪羊。")是"从大到小"的年龄顺序;第四句("开我东阁门,坐我西阁床")是地理方位顺序;第八句("同行十二年,不知木兰是女郎。")与第九句和第十句("雄兔脚扑朔,雌兔眼迷离。双兔傍地走,安能辨我是雄雌。")之间是"先问后答"的时间顺序关系。

以上分析说明,该诗通篇清晰、自然的语序是宏观篇序与微观句序两个层面的顺序象似修辞共同作用的结果。

4.4.5.2 个案分析之二

以下是王之涣的《登鹳雀楼》:

(93) 白日依山尽,

黄河入海流。
欲穷千里目,
更上一层楼。

该诗包含两个层面的顺序:首先,宏观层面,前两行充当背景,后两行充当主旨;其次,微观层面,前两行之间是时间介绍到景色描写的顺序,后两行是目的到手段的顺序。

4.4.5.3 个案分析之三

以下是梁文蔷的散文《我的父亲母亲》节选:

(94) 人对父母都有一种特殊的情感。我姑妄称之为亲情。每个人的亲情都不同。要看父母是什么样的父母,子女是什么样的子女。彼此之间的关系如何。即使是亲兄弟姐妹,对父母的亲情也因人而异。[1]

我想一般人对父母的感情不外乎是感恩,和对父母之回爱。这是属于正面的。偶也有负面的情感,例如子女认为父母可厌,可恶,可恨,甚至可杀。这真是非常不幸的事。以中国传统观念来说"天下没有不是的父母",这是不动脑筋的人说出来的话。父母是人,哪有不错之理。若强迫子女认父母的不是为是,那是黑白颠倒,是非不清。这种观念岂是一个"孝"字可以粉饰得住的?所以,父母子女之间如有负面情感产生,情况可能十分复杂,不能以子女不孝,一言以蔽之。[2]

我的双亲都已离我而去。我自己也做了二十六年的母亲,二子均已长大成人。有了为人女,为人母的全部经历。我自觉可以评估一下我对我父母的亲情。[3]

第一,我并不感激父母生我。父母生我不是为了我来这世界享福或受罪的;父母生我也不是为了他们自己的任何好处……[4]

我大约在十几岁时即知此事。我对妈爸没有怨意,也没有感激。我只觉得这是很有意思的一段历史。事关我的存在与不存在……[5]

第二,我对父母养我,即给我衣、食,把我养大成人,我只有些许感激。因为,我认为父母把子女养大是一种生物的本能……[6]

第三,我对父母给我的教育,不论是家教,或正规学校教育,我都非常感恩。我认为家教比学校教育重要得多……[7]

东方人和犹太人家注重学校教育,是普遍的现象,不值一提。我特别感激父母的是他们只为我提供最佳之学习环境,并不对我

有过分的要求……[8]

第四,我最最最感激妈爸的是他们给我的爱,无边的爱,无底的爱,无保留的爱,和艺术的爱。他们知道如何爱,他们依我年岁知识之增长而随时调整爱的方式……[9]

自从妈妈十四年前过世,爸爸和我之间渐渐建立起一种友爱,知心的老友般的爱。我和爸爸两人之间可以算是无话不谈……[10]

有人说我很"孝"。这个"孝"字我不敢当。善事父母者谓之孝,我没做到,不过,我心里的确是爱他们,只是爱得不够深,不及他们爱我的万分之一。[11]

如今,席已散,幕已落,只剩下我一个演员,在舞台上徘徊,抚摸着零散的道具,独自回味这五十余年的悲喜剧。[12]

该文共包括三个部分:开头(第一、二自然段)、中间(第三至十一段)和结尾(最后一段)。中国人的思维顺序之一是由大及小,文章写作亦不例外。该文题名《我的父亲母亲》,重点写我对父母的亲情。作者先从一般的亲情谈起,然后引入我对父母的亲情,最后总结全文。前两部分之间是"从大到小"的顺序,而后两者之间则是"先陈述事件后进行评述"的顺序。

因为文章的主体和重心在第二部分,所以作者相应地投入了九个自然段的巨大篇幅,这符合数量象似性的原则——内容重要、量大,语言形式的量一般也大。尽管与开头和结尾的篇幅相比显得有些失衡,但突出了重点,是失衡中的平衡。这是下一小节——数量象似修辞——要探讨的内容,在此我们重点分析这一部分的顺序问题。这一部分又可以进一步分为三个次部分:段落三是引语,中间的段落(四至九)是中心,最后的段落(十和十一)是引申。其中,中间的六个段落(四至九)遵循了自然的顺序:

第一,我并不感激父母**生我**……

第二,我对父母**养我**,即给我衣、食,把我养大成人,我只有些许感激……

第三,我对父母给我的**教育**,不论是家教,或正规学校教育,我都非常感恩……

第四,我最最最感激妈爸的是他们给我的**爱**,无边的爱,无底的爱,无保留的爱,和艺术的爱……

显然,这是"生育→养育→教育→爱"的顺序:前三者之间遵循时间顺序;相较而言,后者是人生培养中的一个升华阶段,或者说前三者是后者的条件。

4.4.5.4　个案分析之四

以下是老舍的散文《济南的冬天》：

(95) 对于一个在北平住惯的人，像我，冬天要是不刮风，便觉得是奇迹；济南的冬天是没有风声的。对于一个刚由伦敦回来的人，像我，冬天要能看得见日光，便觉得是怪事；济南的冬天是响晴的。自然，在热带的地方，日光是永远那么毒，响亮的天气，反有点叫人害怕。可是，在北中国的冬天，而能有温晴的天气，济南真的算个宝地。

设若单单是有阳光，那也算不了出奇。请闭上眼睛想：一个老城，有山有水，全在天底下晒着阳光，暖和安适地睡着，只等春风来把它们唤醒，这是不是理想的境界？小山整把济南围了个圈儿，只有北边缺着点口儿。这一圈小山在冬天特别可爱，好像是把济南放在一个小摇篮里，它们安静不动地低声地说："你们放心吧，这儿准保暖和。"真的，济南的人们在冬天是面上含笑的。他们一看那些小山，心中便觉得有了着落，有了依靠。他们由天上看到山上，便不知不觉地想起：明天也许就是春天了吧？这样的温暖，今天夜里山草也许就绿起来了吧？就是这点幻想不能一时实现，他们也并不着急，因为这样慈善的冬天，干什么还希望别的呢。

最妙的是下点小雪呀。看吧，山上的矮松越发的青黑，树尖上顶着一髻儿白花，好像日本看护妇。山尖全白了，给蓝天镶上一道银边。山坡上，有的地方雪厚点，有的地方草色还露着；这样，一道儿白，一道儿暗黄，给山们穿上一件带水纹的花衣；看着看着，这件花衣好像被风儿吹动，叫你希望看见一点更美的山的肌肤。等到快日落的时候，微黄的阳光斜射在山腰上，那点薄雪好像忽然害羞，微微露出点粉色。就是下小雪吧，济南是受不住大雪的，那些小山太秀气。

古老的济南，城内那么狭窄，城外又那么宽敞，山坡上卧着些小村庄，小树庄的房顶上卧着点雪，对，这是张小水墨画，或者是唐代的名手画的吧。

那水呢，不但不结冰，反倒在绿藻上冒着点热气。水藻真绿，把终年贮蓄的绿色全拿出来了。天儿越晴，水藻越绿，就凭这些绿的精神，水也不忍得冰上；况且那长枝的垂柳还要在水里照个影儿呢。看吧，由澄清的河水慢慢往上看吧，空中，半空中，天上，自上而下全是那么清亮，那么蓝汪汪的，整个的是块空灵的蓝水晶。这块水晶里,包着红屋顶,黄草山,像地毯上的小团花的小灰色树影;这就是冬天的济南。

不难看出,该文宏观上沿着时空两条顺序往前推进。其一,就时间顺序而言,通篇描述了两个原因和四个结果:第一段写原因,即天气——没有风声、响晴;第二段写结果,即人们享受"慈善的冬天",包括晒阳光、暖和安适地睡着、幻想春天到来等;第三段开首写第二个原因——小雪,紧接着描述小雪带来的山上的美景,包括矮松、山尖、山坡、山腰;第四段写的也是小雪带来的景致——从城里到城外山坡;最后一段则是前面两个原因带来的又一个结果——美丽的绿藻、垂柳和不结冰的河水。

其二,叙述者采用了如下空间顺序:先是"济南"这一整体概念,然后是作为核心区的老城,之后是三面环绕的山色,再往后是山上的小村庄,最后是河水和天空。整体而言,通篇遵循的是由大到小和由近及远的空间顺序。

由此可见,在时、空这两条隐含的线索作用下,整个文章融为连贯的一体。

4.5 小结

本章的研究证明,语音象似、语相象似和顺序象似都是文学创作的重要修辞手段,对于传递作者的创作意图、编织篇章的衔接性和连贯性均具有重要的作用。具体而言,作为两种映象象似修辞手段,语音象似修辞手段能给文学语篇带来听觉意义上的美感,语相象似修辞手段能给文学语篇带来视觉意义上的美感,而顺序象似修辞手段则能赋予文学语篇以次序、逻辑性和层次感。

第 5 章
文学语篇象似修辞(下)

5.1 引言

本章集中探讨数量象似修辞、对称象似修辞和被动象似修辞这三种象似修辞手法在文学语篇中的应用以及多种象似修辞手段交织使用的特点和作用。

5.2 数量象似修辞

数量象似性可以在语言的词汇、句法和篇章三个层面上得到描述和解释。就文学语篇而言,作家可以借助篇章在语言形式与意义上量的一致性来营造某种修辞效果,如通过对句子或篇幅长短的选择、重复的运用等数量手段映照所要表达的意义,实现特定的修辞目的和创作意图。所以,本节的研究集中在篇章层面,主要分析数量象似性在叙事语篇和诗体语篇这两个层面上所具有的修辞和文体功能。

5.2.1 叙事语篇数量象似修辞

会话是叙事语篇中人物塑造常用的直接话语形式。这里,我们将从会话语篇和非会话语篇两个角度分别探讨语言量调控与人物塑造和文体效果之间的关系。

5.2.1.1 会话语篇中语言量调控与人物塑造之间的关系

笔者认为,会话语篇中语言量调控与人物塑造之间的关系主要表现在如下两个方面:一是语言量调控有助于呈现人物的情绪和态度;二是有助于呈现人物的地位和权力。

1) 语言量与人物情绪和态度的呈现

在会话语篇中,会话者语言的量与作品的创作目的和人物塑造之间有着密切的关系。一般而言,语言量大往往说明说话者谈话兴致比较高;反之,则说明说话者谈话兴致比较低。有时候,后一种情况还能反映出说话者因谈话兴致低而对谈话采取应付和逃避的态度。由此可见,会话语篇中会话者语言量的多少是作者有意识设计和组织的结果。

下面我们对 W. S. Maugham 创作的短篇小说《午宴》(*The Luncheon*)中男女主人公交谈过程中话轮的构成特点以及话语段长短进行统计分析,借以说明话轮的组织特点和话语段的长短与人物塑造和创作目的之间的联系。有关该小说核心部分双方会话语言量的数据统计见表 5.1:

表 5.1　*The Luncheon* 男女语段长度对比

词数\话轮\角色	1	2	3	4	5	6	7	8	9	10	11	12	13	14	15	16	17	合计	平均
女	6	26	18	30	6	10	7	42	56	17	6	22	6	39	31	12	6	340	20
男	4	∅	∅	∅	3	4	1	8	∅	12	5	∅	1	4	3	13	∅	58	3.41
相差	2	26	18	30	3	6	6	34	56	5	1	22	5	35	28	−1	6	282	16.59

在表 5.1 中,符号 ∅ 表示当前话轮中男主人公的话语空缺。这里有两个原因:一是作者的有意省略;二是男主人公没有说话。在 17 个话轮中,女主人公每次说话平均使用的单词数为 20 个。而男主人公在 11 次作答中平均使用的单词数约为 5 个;如果以 17 次计算,则平均为 3 个左右。在双方都有直接话语的话轮中,女主人公的话语往往比男主人公的长。如果按作者安排的直接话语(即直接引语)计算,两者使用的语言量相差近 4 倍;如果以话轮总数(17 次)计算,则相差 6 倍。

这部小说讲述的主要是作为叙事者的男主人公,如何在经济不宽裕的情形下在一家高级饭店应付一位胃口超大而又健谈的女性读者。上面的统计数字显示出,男、女主人公在话轮数量和话语段长度上存在着明显的差别,这种差别有助于呈现男、女主人公全然不同的情绪和心态:女主人公兴致高昂,喋喋不休;而男主人公因担心付不起餐费而少言寡语,疲于应对。因此,语言量调控等数量象似性手法的运用,对于故事情节的设计和主题的表达具有重要的衬托和辅助作用,从而有助于刻画男、女主人公的心态。

由此可见,人物个体的情感和态度变化可以借语言量的差异体现出来。现在的问题是,这种可以量化的反差(相差 4～6 倍)是否能适应其他类似的情形?下面,我们再以 E. Hemingway 的短篇小说《雨中的猫》(*Cat in the Rain*)中男女主人公之间的主要对话部分来说明这一点。该部分共包含 7 个话轮,每一轮中双方所用单词的数量见表 5.2:

表 5.2 *Cat in the Rain* 男女语段长度对比

角色 \ 词数 \ 话轮	1	2	3	4	5	6	7	合计	平均
妻子	3	32	16	15	38	47	28	179	25.57
丈夫	10	∅	7	5	1	8	∅	31	4.43
相差	—7	32	9	10	37	39	28	148	21.14

表 5.2 表明,在 7 个话轮中,妻子每次说话所使用的单词数平均接近 26 个,而丈夫在 5 次作答中平均使用 6 个左右,如果以 7 次计算,则平均数仅为 4 个左右。两者使用的语言量相差约为 4 倍或 6 倍。统计数字表明,妻子与丈夫的交谈在所使用的语言量上差别很大。需要说明的是,话轮 1 中丈夫使用的语段明显长于妻子。这一方面是因为该话轮是由丈夫发起的,另一方面是因为该话轮由三个部分构成,而且第三部分也由丈夫完成("Did you get the cat?" he asked, putting the book down./"It was gone."/"Wonder where it went to," he said, resting his eyes from reading.)。话轮发起者往往更主动,兴致更高。这可以解释作为话轮发起者的妻子为什么会在其他 6 个话轮中使用更长的语段。

这部短篇小说描述了一对美国夫妇的婚姻生活状况:面对丈夫的漠不关心,妻子渴望得到更多的关爱,向往舒适温馨的家庭生活。为了呈现这一主题,作者有意使妻子与丈夫在语言量上出现失衡,使妻子的语言量尽量多,而使丈夫的则尽量少,这样便凸显了对夫妻双方谈话兴致高低对比的描述,从而更好地突出丈夫对妻子的冷漠和妻子对关爱的渴望。

表 5.2 显示,用于表现人物反差的语言量差异也是 4~6 倍,而且低语言量平均在 4 个左右,高语言量平均近 26 个。有趣的是,表 1 和表 2 的统计数据说明,低语言量和高语言量的差异值相差不大,语言量差异程度完全相同。

在汉语小说语篇中也有类似的用法,如:

(1)"郭小姐今年多大了?"　　　　　　　　　　　　　　(8)
　　"25。"　　　　　　　　　　　　　　　　　　　　(2)
　　"成家了?"　　　　　　　　　　　　　　　　　　(3)

"没。" (1)
"前途无量啊!" (5)
海藻奇怪,25岁没结婚就前途无量?没法接下话。…… (0)
(六六《蜗居》)

在以上这段对话中,男主人公宋思明第一次见到女主人公海藻就比较喜欢对方,所以就没话找话,显得比较主动;相反,作为年轻姑娘的海藻就比较羞涩、拘谨一些。这一特点反映在双方话语量的对比上:在第一个话轮中,双方的话语量对比是 8∶2;第二个是 3∶1;第三个是 5∶0。由此可见,就双方话语量的对比而言,三个话轮语言量倍数平均差在 5 倍以上,基本上与上面两个例子中的语言量倍数差异相近。

以上讨论的数量差异程度是否具有普遍适用性,还有待于进一步探讨,但它的确能够支撑我们的观点,即,数量象似手法的确有助于解释语言量与人物塑造之间的紧密关系,是文体效果产生的一个重要认知依据,即话语多,兴致高;话语少,兴致低。

2) 语言量与地位和权力的呈现

在谈及语言量与人物角色的地位或权力之间的关系时,Short(1996:206-207)指出了如下三点:一是话轮转换类型(turn-taking patterns)和脱离常规的变异类型在文本中很容易获得特定的含义;二是话轮转换类型与会话权力具有明显的关联;三是在会话中,有权力的说话者拥有最多和最长的话轮,不但在引入话题、控制谈话内容、确定谈话人选和时间上拥有绝对优势,并且有权打断他人的谈话。Thornborrow & Wareing(2000:130)也指出,"人物的语言量或者显示出他们的相对重要性,或者表明他们或许自以为很重要。一般而言,中心人物比小人物拥有更长或者更多的言语。"由此可见,会话语篇中语言量与角色的权力、地位密切相关。一般而言,话语量大意味着权力大,居于支配地位;而话语量小则意味着权力小,居于被支配地位。G. B. Shaw 的《巴巴拉少校》(*Major Barbara*)第一幕开首部分的 10 个话轮很能说明这一点:这一部分只涉及两个人物,两个人物之间的话轮数相同,但话轮长度不同,这主要表现在所用句子和单词的不同数量上。例如,话轮 2 和话轮 3 中布里托玛特女士与儿子斯蒂芬之间在句子和单词数量上差异悬殊:

(2) Lady Britomart: Don't begin to read, Stephen. I shall require all your attention. (2/11)

Stephen: It was only when I was waiting —(1/7)

(3) Lady Britomart: Don't make excuses, Stephen. (He puts down The Speaker.) Now! (She finishes her writing, rises and comes to the settee.) I have not kept you waiting very long, I think. (3/14)
Stephen: Not at all, mother. (1/4)

在 10 个话轮中,母亲与儿子之间的语言量差异(包括句子数和语段长)见表 5.3:

表 5.3 *Major Barbara* 母子间的语言量(句数和词数)差异

角色\词数\话轮	1	2	3	4	5	6	7	8	9	10	合计	平均
母亲	1/2	2/11	3/14	3/19	1/7	4/34	2/12	1/23	4/41	6/40	27/203	2.70/20.30
儿子	1/3	1/7	1/4	1/4	1/3	2/14	2/11	1/2	1/1	1/9	12/58	1.20/5.80
相差	0/−1	1/4	2/10	2/15	0/4	2/20	0/1	0/21	3/40	5/31	15/145	1.50/14.50

这一部分共有 39 个句子,其中母亲使用了 27 个,儿子仅使用了 12 个,前者是后者的 2.25 倍;就单词而言,这一部分共包括 261 个单词,其中母亲用了 203 个,儿子用了 58 个,前者是后者的 3.5 倍(接近 4 倍)。根据上文的分析,4 倍能够说明话语量上有明显差异。因此,无论从句数还是词数上看,母亲都居于话语权的支配地位。母亲不仅控制着谈话的内容,而且也决定着儿子顺从自己的程度。由此延伸开去,在这种母子关系中,母亲处于支配地位,儿子处于被支配地位。由此可见,话轮长度的分析有助于读者解读会话语篇中人物之间的身份和地位关系。

5.2.1.2 非会话语篇中语言量调控与文体效果之间的关系

笔者认为,非会话语篇中语言量调控与文体效果之间的关系可以从如下两个方面进行探讨:一是句长与文体效果的营造,二是句长与复杂性的呈现。

1) 句长与文体效果的营造

根据王佐良、丁往道(1987:116-122),在文学作品中,短句具有直接、清楚、有力、明快等特点,用来强调或突出所要表达的内容;而长句则能够以曲折的结构来表达复杂的概念,形式上显得庄重严肃,常用来描述人物曲折的思维过程和复杂的心理活动。如何判断长、短句呢?根据布朗语料库(Brown Corpus)(Kennedy, 2000:158),普通小说的平均句长是 13.82 个词。参照这个数值,如果某作品的平均句长大于这个数字,说明该作品具有长句显著的文体特征，否则则具有短句显著的文体特征；如果某个作家所有作品的平均句长均超过这个数字，说明他喜欢使用长句，否则说明他喜欢使用短句。

例如，使用 R. J. C. Watt 制作的 Concordance 软件对 Maugham 的短篇小说 *The Luncheon* 中的非会话部分进行检索，结果显示该部分共含有 70 个句子，平均长度 15.60 个词，比 13.82 的平均句长多 1.78，说明该作品具有句子偏长的文体特征；对 Hemingway 的短篇小说 *Cat in the Rain* 中的非会话部分进行检索，结果显示该部分共有 67 个句子，平均长度 10.87 个词，比 13.82 的平均句长少 2.95，说明该作品具有句子偏短的文体特征。Enkvist (1971) 指出，Hemingway 擅长描述士兵、猎人、斗牛士、深海渔夫等动作类人物，因此，他在小说创作中习惯于使用简短句。尽管 *Cat in the Rain* 只是 Hemingway 的作品之一，但该结果足以说明，句长统计有助于说明作家的创作风格。

2) 句长与复杂性的呈现

句长与所表达内容的复杂性之间的关系可以从句子内部的超长结构中反映出来。超长结构属于有标记结构(marked structure)，而"无论从结构上还是从语义上说，有标记成分的复杂度大于无标记成分"(韩景泉、刘爱英，2000：18)。由此可以推出，在文学创作中，使用超长句(或超长结构)可以映照所表达内容的复杂性。例如：

(4) *Children in famine, victims tortured by oppressors, helpless old people a hated burden to their sons, and the whole world of loneliness, poverty, and pain* make a mockery of what human life should be. (B. Russell, *What I Have Lived For*)

该句共包括 34 个单词，其中以并列形式出现的主语部分就占了 25 个，就英语结构而言是失衡的，即造成了所谓的"头重脚轻"。根据 Andrews (1990) 的标记理论(Markedness Theory)，这样的主语属于有标记主位。事实上，这种失衡的修辞显然是作者有意营造的，是为了映照人类苦难之沉重。头重脚轻在视觉上缺乏美感，在心理上产生失衡与沉重之感。这正是作为描述对象的苦难从视觉到心理上给读者带来的感受，也是作者的意图所在。

(5) At such a time I found out for certain, *that this bleak place overgrown with nettles was the churchyard; and that Philip Pirrip, late of this parish, and also Georgiana, wife of the above, were dead and buried; and that Alexander,*

> *Bartholomew, Abraham, Tobias, and Roger, infant children of the aforesaid, were also dead and buried; and that the dark flat wilderness beyond the churchyard, intersected with dykes and mounds and gates, with scattered cattle feeding on it, was the marshes; and that the low leaden line beyond, was the river; and that the distant savage lair from which the wind was rushing was the sea; and that the small bundle of shivers growing afraid of it all and beginning to cry, was Pip.* (C. Dickens, *Great Expectations*)

这是一个包含7个宾语从句和124个单词的超长句。作者的目的是借句子之超长和繁复来表征皮普突然明白了很多很多的东西。

(6) **在昨天、今天和明天之间,在父与子与孙之间,在山村二郎神担过的巨石与十七层的部长楼之间,在海云的在天之灵与拴福大嫂新买的瓷碗之间,在李谷一的"洁白羽毛"和民国十八年咸菜汤之间,在肮脏、混乱而又辛苦经营的交通食堂和外商承印的飞行时刻表之间,在秋文的目光、冬冬的执拗、四九年的腰鼓,七六年的旅行,在小石头、张指导员、张书记、老张头和张副部长之间**,分明有一种联系,有一座充满光荣和陷阱的桥。(王蒙《蝴蝶》)

该句由两部分构成,即包含7个并列短语的状语和两个"动词＋主语"结构。Li & Thompson(1981)指出,与主语突出(subject-prominent)的英语相比,汉语是一种主题突出(topic-prominent)的语言。根据曹逢甫(1995：50),状语可以充当主题。因此,开首超长的状语在该句中充当主题,承载着语义焦点。王一川(1997：395)认为,这一超长的主题是作者为了表达丰富而复杂的思想而有意选择、组织的结果,有助于把过去与现在连在一起,从而描绘出人物的复杂感情。

(7) My own favorite country, perhaps because I knew it as a boy, is that of the Yorkshire Dales. A day's walk among them will give you almost everything fit to be seen on this earth. Within a few hours, you have enjoyed *the green valleys, with their rivers, fine old bridges, pleasant villages, hanging woods, smooth fields; and then the moorland slopes, with their rushing streams, stone walls, salty winds and crying curlews, white*

farmhouses; *and then the lonely heights*, *which seem to be miles above the ordinary world*, *with their dark tarns*, *heather and ling and harebells*, *and moorland tracks as remote*, *it seems*, *as traits in Mongolia*. (J. Priestley, *The Beauty of Britain*)

在该例中,作者故意采用了包含 67 个单词的超长宾语——主要包括绿色的峡谷、荒野斜坡、孤独的高原三处景点上的无数景色,旨在向读者呈现不列颠风光之繁复和迷人。

以上四例中所讨论的超长结构与复杂内容之间的一致性局限在句子的层面上。那么在超句的语篇层面上,长、短句是否也与作者的创作意图相关并具有修辞作用和文体效果呢?

我们使用 WordSmith 4 对 *The Luncheon* 和 *Cat in the Rain* 这两部作品中的非会话部分进行检索,结果显示两者之间在长、短句使用比例上有明显差异:在 *The Luncheon* 的非会话部分(共 70 个句子),比 13.82 的平均句长长的句子共有 36 句,占 51%;其中,是 13.82 的平均句长 2 倍的有 5 句,占 7.14%。而在 *Cat in the Rain* 的非会话部分(共 67 个句子),比 13.82 的平均句长长的句子共有 15 句,占 22.39%;其中,是 13.82 的平均句长 2 倍的只有 1 句,占 1.49%。由以上数据可以看出,前者比后者使用的长句和超长句多;反过来说,后者比前者使用的短句和超短句多。原因何在?

小说 *The Luncheon* 是以男主人公的口气叙述的。为了描述女主人公的形象,作为叙述者的男主人公采用了细节描写,而细节描写往往需要使用长句和超长句。例如,在下面的例(8)中,叙述者用含有 46 个单词的超长句(是 13.82 的平均句长的 3 倍多)详细描述了女主人公的年龄和体貌特征:

(8) She was in fact a woman of forty (a charming age, but not one that excites a sudden and devastating passion at first sight), and she gave me the impression of having more teeth, white and large and even, than were necessary for any practical purpose.

由于作品中男主人公处于既要面子又囊中羞涩的尴尬境地,这一矛盾的复杂心理在以下两例中表现得淋漓尽致:

(9) I knew exactly how much I had, and if the bill came to more I had made up my mind that I would put my hand in my pocket and with a dramatic cry start up and say it had been picked.

(10) I do not believe that I am a vindictive man, but when the immortal gods take a hand in the matter it is pardonable to observe the result with complacency.

在第一例中,叙事者"我"苦苦思索若付不起账单应该如何脱身这一棘手的问题,这是叙事者为何使用长达42个词的超长句(为13.82的平均句长的3倍多)的原因之一。后一例由30个单词构成(为13.82的平均句长的2倍多,也应算作超长句),描述了叙事者看到女主人公变胖后获得的一种报复欲满足后的快感,也属于心理活动描写的范围。

以上研究表明,写作者在文学创作过程中经常运用语言的数量象似性手法来取得特定的修辞目的和文体效果;在会话和非会话叙事语篇层面上,数量象似修辞均有一定的解释力,这种用法对于写作者实现其创作意图具有重要的辅助意义。我们把认知分析和语料库统计分析纳入修辞和文体分析范围,说明修辞和文体研究可以借用其他学科的研究方法和研究发现。由此可见,文学创作中作者可以通过在会话语篇中使用成倍的语言量差异来辅助对人物形象的塑造,实现相关的创作意图;在非会话语篇中使用超长句有助于突出对主题或重要内容的描述,而通过长短句对比则有助于彰显所表达内容在复杂性上的变化。

在叙事语篇中,语言量调控是一种重要的修辞手段,与文体效果密切相关;语言量考察是叙事语篇文体考察的一个重要侧面。从方法论角度看,从语言量角度研究修辞和文体有助于在语篇层面上动态地考察语言量调控的修辞作用和文体效果;而对差异数值的统计分析说明,修辞和文体研究寻求并使用参考值不仅是可能的,也是十分必要的。

5.2.2 诗体语篇数量象似修辞

在诗体语篇中,话语量(即诗行的相对长度)由诗行与其邻近语境中其他诗行的长度相比较而定,是一种基于相对的词语数和绝对的字母数的、视觉上的长短对比,因而这是一种因作品而异的相对诗行长短对比。需要指出的是,这里探讨的诗体象似修辞仅限于单一作品之内的诗行长度及其变化,而不涉及跨作品、跨作者的象似修辞和文体比较研究。这里所说的"话语"一词取其广义,包括单诗行、双诗行、多诗行、诗节或者整首诗等诗歌单位。

数量象似手法有助于语言摆脱线性的局限和束缚,使语言不仅可以描述线性的空间和抽象概念,而且可以描述非线性的空间和抽象概念。根据

Nänny(2001:157-159),在传统英语诗歌中,线性的重要象似潜势(iconic potential)表现在诗行的排印长度和诗行长度的渐变(变长或变短)上。这里所说的"诗行长度"主要指诗行的视觉长度,而诗行的视觉长度既取决于诗行的音节数又取决于诗行所包含的字母数。

诗行长度是个相对的概念,判断一个诗行的长短取决于诗的邻近语境。一般而言,一个诗行的长度一旦明显异于邻近的其他诗行,那么就可以说该诗行具有数量象似意义。但同时需要指明的是,并非所有特别长或者特别短的诗行都具有象似之力(iconic force):只有诗行或者诗节的意义才能决定其是否具有象似意义。象似性并非一种必然的普遍现象,而是具有可选择性和偶然性的特征。长诗行或者短诗行广义上讲属于映象象似符,而诗行的长度变化(无论变长或者变短)则具有拟象象似特征——即作为符号的单一诗行之间的长度变化关系映照其语义所指之间的相似变化关系。

针对特别长或者特别短的诗行进行语义考察有助于发现形式象似性,即线性的语义临摹,并能在此基础上探讨其相应的修辞作用与文体效果。

在英语诗歌的历史长河中,至少自文艺复兴时期以来,借语篇形式临摹语义的诗人就一直钟情于"诗行"这一诗体的基本节奏和视觉单位。就诗行长度的象似用法而言,17、18 世纪的诗人——尤其是 Dryden 和 Pope——在作品中对具有象似意义的长、短诗行运用得最为普遍。这或许是由于他们是在有意识地坚持临摹世界、临摹他们那个时代的主导性文艺。

Nänny(2001:159-186)主张从以下四个角度探讨英语诗歌诗行长度的象似功能,即长诗行、短诗行、长短诗行对比和诗行长短变化。我们认为,在宏观语篇结构这一层面上,诗人还可以借助对诗节长短的选择、重复的运用以及语篇组织方式等手段实现特定的修辞目的和文体效果。此外,现当代汉语诗歌中也出现了对象似修辞手法的运用。

5.2.2.1 英语长诗行的象似修辞功能

长诗行可以直接以映象象似的方式表示长度、距离和延续,或者借助隐喻进一步表示浩瀚、高大、膨胀、伸展、延伸和宽阔等概念。诗行末端超出邻近的其他诗行,映象象似于突出、超出、剩余、超越等概念。

1) 表示长和距离

在英语诗歌语篇中,诗人有时故意用相对较长的诗行来表示长和距离的概念。例如:

(11) *Presentiment—is that long Shadow—on the Lawn—*
Indicative that Suns go down—

>   The Notice to the startled Grass
>   That Darkness—is about to pass—
>   (E. Dickinson, *Presentiment Is That Long Shadow on the Lawn*)

在该诗中,第一行不但采用了最多的 8 个单词,而且采用了同样最多的 3 个破折号。显然,这是诗人有意为之的结果,其目的旨在借这一超长诗行描述落日在草地上投下的长长的影子。

> (12) To the same Goal did both our Studies drive,
>   The last set out the soonest did arrive.
>   Thus Nisus fell upon the slippery place,
>   While his young Friend perform'd and won the Race.
>   O early ripe! to thy abundant store
>   What could advancing Age have added more?
>   (J. Dryden, *To the Memory of Mr Oldham*)

在安客塞斯丧礼上,年长的尼索斯和年轻的欧律阿勒斯之间进行竞赛,尼索斯滑倒了,而欧律阿勒斯则跑完了全程。根据这种类比,年轻的奥尔德姆在人生与竞赛中都超越了年长的德莱顿。在语言表达上,描述欧律阿勒斯跑完全程的第四行比描述尼索斯滑倒的较短的前一行相应长出很多。诗行长度与所描述的距离长短相一致,这使得诗篇便于从形式上映照所描述的内容。

2) 表示长的东西

在传统的英语诗歌中,长诗行经常被用来表示蛇、武器、节杖、头发和溪流等长的东西。这里以长诗行映照诗人对蛇和头发的描述为例进行论述。例如:

> (13) And this, the naked countenance of earth,
>   On which I gaze, even these primeval mountains
>   Teach the adverting mind. The glaciers creep
>   Like snakes that watch their prey, from their far fountains,
>   Slow rolling on; there, many a precipice,
>   Frost and the Sun in scorn of mortal power
>   Have piled: dome, pyramid, and pinnacle,
>   A city of death, distinct with many a tower

And wall impregnable of beaming ice.
(P. B. Shelley, *Mont Blanc*)

在该诗选中,作者以象似手法有意拉长将冰川比作蛇的那一行,使得该行似蛇一般"爬"出整个诗篇的右边界。

(14) Attir'd in Mantles all the Knights were seen,
That gratify'd the View with cheerful Green;
Their Chaplets of their Ladies Colours were
Compos'd of White and Red to shade their shining Hair.
Before the merry Troop the Minstrels play'd;
All in their Masters Liveries were array'd;
And clad in Green, and on their Temples wore
The Chaplets White and Red their Ladies bore.
(J. Dryden, *The Flower and the Leaf*)

在该诗节中,视觉上特别凸显的长诗行不仅反映出头发的长度,而且也说明那 shining hair(金光闪闪的头发)格外显眼,借以表达从长度凸显到亮度凸显的双重含义。

3) 表示浩瀚

诗行的超长在传统诗歌中也经常用来表示空间上的浩瀚,并且进一步以转喻的方式表示重要性、富丽堂皇和庄严等概念。例如:

(15) Presage of Victory and fierce desire
Of Battle: whereat Michaël bid sound
The Arch-Angel trumpet; though the vast of Heav'n
It sounded, and the faithful Armies rung
Hosanna to the Highest: nor stood at gaze
The adverse Legions, nor less hideous join'd
The horrid shock; now storming fury rose,
...
(J. Milton, *Paradise Lost*)

在该诗节中,第三行比邻近的其他诗行明显长出很多。这种超长的语符排列用以表示大天使的喇叭声穿越广阔无垠的天堂和绵绵无尽的距离。

(16) *And down the streams which clove those mountains vast
Around their inland islets, and amid*

>   The panther-peopled forests, whose shade cast
>   Darkness and odours and a pleasure hid
>   In melancholy gloom, the pinnace past
>   By many a star-surrounded pyramid
>   Of icy crag cleaving the purple sky
>   And caverns yawning round unfathomably.
>   (P. B. Shelley, *The Witch of Atlas*)

在以上这一诗节中,与第二行描述小岛的诗行的超短相比,第一行显得格外长,借以凸显溪流之蜿蜒细长和山脉之绵延无垠。

4) 表示高大

在传统诗歌创作中,高大也与体积的概念间接地相关联。例如:

(17) All who true dunces in her cause appear'd
       And all who knew those dunces to reward.
       Amid that Area wide she took her stand,
       Where the tall May-pole once o'erlook'd the Strand;
       But now, so ANNE and Piety ordain,
       A Church collects the saints of Drury-lane.
       (A. Pope, *The Dunciad Variorum*)

在该诗节中,第四行借用横向语符的超长表示纵向上"高"的概念。显然,这是对基于空间隐喻的数量象似性用法的运用。

5) 表示膨胀等概念

在诗歌创作中,诗人也用长诗行来表示膨胀、展开、延伸和宽阔等隐喻义。例如:

(18) His cheeks be pimpled, red and blue;
       His nose and lips of mulbrie hiew.
       Then for an easie fansie; place
       A Burling iron for his face:
       Next, make his cheeks with breath to swell,
       And for to speak. if possible:
       But do not so; for feare, lest he
       Sho'd by his breathing, poyson thee.
       (R. Herrick, *To the Painter, to Draw Him a Picture*)

在这一诗节中,与相邻的其他诗行相比,第五行要长得多。显然,诗人旨在藉该诗行的超长来表达护桥人因为喘粗气而憋得双颊肿胀之意。

(19) Delicious symphonies, like airy flowers,
  Budded, and swell'd, and, full-brown, shed full showers
  Of light, soft, unseen leaves of sounds divine
  Of happiness, from fairy-press ooz'd out.
  (J. Keats, *Endymion*)

在该诗节中,第二行的超长适合表征文中所欲表达的膨胀般的充盈,而 full(满)一词的重复使用和合成词 full-brown(纯褐色)的使用则有利于深化这种含义。

6) 表示伸出

有时候,突出于邻近语境中其他诗行末尾的一个超长诗行可以用来表示突破或越过常规界限的东西。例如:

(20) Her pretty feet
  Like snails did creep
  A little out, and then,
  As if they started at Bo-peep,
  Did soon draw in agen.
  (R. Herrick, *Upon Her Feet*)

在该短诗中,作者用突出的第四行映照女士的双脚从长裙下伸出。从整首诗来看,一开始女士的双足先蜗牛般悄悄爬出长裙,又似从长裙下朝外张望;而后双足迅即缩回,诗行也相应地跟着一起缩短了。

除此之外,长诗行还常用来描述伸出的舌头以及岬和半岛之类的长形的东西。例如:

(21) She dwells with Beauty—Beauty that must die;
  And Joy, whose hand is ever at his lips
  Bidding adieu; and aching Pleasure nigh,
  Turning to poison while the bee-mouth sips:
  Ay, in the very temple of Delight
  Veil'd Melancholy has her sovran shrine,
  Though seen of none save him whose strenuous tongue
  Can burst Joy's grape against his palate fine;

> His soul shall taste the sadness of her might,
> And be among her cloudy trophies hung.
> (J. Keats, *Ode on Melancholy*)

这一诗节中的第七行,明显超出邻近的其他诗行,而且它也是该诗所有诗节中最长的一行。显然,诗人旨在藉该诗行的超长来表达舌头伸出之意,而 strenuous(费力)一词的使用则更强化了舌头伸出的力量。

7) 表示超出等概念

在以四音步、五音步诗行为主的诗篇语境中,采用长诗行或者抑扬格六音步(亚历山大体)或七音步诗行可以表示超出、剩余和超越等概念。例如:

> (22) Whether I should repent me now of sin
> By mee done and occasion'd, or rejoice
> *Much more*, *that much more good thereof shall spring*,
> To God more glory, more good will to Men
> From God, and over wrath grace shall abound.
> (J. Milton, *Paradise Lost*)

在该诗节的第三行中,much more(越来越多)重复使用——先用作副词后用作形容词,大大映照充裕的含义,而诗行的拉长又进一步增强了对此义的表达。

5.2.2.2 英语短诗行的象似修辞功能

尽管短诗行的象似作用远不及长诗行用得那么多、那么普遍,但明显短的诗行也可以产生象似功能。短诗行的象似功能既取决于其简短字符,又依赖于行尾所留出的相对于上下邻近的较长诗行所形成的空白。短诗行既可以表示小、收缩、不足和狭窄等概念,又可以表示丧失、空白和单一等概念。

1) 表示小等概念

短诗行可以表示小、收缩、不足和狭窄等概念。例如:

> (23) Fly envious Time, till thou run out thy race,
> Call on the lazy leaden-stepping hours,
> Whose speed is but the heavy Plummet's pace;
> And glut thyself with what thy womb devours,
> Which is no more than what is false and vain,
> And merely mortal dross,
> *So little is our loss*,

> *So little is thy gain.*
> For when as each thing bad thou has entomb'd,
> And, last of all, thy greedy self consum'd,
> Then long Eternity shall greet our bliss
> With an individual kiss;
> ...
> (J. Milton, *On Time*)

在该诗节中,有两处用短诗行表示"小"的含义的象似用法:并行排列的第七、八两行的超短恰到好处地映照出它们所表达的"小"的含义。假如作者无意使用线性象似,那他本可以将两句放在一个诗行(六音步)中。另外,此处最后一行借诗行之简短表达了单一的概念(一个吻)。

2) 表示丧失等概念

短诗行也可以表示丧失、空白和单一等概念。从视觉看,短诗行在其行尾相对于上下邻近的长诗行构成一空白,诗人往往借这一空白来表达丧失的意义。例如:

> (24) Oth. O, that the slave had forty thousand lives!
> One is too poor, too weak for my revenge.
> Now do I see 'tis true. Look here, Iago;
> All my fond love thus do I blow to heaven.
> 'Tis gone.
> Arise, black vengeance, from thy hollow cell!
> Yield up, O love, thy crown and hearted throne
> To tyrannous hate! Swell, bosom, with thy fraught,
> For 'tis of aspics' tongues!
> (W. Shakespeare, *Othello*)

在该诗节的第三行中,诗行的简短象征奥赛罗对爱的痛失。诗行末尾在上下两行之间形成的视觉上的空白隐喻地映照男主人公因失去心上人而感到的精神上的茫然与空虚。

5.2.2.3 英语诗行长短对比与变化的象似修辞功能

在同一首诗里,诗行的长短对比与诗行逐渐变长等手法均具有特定的含义。

1) 诗行长短对比的象似修辞功能

有时候,长、短诗行搭配使用可以表达长、短对比的概念。例如:

(25) Fainter, dimmer, stiller each moment,
　　 Now night.
　　 (M. Weber, *Night*)

该首短诗的第一行很长(有九个音节),而第二行很短(只有两个音节)。诗人有意在两行诗的视觉长度上形成对比,借以映照其创作意图:第一行巧妙地以诗行之长来暗示黑夜来临的渐进过程,第二行则以诗行之短来体现夜似乎往往是在人们不知不觉间突然降临的(辜正坤,1998:238)。

(26) There was a young man from Japan
　　 Whose limericks never would scan.
　　 When his friends told him so,
　　 He said, yes I know
　　 But I always try to get as many words into the last line as I possibly can.

在该打油诗中,作者让最后一行在视觉上比其他诗行长出很多,借以衬托最后一行要表达的含义,即"我"总是喜欢在诗的末行塞进尽可能多的词语。

(27) It is not growing like a tree
　　 In bulke, doth make man better bee;
　　 Or standing long an Oake, three hundred yeare, (8)
　　 To fall a logge, at last, dry, bald, and seare:
　　 A *Lillie of a Day*, (5)
　　 Is fairer farre, in May,
　　 Although it fall, and die that night;
　　 It was the Plant, and flower of light.
　　 In small proportions, we just beauties see;
　　 And in short measure, life may perfect bee.
　　 (B. Jonson, *Cary-Morison Ode*)

该诗前三行长度的渐增表示"像树一样的生长过程",到第三行达到最长,其中长元音和辅音丛的使用从语音上加强了这种视觉上拉长的效果。在此,诗行利用其视觉上的长度映照橡树寿命之超长(长达三百年)。同橡树的长寿形成对比,百合花则寿命短暂(存活一天),这种含义通过第五行的简短得以表达,其中,短元音和短词语的使用更迎合突出了短暂之义。在该诗中,两种植物的寿命长短对比显著,相应的诗行长短对比鲜明,象似表达程度较高。

2) 诗行渐长与成长和增加

在一组诗行中,诗行的逐渐变长可以表征事物数量的递增和成长的进程。例如:

(28) His bulky folly gathers as it goes,
　　　And, rolling o're you, like a Snow-ball growes,
　　　His various modes from various Fathers follow,
　　　One taught the Toss, and one the new French Wallow.
　　　(J. Dryden, Epilogue to *The Man of Mode*)

在这个诗节中,渐长的诗行映照福普林爵士的"极度愚蠢"恰似滚雪球一样沿着几行诗一路"滚"下来,讽刺的分量随之增强。

3) 诗行渐短与收缩和衰落

与渐长的诗行相反,渐短的诗行表示减少、收缩和衰落等变化过程。例如:

(29) The place, as we approached, seemed more and more
　　　To have an eddy's force, and sucked us in
　　　More eagerly at every step we took.
　　　(W. Wordsworth, *Prelude*)

在以上三行诗中,旋涡的吸力是通过越来越短的诗行表达出来的,诗行的右边轮廓宛如旋涡的内壁,映象象似效果比较明显。

5.2.2.4　英诗宏观语篇结构的象似修辞功能

在宏观语篇结构这一层面上,诗人可以借助对诗节长短的选择、重复的运用和语篇组织方式等手段实现特定的修辞目的和文体效果。

例如,美国诗人 W. C. Bryant 在 *The Prairies* 一诗中,用 123 行的超长篇幅来映照美国大草原之广阔,用不分诗节的手法映照大草原绵延不断、连为一体的特点。

在此,作者借助数量象似的语篇修辞手法,用超常的语言组织形式衬托了对大草原特点的描述。显然,这是一种综合运用篇幅变异和诗节变异的手法,收到了极好的"以形衬意"的修辞效果(卢卫中,2003b:62)。该例是以语言形式数量上的"多"映照内容上的"多"的一个典型的例子。

5.2.2.5　汉诗的数量象似修辞功能

与传统的英语诗歌不同,传统的汉语诗歌往往讲究行与行之间字数相等,因而也就无法像传统英语诗歌一样在诗行长短对比上构筑数量象似的修辞和文体效果。但是,现当代汉语诗歌却突破了传统诗歌音韵及格律的禁锢,在诗歌形式方面进行了大胆尝试,借诗行长度衬托所要表达的特定内容自然也就成了诗人的一种追求。下面我们用实例说明汉语诗歌如何藉诗行的长、短变化来映照所要表达的内容。

1) 长诗行的象似修辞功能

与英语传统诗歌一样,不少现当代汉语诗歌借长诗行描述小溪、群山、脐带等带状事物,或者表达历史和延续等延展的概念。例如:

(30) 看它那轻盈凄迷的模样儿
　　　只是一朵会飞的鲜花
　　　只合到水仙鉴影的小溪上徘徊
　　　别说风暴咆哮了
　　　即使是风暴的一丝微叹
　　　也能把它卷走甚至粉碎
　　　我真不明白
　　　它怎能把最温柔的渴望
　　　与暴风雨交织在一起的
　　　(郑玲《风暴蝴蝶》第二节)

在该诗选中,作者用视觉上最长的一行(第三行)表达小溪蜿蜒流淌这一与"长"相关的含义,是对"形式为内容服务"的体现。

(31) **他想,这辈子是走不出这里的群山了**
　　　海是有的,但十分遥远
　　　他只能活几十年
　　　所以没等到他走到那里
　　　就死在半路上
　　　死在山中
　　　(韩东《山民》第二节)

在上面的诗选中,第一行与其他诗行在长度上形成鲜明的对比。作者借这最长的一行映照群山绵延不断的样子。

(32) 我是这片土地上用彝文写下的历史
　　　是一个剪不断脐带的女人的婴儿
　　　我痛苦的名字

我美丽的名字
　　　我希望的名字
　　　那是一个纺线女人
　　　千百年来孕育着的
　　　一首属于男人的诗
　　　(吉狄马加《自画像》1~8 行)

在该诗选中,作者用最长的第一行表示长长的历史,用长度次之的第二行暗示母子生命的纽带——脐带。

(33) 一种白色的情绪
　　　一种无法表达的情绪
　　　就在今夜
　　　已经来到这个世界
　　　在我们视觉外
　　　在我们中枢神经里
　　　静静地笼罩着整个宇宙
　　　它不会死,也不会离开我们
　　　在我们心里延续着,延续着……
　　　不能平息,不能感知
　　　因为我们不想死去
　　　(柏桦《表达》最后一节)

在该诗节中,作者借词语的重复和省略号的使用构筑了一个最长的诗行,用来表达延续不断的概念。

　　以上现当代汉语诗歌与英诗相类似,皆用长诗行表达了"长"的概念。下面这首诗尽管没有采用长诗行,但传递了量多的含义:

(34) 翻出来一件
　　　隔着冬雾的$_1$
　　　隔着雪原的$_2$
　　　隔着山隔着海的$_3$
　　　隔着十万里路的$_4$
　　　别离了四分之一世纪的$_5$
　　　母亲亲手
　　　为孩子织的$_6$

沾着箱底的樟脑香的₇
旧毛衣
（熊秉明《的》）

该诗不是借诗行的长度,而是借跨越诗行构成的超长修饰语——连续使用七个修饰语——来表达描述对象内容之丰富,即这是一件不同寻常的沉甸甸的旧毛衣。这是通过语言形式量的累积来映照物品（毛衣）的属性之丰富。与其他诗体象似修辞不同的是,这里的数量象似形成于跨诗行之间,是由相关的数行诗句累加而成的,而非基于单个诗行之间的长短对比。

2) 短诗行的象似修辞功能

与传统英语诗歌相类似,现当代汉语诗歌中也存在着用短诗行表达孤独、枯萎、沉落、沉默等含义的象似用法。例如:

(35) 流浪的
  鸟
  何处是归巢
  （寒山石《云》）

这首隐喻诗把云彩比作到处流浪、飘忽不定的孤鸟。把"鸟"字单列一行,不但突出了"鸟"的存在,更借语言量上的超小显出了它的孤独无依。

(36) 人民啊,如果我刹那间忘却了你,(13)
  我的心将枯萎,(6)
  像飘零的叶子(6)
  在风中旋转着(6)
  沉落……(2)
  （李瑛《我骄傲,我是一棵树》第二部分最后一节）

在该节诗中,作者用比第一行(13 个字)短得多的第二行(6 个字)表示"枯萎"的意义,而长度相同的第三、四行(6 个字)描述与枯萎相关的"飘零的叶子"如何降落,到第五行枯萎的叶子基本"沉落"至地面,因而只剩下两个字的长度。由此可见,随着枯叶的飘落与下降,诗行的长度也随之缩短。

(37) 可是,要接近月亮
  却是不可能的
  ——大海知道这个
  于是只把月的倩影
  默默地带回到海心的深处

像为了孕育珍珠的贝壳
夹进一粒沙子
又旋即紧紧地合闭
——只给观潮者
留下一个永恒的谜

这是沉默
又是默许
(王家新《潮汐》19～30 行)

在该例的前一诗节中,作者用视觉上线性之超长隐喻地映照垂直方向上海心之深远;而在后一诗节中,作者用仅仅包含四个字的两个诗行表达沉默和默许的内容。可见,短诗行与长诗行之间传递了不同的数量象似含义。

3) 诗行长短变化的象似修辞功能

汉语诗歌中也存在着借诗行长短变化传递内容变化的例子。例如:

(38) 昨夜来去的那一个人,昨夜
述说着秋风的凄苦的
那一个人,昨夜
以水波中的
月光向我
微笑的
那人
以落叶
的脚步走过
我心里的那一个人
昨夜用猫的温暖给我愉快的
那人

唉,昨夜来去的那一个人,昨夜
的云,昨夜来去的那一个人
(白荻《昨夜》)

此诗由两个小节构成,从头到尾都是主人公一人的独白,他反反复复叨念着昨夜来了又去的那个友人。该诗第一小节结构奇特,头几句越来越短,是为了突出诗人内心独白的声音渐低;而后面的诗句又渐渐加长,则是为了表现诗人的情感越来越强烈;然后用"那人"两个字来结束,给出了一个加强的休止符,使得一段诗句戛然而止,加深了读者对"那人"的印象。

以上研究说明,传统的英语诗歌——尤其是 17、18 世纪的英语诗歌——频繁利用诗行长度中固有的象似潜势,营造特定的修辞和文体效果。就汉语而言,虽然传统诗歌极少运用数量象似的手法,但现当代诗歌中却不乏其例——尽管这种手法的运用远不及英语诗歌中用得普遍。由此可见,从数量象似性角度考察诗体语篇的修辞特点和文体效果是可行的,对于提高读者的诗歌鉴赏水平、使之更好地把握诗人高超的线性艺术具有积极的意义。

5.3 对称象似修辞

对称象似是指在概念上具有同等重要性和并列关系的信息在语言表达上具有对称性(赵艳芳,2001:161)。换言之,相同或相近的语言形式的并置(juxtaposition)意味着意义或思想上的相同和并列。人类的对称欲望源于人体本身所具有的基本对称性。人类天生具有的借倒置和重复手段来克服(时间等)不对称性的对称欲深刻地影响着人类的思想、语言和文学。因而人类的对称欲在本质上是象似性的,在语言上直接反映在回文、回环和交错法等修辞格上,间接反映在反论、矛盾修饰法、对照法、反语和歧义等修辞格上(Norrman, 1999:64; Fischer & Nänny, 1999b:xxviii)。

在文学语篇中,对称象似手法的运用,除了能在视觉上产生前后对称的"形美",在听觉上形成循环往复的"音美"之外,还有助于在内容上传递前后相互映衬的"意美"。

下面根据 Nöth(2001:23)的三分法——即将对称分为"镜像对称""重复对称"和"反意对称"三种——来分析对称象似性作为修辞手段在文学创作中的运用及其修辞功能。

5.3.1 镜像对称象似修辞

镜像对称象似修辞主要体现在回文、回环和交错法等传统修辞用法中。相比较而言,回文和回环是典型的基于语言形式的镜像对称手法,而交错法主要是基于语法结构的镜像对称用法。在语言表达和文学创作中,前一种镜像对称比后一种出现得多一些。

1) 交错类镜像对称修辞

交错类镜像对称的基本格式是从"语法单位 A+语法单位 B"到"语法单

位 B+语法单位 A",即在语法结构上构成 ABBA 的对称形式。这种修辞手段主要出现在英语作品中,如:

(39) Renown'd *for conquest*, and *in council* skilled. (J. Addison, *The Campaign*)

在该例中,前后两个小句在句法上构成了倒置重复,即从"过去分词+介词短语"到"介词短语+过去分词"的结构形式。作者有意让后一句重复并倒置前一句的句法结构,重复是为了所表达内容的协调统一,而倒置则是为了表达颠覆常规的内容——即因前一句描述其人闻名于征战,就有可能被认为是有勇无谋,后一句的倒置则突出强调了其谋略才能并不逊于其征战的表现。

在汉语里,尽管此类修辞形式比较少见,但文学语篇中也存在着类似的用法,如:

(40) 畏**莲色**之如**脸**,愿**衣香**兮胜**荷**。(王勃《采莲赋》)

在该例中,倒置重复不是出现在句法形式之间,而是发生在词语的所指属性之间,即从"植物+人的属性"到"人的属性+植物",具体地说,就是从"莲色+脸(人的器官)"到"衣香(人的附属物)+荷",从而在人与莲之间营造了一种循环往复、不分"你我"的境界。

2) 回文和回环类镜像对称修辞

根据《新不列颠百科全书》,回文指的是正读与反读或者正拼与反拼都一样的词、短语、句子或语篇。文学创作中的回文修辞主要出现在汉语中,如:

(41) 亡国忧深忧国亡,
　　 伤怀感旧感怀伤。
　　 打狼围寇围狼打,
　　 防敌把关把敌防。
　　 (萧玉苍《纪念抗日战争胜利五十周年》)

在该诗中,每一个诗行都独自构成一个回文结构,即每句话从左到右或者从右到左在拼读上都相同,从而在听觉上产生了一种循环往复的音韵美,在视觉上产生了一种前后对称的建筑美,进而成就了内容上的协调美。

回环与回文相类似,但又有自己的特点,指在某个语境中对词语、短语、句子或语篇的倒置重复。回文的基本结构是 ABCBA,而回环的则是 ABBA。可以说,回文的构成要素一般是奇数个,而回环的则往往是偶数个。

回环的构成成分前后形成明显的循环对称结构,可以用来表达循环往复或相互转化等概念或内容。回环作为一种修辞手段,在英语和汉语文学语篇中均有使用。例如:

(42) **你**站在桥上看**风景**,
    看**风景**人在楼上看**你**。

    明月**装饰**了**你**的窗子,
    你装饰了别人的梦。
    (卞之琳《断章》)

该诗的回环对称结构是隐含式的,背后的基本构架是:"你……风景,/……风景……你"和"……装饰……你……,/你装饰……"诗人借该结构所构筑的循环往复之表达效果映照现实生活中人与物之间"物我交融"的境界:在前一节中,"你"与"风景"融为一体;在后一节中,"你"与"装饰"不可分割。这正是对现实生活的真实写照。

上例虽不是回环的标准形式,但起到了很好的对称象似的修辞效果。以下两例是回环的标准形式:

(43) Heavy is my heart,
    Dark are thine eyes.
    Thou and I must part
    Ere the sun rise.

    Ere the sun rise
    Thou and I must part.
    Dark are thine eyes,
    Heavy is my heart.
    (M. Coleridge, *Slowly*)

(44) 说是寂寞的秋的清愁,
    说是辽远的海的相思。
    假如有人问我的烦忧,
    我不敢说出你的名字。

    我不敢说出你的名字

假如有人问我的烦忧。
说是辽远的海的相思,
说是寂寞的秋的清愁。
(戴望舒《烦忧》)

在以上两首诗歌中,除了标点符号之外,诗歌的前后两节均构成了以诗行为单位的完全的颠倒排列,形成了 ABCDDCBA 的标准回环结构形式。就修辞目的和修辞效果而言,作者选择循环往复的回环结构都是为了与诗歌的主题相适应:在前一首诗中,因恋人间的来回相送、难舍难分而显得"缓慢";在后一首诗中,诗人因相思萦怀无法表达、意欲逃避却愁绪难解而烦忧。由此,对称象似修辞在这两首诗中皆获得了"以形衬意"的理想修辞效果,"形式为内容服务"得到了很好的体现。

5.3.2 重复对称象似修辞

重复对称象似修辞主要体现在排比等传统修辞用法之中。排比是以语法结构对称(包括相同或相似的词、短语或分句)来突出意义的一种修辞手段(黄任,2003:153)。排比具有结构整齐、节奏感强的特点,是文学语篇中常用的修辞手段。例如:

(45) My heart leaps up when I behold
A rainbow in the sky,
So was it when my life began;
So is it now I am a man;
So be it when I shall grow old,
Or let me die!
The Child is father of the Man;
And I could wish my days to be
Bound each to each by natural piety.
(W. Wordsworth, *My Heart Leaps Up*)

在该诗中,排比结构存在于第三、四、五行之间。这三行所构筑的相似的语言结构衬托了意义上的一致性和持续性,即时间虽流逝,"虹"心永不变。这反映了诗人崇尚、热爱大自然的恒久之心,这也正是作品的主题所在。

(46) Because my mouth
Is wide with laughter

And my throat
Is deep with song,
Do you not think
I suffer after
I have held my pain
So long?

Because my mouth
Is wide with laughter
You do not hear
My inner cry

Because my feet
Are gay with dancing
You do not know
I die?
　　(L. Hughes, *Minstrel Man*)

在横跨该诗的三个诗节之间存在着相同的横组合结构,即 BECAUSE … IS (ARE) … WITH … YOU DO NOT … I (MY) …和变化不一的纵聚合成分,即 mouth(嘴巴)、throat(喉咙)、feet(双足);wide(宽)、deep(深)、gay (快乐);laughter(笑声)、song(歌声)、dancing(舞蹈);以及 suffer(痛苦)、cry (哭泣)和 die(死亡)(郭鸿,1998:193-194)。横组合结构宛如诗篇的骨架,而纵聚合成分恰似骨架上的皮肉。皮肉不同而骨架相同,映射艺人虽勉为其难而载歌载舞、笑对宾客,却无法改变其不幸的命运,即煎熬→哭泣→死亡。

　　(47) *Sweet* day, so cool, so calm, so bright,
　　　　 The bridal of the earth and sky
　　　　 The dew shall weep thy fall to night,
　　　　 For thou must *die*.

　　　　 Sweet rose, whose hue, angry and brave,
　　　　 Bids the rash gazer wipe his eye;
　　　　 The root is ever in its grave,

And thou must *die*.

Sweet spring, full of sweet days and roses,
A box where sweets compacted lie;
My music shows ye have your closes,
And all must *die*.

Only a sweet and virtuous soul,
Like seasoned timber, never gives;
But though the whole world turn to coal,
Then chiefly lives.
(G. Herbert, *Virtue*)

在此诗的前三节之间,作者采用了主要结构相同的首尾重复手法,即"Sweet … die"。该手法的使用构成了横跨这三节之间的排比结构,而这种相似的结构直接映射了"人间万物,不论多么美好,终将消亡"的基督教信念(何功杰,1998:146)。与此相对照,作者在诗的最后一节改用了不同的结构以暗示思想内容上的变化,即唯有高尚的灵魂才能不朽。

(48) 孩子
在上里洗澡;
爸爸
在土里流汗;
爷爷
在土里埋葬。
(臧克家《三代》)

该诗由三组"空间并列的意象"组成(古远清、孙光萱,1995:93),排比结构的前后三个构成单位之间,不同的是角色的更迭("孩子→爸爸→爷爷")和动作的变化("洗澡→流汗→埋葬"),相同的是不变的语言构架("……在土里……")。这就隐含、映照着农民三代(即世代)与泥土的结合和不可分离,即角色在变,命运却未改变。因此,这种排比对称修辞与空间并列意象掩盖下的时间顺序象似性的结合使用,绝好地衬托了对"旧社会广大贫苦农民世代与泥土为伴的不幸命运"这一主题的描述。

由以上几例的分析可以看出,由排比所构成的对称象似结构对于语篇结构而言具有一种语篇黏合作用(cohesive force)(陈宏薇,1998:44-45),

有助于诗人借语篇形式所具有的形似美、对称美和持续美传递意义和内容上的意近美、连贯美和张力美。

5.3.3 反意对称象似修辞

反意对称指有一个显著区别特征的两个形式之间的对称,在文学语篇中主要体现在对照等传统修辞用法之中。例如:

(49) Not that I loved Caesar *less*, but that I loved Rome *more*. (W. Shakespeare, *Julius Caesar*)

(50) I had walked into that reading room *a happy healthy man*. I crawled out *a decrepit wreck*. (J. K. Jerome, *Three Men in a Boat*)

(51) It was the *best* of times, it was the *worst* of times; it was the age of *wisdom*, it was the age of *foolishness*; it was the epoch of *belief*, it was the era of *incredulity*; it was the season of *light*, it was the season of *darkness*; it was the *spring of hope*, it was the *winter of despair*; we had *everything* before us, we had *nothing* before us. (C. Dickens, *A Tale of Two Cities*)

在第一个例子中,反意对称手法的运用突显了对恺撒和罗马两者之间爱的程度的比较与选择。第二个例子中反意对称手法的采用有助于把"我"前后两段时间中的境况进行对比。在最后一例中,作者借六对对照成分描绘了故事发生的矛盾而混乱的时代。

5.4 被动象似修辞

如前所述,被动象似是指借被动态的语法形式表征人类生活中的被动概念——包括物质上的被动和心理上的被动,而被动象似修辞则指文学作品中为了人物塑造或故事情节的需要而对被动象似的有意使用。请看如下两例及其分析:

(52) I'm finding out that a lot of what I thought had been bonfired, Oxfamed, used for land-fill, has in fact been tidied away in sound archives, stills libraries, image banks, memorabilia mausoleums, tat troves, mug morgues.

It's an odd experience to find yourself catalogued, card-indexed, museumised, a speck of data for the information professionals to bounce around.

It seems that as long as you're in print or on film or a name on a buff envelope in an archive somewhere, you're never truly dead now. You can be electronically colourised, emulsified embellished, enhanced, coaxed towards some state of virtual reality.

You can be reactivated or reembodied; simulated and hologrammed. In just the last two years my voice has been artificially reprocessed for stereo effect and reincarnated in half-speed remasterings and on digital compact-disc.

The spare-parts that make this possible are housed in a proliferating number of noninvasive environments in London, where they may be viewed (fingered, sniffed, listened to) by appointment. (G. Burn, *Alma Cogan*)

在以上五个段落中,除了第二个段落之外,其他四个段落都包含着被动构式,共计七组被动结构:

  had been bonfired ... l and-fill
  has been tidied away
  can be colourised ... coaxed
  can be reactivated ... hologrammed
  has been reprocessed ... reincarnated
  are housed
  may be viewed

显然,被动构式在此叙事片段中的集中、高频使用属于非常规的有标记用法。该片段呈现了叙事者的发现,即她的声音已被存成各种电子文档,那已不是"她的"声音——她既不能控制声音播放的时间,也不能控制收听的人员。通过藏匿动词的主语,一切好似不可避免地自然发生。

该片段的叙事者往返于伦敦的戏剧博物馆和档案馆,探究自己的人生。人性的特点之一是人作用于周围事物的能力,即人影响事物、做事情、充当主动动词的主语的能力。博物馆展览或档案馆记录的特点是其静态性,即被动接受(保存、咨询、按目录分类)。

在该片段中,人向博物馆材料的转换是借系列被动构式表征出来的。该小说再现了 20 世纪五六十年代的歌手阿尔玛·柯冈的生活,同时让主人公自行探索人生。文中被动结构的使用实现了对 20 世纪名人的非人性化处理(Wright & Hope, 2000: 71)。又如:

(53) Five o'clock had hardly struck on the morning of the 19th of January, when Bessie brought a candle into my closet and found me already up and nearly dressed. I had risen half-an-hour before her entrance, and had washed my face, and put on my clothes by the light of a half-moon just setting, whose rays streamed through the narrow window near my crib. I was to leave Gateshead that day by a coach which passed the lodge gates at six a.m. Bessie was the only person yet risen; she had lit a fire in the nursery, where she now proceeded to make my breakfast. Few children can eat when excited with the thoughts of a journey; nor could I.

Bessie, having pressed me in vain to take a few spoonfuls of the boiled milk and bread she had prepared for me, wrapped up some biscuits in a paper and put them into my bag; then she helped me on with my pelisse and bonnet, and wrapping herself in a shawl, she and I left the nursery. As we passed Mrs. Reed's bedroom, she said, "Will you go in and bid Missis good-bye?"

…

The moon was set, and it was very dark; Bessie carried a lantern, whose light glanced on wet steps and gravel road sodden by a recent thaw. Raw and chill was the winter morning: my teeth chattered as I hastened down the drive. There was a light in the porter's lodge: when we reached it, we found the porter's wife just kindling her fire: my trunk, which had been carried down the evening before, stood corded at the door. It wanted but a few minutes of six, and shortly after that hour had struck, the distant roll of wheels announced the coming coach; I went to the door and watched its lamps approach rapidly through the gloom.

…

The coach drew up; there it was at the gates with its four horses and its top laden with passengers: the guard and coachman loudly urged haste; my trunk was hoisted up; I was taken from Bessie's neck, to which I clung with kisses.

"Be sure and take good care of her," cried she to the guard, as he lifted me into the inside.

"Ay, ay!" was the answer: the door was slapped to, a voice exclaimed "All right," and on we drove. Thus was I severed from Bessie and Gateshead; thus whirled away to unknown, and, as I then deemed, remote and mysterious regions.

I remember but little of the journey; I only know that the day seemed to me of a preternatural length, and that we appeared to travel over hundreds of miles of road. We passed through several towns, and in one, a very large one, the coach stopped; the horses were taken out, and the passengers alighted to dine. I was carried into an inn, where the guard wanted me to have some dinner; but, as I had no appetite, he left me in an immense room with a fireplace at each end, a chandelier pendent from the ceiling, and a little red gallery high up against the wall filled with musical instruments. Here I walked about for a long time, feeling very strange, and mortally apprehensive of some one coming in and kidnapping me; for I believed in kidnappers, their exploits having frequently figured in Bessie's fireside chronicles. At last the guard returned; once more I was stowed away in the coach, my protector mounted his own seat, sounded his hollow horn, and away we rattled over the "stony street" of L-. (C. Brontë, *Jane Eyre*)

以上是小说《简·爱》第五章开首几段,作者在此采用了变异的语态用法,即大量采用被动结构,以编织特定的文学效果。根据小说的情节,小简·爱幼年寄居在舅妈家,舅妈十分讨厌她,为了赶她走,准备将十岁的小简·爱送往寄宿学校。上面所引的就是小简·爱要离开舅妈家去寄宿学校的几个场景。小简·爱虽然也讨厌舅妈一家,但毕竟对寄居多年的环境还是熟悉的,因此在准备出门的第一个场景里,尽管所用文字最多,但被动结构却是零。

此时,离家远行还只是停留在小简·爱的想象中,她起床后的所做、所见、所闻,都与平常无异,其心理还是平静的:她可以对必做之事做出主动的配合,因此,与她相关的动词都是主动语态。在第二个场景中,小简·爱被保姆领出了门,离家远行已迫在眉睫,此时被动结构陡升 50%,作者以不动声色的方式向读者提示了孩子忐忑不安的心理。在第三个场景中,载客的马车来了,小简·爱被车夫抱走,马上就要离开她熟悉的环境了,顿时被动语态上升至 80%,语态的被动投射出人物心理上的被动。在第四个场景中,马车上路了,那路仿佛"长得出奇",如此漫漫长路,对于一颗紧张的心来说,有一定的舒缓作用,于是被动语态下降,降到了 66%。如表 5.4 所示:

表5.4 Jane Eyre 开首数段不同场景中主动语态与被动语态之间的对比变化

场　　景	与"我"及其所属物有关的小句	语态类型比
第一个场景:准备 (第一、二段)	1) I had risen 2) [I] ... had washed my face 3) [I] ... put on my clothes 4) I was to leave Gateshead 5) ... nor could I (eat)	主动:100% 被动:0%
第二个场景:出门 (第三段)	6) I hastened down the drive 7) my truck ... had been carried down ... 8) and stood corded 9) I went to the door	主动:50% 被动:50%
第三个场景:别离 (第四至六段)	10) My trunk was hoisted up 11) I was taken from Bessie's neck 12) I clung [to Bessie's neck] with kisses 13) Thus was I severed from Bessie; 14) ... thus whirled away to unknown	主动:20% 被动:80%
第四个场景:去途 (第七段)	15) I was carried into an inn 16) I walked about for a long time 17) I was stowed away in the coach	主动:33.3% 被动:66.7%

由此可见,语态上的被动实际上是小说中心人物——小简·爱——物理和心理上被动的写照。这一戏剧性的效果,正是作者巧妙编织主动与被动这两条线索的结果(王东风,2011:13 - 15)。

以上两例的分析说明,小说作者在创作过程中可以借被动结构的使用以及被动结构与主动结构间的比例,传递作者的创作意图,塑造人物形象,呈现人物在物理世界或心理世界中的主动性或被动性。

5.5 多种象似修辞类型之间的交织

前一章及本章上文分别探讨了作为修辞手段使用的不同象似性原则的修辞特点及其作用。事实上,在文学创作中,作者有时会在同一作品中同时综合使用多种象似修辞手法,以取得复合的修辞效果。例如:

(54) 把短短的直巷
　　走成一条
　　曲折
　　回荡的
　　万里愁肠

　　左一脚
　　十年
　　右一脚
　　十年
　　母亲啊
　　我正努力
　　向您
　　走
　　来
　　(非马《醉汉》)

这首爱国诗尽管篇幅短小,但内涵丰富,表达了痛心分裂、渴望统一的爱国之情。全诗采用了隐喻象似修辞手法。"短短的巷子"喻指台湾海峡,"母亲"喻指祖国,"醉汉"则指远离祖国的游子。"醉汉"为何要喝这么多酒,醉成这样?原来,他是因为思念母亲而不得见,于是借酒浇愁。"左一脚十年/右一脚十年",形象地说明醉汉被酒精麻痹达20年之久,已经难以自拔。

两个诗节,淋漓尽致地描写了"醉汉"酒后神情恍惚、走路左摇右摆的神态。从诗的外形上看,分行排列映照醉汉步履之左摇右摆,更映照海峡两岸关系之波折和动荡。这是诗人采用的宏观意义上的语相象似修辞手法。此外，诗中还有一处微观意义上的语相象似修辞手法：诗的末尾的最后一个词"走来"硬被分行排列成"走"和"来"，目的何在？显然是为了进一步凸显醉汉脚步之缓慢，缓慢到了"一脚十年"的程度！读罢难免让人控诉分裂主义的罪行。

另外，分行排列在语言形式和结构上造成的另一效果是：简单的一两句话分割成了14行，这种语言形式上量的增加传递出一种特别的含义，即狭窄的台湾海峡被分割成非常遥远的距离。这种手法背后的认知机制是数量象似性。

由此可见，这首诗综合采用了隐喻象似、语相象似和数量象似等修辞手法，立体传达了诗人的创作意图和深刻含义。

(55) 匆匆匆！催催催！
　　一卷烟，一片山，几点云影，
　　一道水，一条桥，一支橹声，
　　一林松，一丛竹，红叶纷纷：

　　艳色的田野，艳色的秋景，
　　梦境似的分明，模糊，消隐，——
　　催催催！是车轮还是光阴？
　　催老了秋容，催老了人生！
　　（徐志摩《沪杭车中》）

该诗的诗题就是动态空间——沪杭车中。上海与杭州短暂的距离已被现代交通工具——火车不经意地打破了。时间和空间本是相对物，此刻简直就是浑然一体了："匆匆匆！催催催！"两组拟声词把这种浑然表达得淋漓尽致。随之而来的是时空的浑然，时空中原本浑然一体的自然反被切割成零碎的片段："一卷烟，一片山，几点云影，/一道水，一条桥，一支橹声，/一林松，一丛竹，红叶纷纷"。而更深刻的、具有实质意义的分裂乃是人类自身的、安宁的梦境的分裂。与大自然一样安宁而永恒的梦境（或者说大自然本身就是一个梦境）由"分明"而"模糊""消隐"。"催催催！"这现代文明的速度和频率不能不使诗人惊叹："催老了秋容，催老了人生！"

这首诗综合采用了语音象似（"匆匆匆"和"催催催"）、隐喻象似（"催老了秋容，催老了人生！"）和程度顺序象似（"分明，模糊，消隐"）等象似修辞手段，完美呈现了诗人触景而生的情感和对大自然的感悟。

5.6 小结

本章从数量象似、对称象似、被动象似以及多种象似手段的交织使用等四个方面系统考察了象似性作为一种修辞手段在文学创作中运用的特点及其修辞作用。首先,就数量象似修辞而言,本章分别分析了叙事语篇数量象似修辞和诗体语篇数量象似修辞的特点及其对于文学语篇构建和解读的重要意义;其次,就对称象似修辞而言,本章分别讨论了镜像对称、重复对称和反意对称这三种对称象似性手法在文学创作中的运用及其修辞功能;再次,就被动象似修辞而言,本章的论述说明,通过对被动结构及其与主动结构间的比例的分析,可以呈现文学作品人物在物理世界或心理世界中的主动性或被动性;最后,多种象似性手法的综合利用,便于作者表达复杂的意图和含义。

以上两章的讨论充分说明,象似性手法是文学创作中作家有目的地使用的一种特殊而重要的修辞手段;象似修辞对于作家模拟客观事物、增强形象感、塑造人物形象、传递创作意图、提高修辞效果等均具有重要的作用。

第 6 章
演讲语篇象似修辞

6.1 引言

演讲或演说是一种特定的体裁,是文学语篇的延伸,既有文学语篇的特点,同时又有其自身的独特性。演讲作为一种劝说活动,可以追溯到罗马帝国的议会辩论时期。人们使用这种有声的交流形式表达自己的观点,向受众传递信息。演讲以广大听众为目标,通过表达演讲者自己的观点,来达到劝说、改变、提升听众的思想和行为的目的。人们通常借助演讲手段来改进社会生活的各个方面。

演讲是语言的艺术,因此演讲的语言会直接影响演讲的效果。这就要求演讲的语言必须有艺术色彩,富有感染力。许多学者从语义学、文体学、修辞学等不同角度对演讲语言做过研究。本章试图在前人研究的基础上,以象似性理论为指导对演讲语言的修辞性进行探究。

在日常使用的语言中,人们可能会无意识地使用象似性。然而,在包括演讲词在内的各种体裁的语篇中,象似性往往是人们为了达到某种修辞目的和效果而有意识使用的一种修辞手段。作为一种修辞手段,象似性广泛存在于演讲词的语音、词汇、句法和篇章等语言层面之中。

6.2 演讲语篇与象似修辞

6.2.1 演讲语篇的体裁特点

根据演讲目的之不同,一般可以将演讲分为以下三种类型:信息类、娱乐类和劝说类。

信息类演讲。信息共享是推动人类社会发展的一个重要力量,收集、交换、分享信息在当今世界已经变得越来越重要。各种形式的公共演讲是信息传播的一个重要途径,包括课堂讲座、商业报告、研究成果发布等。信息类演讲的目的就是传递信息,或者给听众以某方面的指导。讨论、解释和说明通常是这一类演讲常用的手段,清晰简洁是其特色。

娱乐类演讲。这类演讲的目的是取悦听众,通常是在佳节期间的聚会或聚餐之后进行,演讲中常常包括一些轶事、趣闻和小故事等。语言幽默是此类演讲最主要的特征。

劝说类演讲。劝说类演讲的目的是感染并打动听众,最终达到影响听众的感情并劝说他们接受演说者观点的目的。这类演讲的主要特征是语言充满智慧,具有很强的逻辑性,并且带有浓郁的感情色彩。

在实际的演讲中,类型的划分并非如上面叙述得那样分明,并非劝说类演讲中就一定不涉及信息和娱乐类的内容。事实上,三类之间往往互相交叉,互相借用。

6.2.2 演讲语篇象似修辞研究及其研究层面

演讲作为一门语言艺术拥有悠久的历史,早在古希腊和古罗马时期就出现了这方面的专著,其中亚里士多德的《修辞学》一书是演讲发展史上的一个重要里程碑。国内外学者多从修辞策略、修辞结构、修辞手段、修辞批评等角度分析演讲语篇的修辞特点。本章拟从象似修辞的角度对演讲语篇的修辞特点进行分析,主要探讨象似性作为一种修辞手段如何应用于演讲语篇中,并发挥着怎样的作用。研究将涵盖从语音、词汇和句法结构到篇章这几个语言层面。

一般而言,应用在音系层面的多属于映象象似,而应用在词素、句法和篇章层面的多属于拟象象似。但是这种划分并非绝对,因为拟象象似与映象象似是依据象似的程度来区分的。在文学和演讲语篇中,两种象似性手法经常交叉使用,因此,对其中一种象似性手法的研究往往会同时涉及另外一种。

在已有的演讲词研究中,比喻修辞手法(即隐喻象似修辞)研究得比较普遍、充分,所以本章集中探讨另外两种象似修辞——映象象似修辞和拟象象似修辞——在演讲词中的运用情况及其修辞效果。

6.3 语音象似修辞

如前所述,映像象似主要分为听觉和视觉两种(Fischer & Nänny,

1999),即语音象似和语相象似。语音象似指的是语言形式(即语音)与其所指内容之间存在一致性。就书面语而言,语音象似的运作机制是借书面语视觉效果的营造来传递某种听觉效果,因而语音象似又可称为"听觉象似"(auditory iconicity)。语音象似可以分为直接语音象似和间接语音象似:前者主要指拟声,后者主要指语音象征。狭义的间接语音象似主要指对语音联觉这种语音象征手法的使用,广义的间接语音象似还包括对语音、节奏和格律以及语音变体等语音象征手法的使用。通过运用语音联觉等语音象似手法,演讲语言传达给受众一种音律美和节奏感,便于满足受众深层认知中对音律与节奏的渴求。

语相象似指的是语言的排版印刷形式与其所表达的意义之间存在一致性。语相象似修辞手法使语言在形式上更加新奇,容易吸引受众的注意力,不过该手法在演讲语言中比较少见,因为语相象似手法主要借助视觉而不是听觉得以构建,而演讲语言的首要目的是用来听的而不是读的。

由于语相象似修辞在演讲语篇中较少使用,所以这里主要探讨语音象似修辞在演讲语篇中的应用,并分析其效果。

6.3.1 语音象似修辞的分类

语音象似指的是语音可以是现实世界的反映,即语音中蕴含意义,语音映照它所表达的现实世界中的客观存在。语音象似最直接的例证就是语言中大量存在拟声词,如 miaow(喵)代表猫的叫声,buzz(嗡)代表蜂鸣,mow(哞)代表牛的叫声。Fischer(1999:123-134)将这一语言现象称为"听觉象似"或"一级拟声"(primary onomatopoeia)。另外,他认为,语音象似还包括两种形式,即发声象似(articulatory iconicity)和联想象似(associative iconicity)。发声象似研究的重点在于当口腔发出某个元音或辅音时,口腔中各个发声器官的相对位置,如发不同的音时口腔张合大小以及舌根、舌尖位置高低等,关注的根本问题是各个音节的发出过程而不是声音本身,因此得名"发声象似"。例如,语言学家们在各种语言中都曾注意到这样一种现象,前元音/ɪ/、/e/、/æ/,在元音发音体系中被描述为高的、前位的、非圆唇的,经常与表示"小的""近处的""高的"等意思的词语联系在一起;而在体系中被描述为低的、后位的、圆唇的后元音/ɑː/、/uː/、/ɔː/则经常与相反的意思联系在一起,如"大的""远处的""低的"等。其内在动因就在于前者发音时,舌位尽可能地向上、向前,为气流通过留下极小的空间;而后者发音时,口腔张开相对较大,舌位较低并向后。

至于联想象似,亦即前文所讲的"语音联觉",它指的则是某些词语中的音节或音节组合总是与特定的意思相关联。例如,出现在词首的"fl-"总是与发光的意思联系在一起,如 flame(火焰)、flare(闪耀)、flicker(闪烁/摇曳)等。从这类例子中可以看出,它们中的绝大部分并不直接模仿、映照声音,而是与某种意思相关联,因此也被称为"二级拟声"(secondary onomatopoeia)。由此,发声象似和联想象似不如听觉象似那样直接、具体,因此听觉象似常被称为"直接语音象似",而发声象似和联想象似则常被称为"间接语音象似"。

Perrine(1977:200)认为,拟声词的作用仅仅局限于有声或口头语言中,只是在作者要描述某种声音的时候才发挥作用。事实确实如此,在演讲语篇中,直接语音象似并不多见,因此我们的研究重点是间接语音象似作为一种修辞手段在演讲语篇中的应用及其修辞效果。

6.3.2 间接语音象似修辞

在前一部分,我们为间接语音象似提供了一个狭义的定义。但是从广义上来说,间接语音象似修辞一般包括听觉效果、押韵(含头韵和尾韵等)和节奏等。通过使用这一象似修辞手段,可以使演讲语言变得更加直接、形象、生动,从而激起读者的兴趣。几乎每篇演讲中都会用到间接语音象似这一修辞手段,因为该手段能够使整个语篇更加流畅、自然,充满音乐般的韵律之美。

演讲语篇通常使用比较正式的语言形式,同时又带有口头语言的特点,归纳起来一般有以下三个特点:发音完整,无省音,多使用元音。这就使得演讲语篇读起来朗朗上口,能给听者以愉悦感。例如,在美国第 35 任总统 John Kennedy 的就职演说中,有这样一个句子:the steady spread of the deadly atom ...(致命原子的稳步扩展……)。在此,肯尼迪连续使用了三个元音/e/,即元音韵(assonance),造成一种连续感,使整个句子听起来一气呵成,坚决而有力量,给受众以听觉上的乐感,从而便于激发他们对演讲的兴趣。

节奏是诗歌的一个重要特征,也是语音修辞的基础。在《修辞学》一书中,亚里士多德提到,如果一篇演讲中没有任何节奏,这篇演讲就没有强烈的感染效果,也就很难引起听众的兴趣(Makay,1999:234)。在演讲语篇中,演说者往往非常重视声音效果,大量采用富有节奏感的语言形式,以大大增强演讲的感染力,一步步引导听众最终接受演说者的观点或论调。在 Perrine(1977:180)看来,人类对节奏和韵脚的喜爱是有着认知根源的,他认为这种喜爱源于"我们心脏跳动的节奏、脉搏的律动以及我们有节奏的呼吸等。我们对于有节奏感的语言有一种强烈的偏爱"。例如:

（1）We observe today not a victory of party but a celebration of freedom, symbolizing an end as well as a beginning, signifying renewal as well as change.

　　We shall pay any price, bear any burden, meet any hardship, support any friend, oppose any foe to assure the survival and the success of liberty. (J. Kennedy, 1961)

（2）We know what works: Freedom works. We know what's right: Freedom is right. We know how to secure a more just and prosperous life for man on earth: through free markets, free speech, free elections, and the exercise of free will unhampered by the state. (G. Bush, 1989)

诵读上面的句子,我们可以清晰地感觉到语篇中强烈的节奏感,这种节奏感是通过对某一部分句子结构的重复得到的,比如第一个例子中的 any(任何)和第二个例子中的 works(发挥作用)、right(正确)、free(自由)。对 any 一词的重复使整个语篇连贯流畅,并给读者营造出这样一种氛围,就是我们要尽自己的全部力量来争取自由。在第二个例子中,作者使用了许多不发声的清辅音,如/s/、/t/和/f/。这些发音毫不费力,并且轻柔的辅音里面包含着简单、容易的意思。重复这一类的发音,能够给读者营造出一种轻松的氛围,使得读者感觉到这种氛围,即取得胜利并不艰难。由此激励他们,让他们对演说者在演讲中描绘的美好前途充满信心,并为之努力奋斗。这种重复既增强了语言的感染力,同时也向读者传递了更多的信息,并且重复使整个语篇带有诗歌的节奏之美,让听众觉得新鲜、愉悦,从而更容易抓住他们的注意力,从而达到打动并劝说他们接受演说者观点的目的。

在语言中,节奏指的是作者有意安排的、有规律地对语篇中某一结构进行的重复。节奏中往往包含着各种对比,如长短对比、重读非重读对比、高低对比等。在现代诗歌中,节奏已经开始变得很灵活,但是仍旧不能超出诗歌中既定的标准。而在演讲语篇中,对节奏的要求远不像诗歌那么严格。在诗歌中,节奏的度量单位是音节;而在演讲语言中,度量的单位可以是短语、分句、句子,甚至是语篇。

Winston Churchill 曾经说过,"如果你有重要的意思想要表达,不要轻轻一笔带过或寻找其他省力的办法。要用'打桩机'。击打一次,然后回到这一点上再来一次,接下来是第三次——全力一击"(Makay, 1999: 236)。有经验的演说家都知道,把你要表达的意思重复三次和只说一次得到的效果是完全不一样的,不仅仅是因为重复,而是由于重复能给听众带来的节奏感。

头韵(alliteration)也是创造节奏的手段之一。它指的是在几个邻近的单词中,重复其开首辅音(或辅音丛)。例如:

(3) Now the *sights* and *sounds* of this ceremony are global ... *Profound* and *powerful* forces are shaking and remaking our world. (B. Clinton, 1993)

在第一个句子中,不发声的清辅音/s/连续出现在sights(场面)和sounds(声音)的开首位置。这一轻柔的辅音容易给听众带来轻松舒适的感觉。换句话说,凭借头韵等修辞手法的使用,典礼将流畅、轻松和愉悦的感觉很好地传递给了听众。

在第二个句子中,作者在开头两个单词profound(巨大的)和powerful(强有力的)中使用了爆破音/p/。该音的爆发力蕴含着能量和力度,可以使演讲语言变得有力,并将这种力量传递到听众身上,从而帮助演说者达到劝说、鼓动听众的目的。同时,头韵的使用,增强了语言的旋律美,便于给听众留下深刻的印象。

头韵和辅音韵(consonance)都能给演讲语言带来韵律美的效果,同时重复使用同一个音素可以把两个或更多的单词紧密联系在一起,使整个语篇更加流畅、连贯,给听众留下深刻印象。在演讲语言中,头韵和半谐音都很常见。由于它们带来的这种节奏美,二者被认为是演说者思想的音乐伴奏。伟大的英国诗人、文学评论家Alexander Pope曾经指出,"声音必须是意义的一种回应……一个好的诗人应该采用最恰当的声音来表达他的思想,这样声音也就有了自己的风格……毫无疑问,这将是一种巨大的力量,帮助听众去感受你描绘的意境"(秦秀白,2002:42)。对于演讲语篇而言,语音修辞具有同样重要的意义。

由以上分析可以看出,语音象似修辞可以给演讲语篇带来音乐般的韵律和节奏之感,向听众传递音乐美,愉悦听众,激发其兴趣,从而更容易劝说他们接受演说者的思想和观点。

6.4 顺序象似修辞

在上一节中,我们主要从语音象似的角度探讨了映象象似修辞在演讲语篇中的应用及其修辞效果。从本节起,我们将从语言结构的角度分析象似性作为修辞手段在演讲语篇中的应用,这种象似性属于拟象象似的范畴。

在拟象象似修辞的分析中,本章主要探讨演讲语言中运用较多的以下三种象似性,即顺序象似性、数量象似性和对称象似性。首先,顺序象似性的运用能够使演讲语言铺排的顺序符合自然的状态或时间发展顺序,从而使整个演讲语篇显得更加连贯、自然。其次,出于强调的需要,数量象似性在演讲语言中被大量使用,通过增加或减少语符的数量来反映意义的增加、加强或减少。最后,人本身所具有的对称生理特征以及对对称美的追求决定了语言中存在对称象似性的用法。存在于回环、蝉联、排比及对偶等修辞格中的对称象似性使演讲语言在音韵上铿锵有力,形式上对称整齐,内容上衔接连贯。除此之外,对称象似性手法还可以用来加强语气,增添色彩,使演讲语言更具艺术上的感染力和说服力。

在本节中,我们将首先讨论顺序象似修辞与语篇研究的关系。所谓顺序象似指的是在语篇中词句的线性顺序与现实世界中事件发生的顺序相呼应(王铭玉,2004:413)。语言的顺序不仅作为语法意义而存在,同时也是一种重要的修辞手段,语言顺序的修辞作用可以从句序的功能中体现出来。顺序象似性包括若干类型,其中作为修辞手段、最常见的顺序象似性是时间顺序象似性、空间顺序象似性以及逻辑顺序象似性。

许多学者(如 Tai,1985;文旭,2001b;秦洪武,2001;卢卫中,2002)都对顺序象似性做过研究。本节将在这些研究的基础上,对演讲语篇中经常出现的时间顺序象似性手法和逻辑顺序象似性手法及其修辞效果进行分析。

6.4.1 时间顺序象似修辞

根据戴浩一(Tai,1985:50)提出的时间顺序原则,相邻的两个句子单位中词语的顺序取决于它们所表达的现实世界或概念世界中事件发生的顺序。Haiman(1980)也指出,一段话中句子的顺序倾向于与其所描述的事件发生的顺序相一致。时间顺序象似主要存在于以下三个语言层面中,即词语层、句子层和篇章层。在这三个层面中,鉴于演讲语篇中出现较多的是后两个层面中的时间顺序象似,我们将把研究的重点放在后两个层面上。

最典型的时间顺序象似的例子莫过于恺撒大帝那句著名的"I came, I saw, I conquered."(我来了,我看到了,我征服了。)它不仅反映了事件发生的真实顺序,同时也反映了说话者思维的敏捷,几个动词很好地描述出这些动作在说话者头脑中迅速掠过的情景。通过使用时间顺序象似性这一修辞手段,整个句子把说话者自信的心态成功地传达给了读者。下面是时间顺序象似性手法在演讲语篇中应用的例子：

(4) Let both sides, for the first time, formulate serious and precise proposals for the inspection and control of arms—and bring the absolute power to destroy other nations under the absolute control of all nations.

Let both sides seek to invoke the wonders of science instead of its terrors. Together let us explore the stars, conquer the deserts, eradicate disease, tap the ocean depths, and encourage the arts and commerce ...

All this will not be finished in the first 100 days. Nor will it be finished in the first 1,000 days, nor in the life of this Administration, nor even perhaps in our lifetime on this planet. But let us begin. (J. F. Kennedy, 1961)

本片段节选自美国第 35 任总统 John Kennedy 1961 年的就职演说。他在前两段中列举了政府和人民将要共同努力去实现的一系列目标，接下来在第三段指出这些目标的实现是不能一蹴而就的。一百个、一千个日夜，直到这届政府期满，甚至我们在这个星球上的有生之年可能都无法完全实现。但是，不管怎样，让我们一起开始吧。这一系列时间上由近及远的排列正是遵从了人的认知规律，能更好地唤起演说者与听众之间的共鸣，从而鼓舞人们为实现美好的未来而长期奋斗。又如：

(5) The promise of America was born in the 18th century out of the bold conviction that we are all created equal. It was extended and preserved in the 19th century, when our nation spread across the continent, saved the union, and abolished the awful scourge of slavery.

Then, in turmoil and triumph, that promise exploded onto the world stage to make this American century.

...

Now, for the third time, a new century is upon us, and another time to choose. We began the 19th century with a choice, to spread our nation from coast to coast. We began the 20th century with a choice, to harness the Industrial Revolution to our values of free enterprise, conservation, and human decency. Those choices made all the difference. At the dawn of the 21st century a free people must now choose to shape the forces of the Information Age and the global society, to unleash the limitless potential of all our people, and, yes, to form a more perfect union. (B. Clinton, 1997)

这一段节选自美国第 42 任总统 Bill Clinton 的第二次就职演说。在这一片段的演说中,他按照事件发生的顺序为听众描述了美国历史上几个重要的发展阶段以及人民群众所取得的成就。从该片段演说中我们可以看出,随着时间的推移,人民所取得的成就也越来越大,这样一种描述可以激励美国人民,让他们坚信,随着历史的发展,他们也一定能够取得更大的成就,未来也会越来越好,从而取得了应有的劝说效果。

6.4.2 逻辑顺序象似修辞

逻辑顺序原则可以这样定义:词语或句子按其表达意思的轻重来排列顺序,可以由次要到主要或者由主要到次要。作者要表达的思想按这样的顺序逐渐呈现在读者眼前,感觉就像是爬梯子,每一个表达的想法其重要性都超过前面一个;或者重要性逐渐递减。语言表达中的这种逻辑顺序其实有着深刻的认知根源,它源自人一生自身发展变化的不同阶段,即婴儿(诞生期)—青少年(上升期)—成年(鼎盛期)—老年(衰退期)—死亡(灭亡期)。

在演讲语篇中,演说者通常采用由轻到重的上升顺序来表达自己的思想、观点,最终达到劝说、鼓舞听众的目的。下面两个例子都说明了这一点:

(6) It is the way to recovery. It is the immediate way. It is the strongest assurance that the recovery will endure. (F. Roosevelt, 1933)

本段中共有三个句子,每个都以 It is ...开头。其中第二句表达的意思比第一句更强烈,因为第二句中的 way(方法)有 immediate(紧接的)修饰;而第三句中,因为作者采用了一个形容词的最高级形式 the strongest(最坚定的),所以这一句向听众传递的意思又强于第二句。这样从原级到比较级再到最高级,通过层层递进,听众可以感受到演说者逐渐高涨的情感和力量。当演说达到高潮时,听众的感情也自然地随着演说者一起到达了顶峰。再如:

(7) I submit to you a record of peace; and on that record a well-

founded expectation for future peace—peace for the individual, peace for the community, peace for the nation, and peace with the world. (F. Roosevelt, 1936)

在这一段演说中,美国第 32 任总统 Franklin Roosevelt 也采用了上升的逻辑顺序,即从个人到团体到国家再到整个世界。这样一种顺序可以逐渐激起听众从对个人和平一直到世界和平的渴望,激励他们为实现真正的和平而不断奋斗。

从上面的例子我们可以看出,这种逐渐递增的逻辑顺序能在听众间激起强烈的反应,因为这种顺序符合人的感情逐渐高涨的自然过程,同时也符合人类自身发展的阶段性,有着深刻的认知根源。当这种逻辑顺序以排比的形式出现在几个连续的段落之中时,可以最大限度地感染听众,并激起他们的共鸣。

然而,逐渐下降的逻辑顺序很少出现在演讲语篇中,因为这种逻辑顺序很可能起到慢慢熄灭听众热情的作用,而这往往不是演说家的目的。

6.5 数量象似修辞

所谓数量象似性,是指语言表达形式的量与意义的量之间存在象似关系,即语言形式的量越多,所表达意义的量也就越多。语言结构的复杂性映照了它所表达意义的复杂性,越是复杂、重要的信息,越是相应地需要较长且复杂的语言结构来表达。反过来说,越是复杂的语言单位,所传递的意思也就越多。以英语中形容词的比较级和最高级为例,它们所表达意思的量可以表示如下:原级<比较级<最高级。从象似性角度看,它们的形式也是从简单到复杂:零后缀→-er→-est,恰好与它们所表达的内容一致。这是词汇层面的一个例子,接下来我们将以演讲语篇为例,探讨数量象似性在句子和篇章层面的应用特点及其修辞效果。

作为一种修辞手段,数量象似性被频繁应用于演讲语篇中。一般来说,数量象似性主要通过以下两种方式应用于演讲语篇中:一是通过长短句、长短段落以及简单或复杂的句子结构来实现,二是通过重复这一修辞手法来实现演说者的特定修辞目的和意图。

6.5.1 话语长度和复杂性

首先,我们先分析通过控制话语长度和复杂性来实现演说者目的的一类语篇。在很多情况下,演说者都会采用短小精悍的句子,以便于听众理解。演讲过程中,较长且复杂的句子一般会被断开,以小句的形式出现,同样是为了降低听众理解的难度。然而,这一原则并非适用于所有的演讲。有些情况下,根据需要,演说者会采用长且复杂的句子来表达复杂的含义。美国第 2 任总统 John Adams 在其就职演说中使用过一个包含 727 个单词的长句,这样长的句子即使在文风比较保守的 18 世纪也并不多见:

(8) On this subject it might become me better to be silent or to speak with diffidence; but as something may be expected, the occasion, I hope, will be admitted as an apology if I venture to say that if a preference, upon principle, of a free republican government, formed upon long and serious reflection, after a diligent and impartial inquiry after truth; *if* an attachment to the Constitution of the United States, and a conscientious determination to support it until it shall be altered by the judgments and wishes of the people, expressed in the mode prescribed in it; *if* a respectful attention to the constitutions of the individual States and a constant caution and delicacy toward the State governments; *if* an equal and impartial regard to the rights, interest, honor, and happiness of all the States in the Union, without preference or regard to a northern or southern, an eastern or western, position, their various political opinions on unessential points or their personal attachments; *if* a love of virtuous men of all parties and denominations; *if* a love of science and letters and a wish to patronize every rational effort to encourage schools, colleges, universities, academies, and every institution for propagating knowledge, virtue, and religion among all classes of the people, not only for their benign influence on the happiness of life in all its stages and classes, and of society in all its forms, but as the only means of preserving our Constitution from its natural enemies, the spirit of sophistry, the spirit of party, the spirit of intrigue, the profligacy of corruption, and the pestilence of foreign influence, which is the angel of destruction to elective governments; *if* a love of equal laws, of justice, and humanity in

the interior administration; *if* an inclination to improve agriculture, commerce, and manufacturers for necessity, convenience, and defense; *if* a spirit of equity and humanity toward the aboriginal nations of America, and a disposition to meliorate their condition by inclining them to be more friendly to us, and our citizens to be more friendly to them; *if* an inflexible determination to maintain peace and inviolable faith with all nations, and that system of neutrality and impartiality among the belligerent powers of Europe which has been adopted by this Government and so solemnly sanctioned by both Houses of Congress and applauded by the legislatures of the States and the public opinion, until it shall be otherwise ordained by Congress; *if* a personal esteem for the French nation, formed in a residence of seven years chiefly among them, and a sincere desire to preserve the friendship which has been so much for the honor and interest of both nations; *if*, while the conscious honor and integrity of the people of America and the internal sentiment of their own power and energies must be preserved, an earnest endeavor to investigate every just cause and remove every colorable pretense of complaint; *if* an intention to pursue by amicable negotiation a reparation for the injuries that have been committed on the commerce of our fellow-citizens by whatever nation, and *if* success can not be obtained, to lay the facts before the Legislature, that they may consider what further measures the honor and interest of the Government and its constituents demand; *if* a resolution to do justice as far as may depend upon me, at all times and to all nations, and maintain peace, friendship, and benevolence with all the world; *if* an unshaken confidence in the honor, spirit, and resources of the American people, on which I have so often hazarded my all and never been deceived; *if* elevated ideas of the high destinies of this country and of my own duties toward it, founded on a knowledge of the moral principles and intellectual improvements of the people deeply engraved on my mind in early life, and not obscured but exalted by experience and age; and, with humble reverence, I feel it to be my duty to add, if a veneration for the religion of a people who profess and call themselves Christians, and a fixed resolution to consider a decent respect for Christianity among the best recommendations for the public service, can enable me in any degree to comply with your wishes, it shall be my strenuous endeavor that this sagacious injunction of the two Houses shall not be without effect. (J. Adams, 1797)

在这个长句中,亚当斯运用了 16 个由 if 开头引导的排比句,意在向美国人民描述他上任后将要建立的政府的宗旨:这将是一个崇尚自由的共和党政府;它将平等公正地对待每个国民的权力、兴趣、荣誉和幸福;尊敬所有正直的政党和宗教派别;热爱科学和文学;发展各类学校和科研机构;拥护法律的平等、公正和人性化;发展农业和商业;与他国和平相处,互不侵犯,等等。这一一气呵成、气势磅礴的长句让听众对总统将要建立的政府充满了美好的憧憬。

一般来说,美国早期的总统在就职演说中偏好使用长句,有时,演说中的某个段落甚至只由一个长句构成,包含五十多个单词的句子很常见。请看以下例子:

(9) ... It is for us the living rather to be dedicated here to the unfinished work which they who fought here have thus far so nobly advanced. It is rather for us to be here dedicated to the great task remaining before us—that from these honored dead we take increased devotion to that cause for which they gave the last full measure of devotion—that we here highly resolve that these dead shall not have died in vain, that this nation under God shall have a new birth of freedom, and that government of the people, by the people, for the people shall not perish from the earth. (A. Lincoln, 1863)

这一充满深情的、感人的长句节选自美国第 16 任总统 Abraham Lincoln 的《葛底斯堡演说》。长句中包含了丰富的含义。林肯指出:如果广大民众继承先辈的精神并努力地为祖国而战,就会取得非凡的成就。正是凭借对长句的使用,演说者得以充分地表达自己的感情,从而达到劝说、鼓舞听众的目的。

接下来的两段摘自美国铁路联盟和社会党创立者 Eugene V. Debs 1918年所作的演说：

(10) I am thinking this morning of the men in the mills and factories; of the men in the mines and on the railroads. I am thinking of the women who for a *paltry wage* are compelled to work out their *barren lives*; of the little children who in this system are robbed of their childhood and in their tender years are seized in the *remorseless grasp of Mammon* and forced into the *industrial dungeons*, there to feed the *monster machines* while they themselves are being *starved and stunted*, body and soul. I see them *dwarfed and diseased* and their little lives *broken and blasted* because in this high noon of our twentieth-century Christian civilization money is still so much more important than the flesh and blood of childhood. In very truth gold is god today and rules with pitiless sway in the affairs of men. (E. V. Debs, 1918)

在该例中，作者借数个长句的使用来表达他对贫苦人民深深的同情。他使用了大量表示饥饿、贫穷和苦难的词语，如 a paltry wage（微薄的工资）、barren lives（一贫如洗的生活）、remorseless grasp of Mammon（拼命捞钱）、industrial dungeons（工业牢笼）、monster machines（怪物机器）、being starved and stunted（饥肠辘辘、发育不良）、dwarfed and diseased（个子矮小、疾病缠身）、broken and blasted（粉身碎骨）等。该类短语大量叠加在一起，可以让听众深切体会到这些可怜的人们所遭受的无尽的苦难和悲伤。由此，通过使用数量象似这一修辞手段，作者将贫苦大众的生活图景生动地再现给听众，从而激起他们的同情和为苦难者而战的决心。

这篇演讲的另外一段也使用了数量象似性这一修辞手段：

(11) In this country—the most favored beneath the bending skies—we have vast areas of the *richest* and *most fertile* soil, material resources in inexhaustible *abundance*, the *most marvelous* productive machinery on earth, and *millions* of eager workers ready to apply their labor to that machinery to produce in *abundance* for every man, woman, and child—and if there are still *vast* numbers of our people who are the victims of poverty

and whose lives are unceasing struggle all the way from youth to old age, until at last death comes to their rescue and stills their aching hearts and lulls these hapless victims to dreamless sleep, it is not the fault of the Almighty: it cannot be charged to nature, but it is due entirely to the outgrown social system in which we live, that ought to be abolished not only in the interest of the toiling masses but in the higher interest of all humanity ...
(E. V. Debs, 1918)

整段演讲由一个长且复杂的句子组成,共包含 157 个单词和许多小句。在该段中,作者不止一次使用了 vast(庞大)、abundance(大量)和 millions(数百万)之类表示量大的词语,以及 most fertile(最富饶)和 most marvelous(最了不起)等形容词的最高级形式。这些单词和短语的反复出现给听众带来这样一种感觉,即:在我们的祖国,我们的确拥有丰富的物产资源,大量的机械,同时我们也有大量的正在忍饥挨饿的民众。作者在演说中描述的两种情景——贫苦人民和富饶的物产——形成了鲜明的对比,引发听众深思,激起他们对受苦群众的同情,从而激励他们为争取更好的社会制度、改善所有人的生活条件而斗争。

与上面的例子相反,下面的这个例子,整个段落都由短小的句子组成:

(12) Gentlemen, you may think he shot too quick; you may think he erred in judgment; you may think that Dr Sweet should not have gone there prepared to defend his home. But, what of this case of Henry Sweet? What has he done? I want to put it up to you, each of you, individually. Dr Sweet was his elder brother. He had helped Henry through school. He loved him. He had taken him into his home. Henry had lived with him and his wife; he had fondled his baby. The doctor had promised Henry the money to go through school. Henry was getting his education, to take his place in the world, gentlemen—and this is a hard job. With his brother's help he has worked his way through college up to the last year. The doctor had bought a home. He feared danger. He moved in with his wife and he asked this boy to go with him. And this boy went to defend his brother, and his brother's wife and his child and his home.

这一段引自美国律师 Clarence Darrow 在法庭上提供的辩护词,他的当事人是一名黑人男孩,由于开枪保护自己的哥哥和家人而受到指控。在这里,Darrow 其实也是在为所有被歧视、被压迫的黑人而辩。律师用了很多短小的句子来描述这个青年到底做了什么,解释他为什么要开枪。这些短小精炼、容易理解的句子给听众造成这样一种印象,即这个青年所做的不过是一些简单且合理的事情,因此改判无罪。此外,这些短句也表明这个案子并不难判,法官不该因为他是黑人就剥夺这个 21 岁男孩的自由,他并没有做出任何违反法律的事情。

6.5.2 重复

重复是演说中最常见的一种修辞手段。通过重复一些词语或结构,演说者可以轻松地实现他们对某一语段的强调目的。

不必要的重复会给听众带来单调、厌烦的感觉。如果使用得当,重复可以使演讲语言变得铿锵有力,达到感染听众的目的。一般而言,形式越多,表达的意思就越多。在演讲语篇中,对某一形式的反复使用可以给语篇带来更丰富的意义。作为一种修辞手段,重复的目的并非仅仅在于带来直接的感情上的渲染,同时还包括借助有逻辑性的强调把读者的注意力吸引到关键的词语和句子上来。例如:

(13) For this part, government will listen. We will strive to listen in new ways—to the *voices* of quiet anguish, the *voices* that speak without words, the *voices* of the heart—to the injured *voices*, the anxious *voices*, the *voices* that have despaired of being heard. (R. Nixon, 1969)

在这段演说中,美国第 37 任总统 Richard Nixon 重复使用 voices(声音)这个词多达 6 次,目的是向听众承诺他的政府一定会认真听取广大群众的各种各样的心声,保护人民的权利,最终达到他决心治愈创痛中的国家的目的。

上面的例子探讨了重复在词汇层面上的应用。事实上,在演讲语篇中,重复在句子和篇章层面上的应用更为常见。例如:

(14) *I have a dream* that one day this nation will rise up and live out the true meaning of its creed: "We hold these truths to be self-evident; that all men are created equal."

I have a dream that one day on the red hills of Georgia the sons of former slaves and the sons of former slave-owners will be able to sit down together at the table of brotherhood.

I have a dream that one day even the state of Mississippi, a desert state sweltering with the heat of injustice and oppression, will be transformed into an oasis of freedom and justice.

I have a dream that my four little children will one day live in a nation where they will not be judged by the color of their skin but by the content of their character. (M. L. King, *I Have a Dream*)

在这段演讲中,美国黑人民权运动领袖 Martin Luther King 使用了一系列以 I have a dream(我有个梦想)开头的排比句式,这些句子很好地把这段演说联结成了一个整体,表达了他对整个美国的美好未来的憧憬。I have a dream 这个句子的反复出现,让听众深深地体会到了金对黑人运动报以的深情厚望和美好梦想,感染了听众,号召广大民众投入进来,为自由而战。这篇演讲对黑人运动产生了巨大的影响,而其中演说者对重复的使用,极大地增强了演讲的感染力和号召力。

从以上分析可以看出,超长的句子和复杂的结构有助于演说者表达丰富的内容;而简短的句子和结构则有助于演说者弱化所论及事物的严重性。此外,演讲语篇中对某些语言形式或结构的反复使用,不仅能够起到渲染氛围的作用,同时还有助于演说者将听众的注意力吸引到关键的词语和句子上面来,从而实现对重点内容进行强调的目的。

6.6 对称象似修辞

如前所述,对称象似指的是用对称的语言形式来表达对称的意义。人们对对称的偏爱有其独特的认知根源,即源于人类自身身体的对称性。例如,我们都有两只手臂、两条腿、一双手等,每一个都是彼此的重复,从这一意义上来说,它们都是相同的;同时每一个又都是彼此的倒转,从这一点上来看,它们又都是不同的,因而就有了这种神秘的反向同一性(Norrman,1999:74-75)。

由于人类自身的对称性,我们无可避免地被对称象似这种修辞手段所吸引,对对称的追求可以满足人们对完美的渴望,同时对对称的这种喜爱也深深地影响了人类的思想、语言和文学艺术。对称在文章中可以通过多种修辞方式表达出来,如回环、对偶、矛盾等。如第 2 章 2.2.2.1.4 小节中的论述,Nöth(2001:23)区分了镜像对称、重复对称和反意对称这三种主要的对称类型。在本节中,我们将按照这种分类方法来探讨这三种对称类型在演讲语篇中的应用,探讨对称象似是如何满足听众内心深处对对称美的追求的。

6.6.1 镜像对称

镜像对称主要体现在回环这一类的修辞手法中。Norrman(1999:69)指出,回环是最重要的对称表现手法之一。典型的回环结构为 ABBA 式,该结构的前后两个部分形成典型的对称。请看下面的例子:

> (15) At many stages in the advance of humanity, conflict between the men who *possess more than they have earned* and the men who *have earned more than they possess* is the central condition of progress. (T. Roosevelt, *The New Nationalism*)

本段节选自美国第 26 任总统 Theodore Roosevelt 的《新国民主义》。在这段演说中,两个短语 possess more than they have earned(拥有比付出多)和 have earned more than they possess(付出比拥有多)构成了彼此的映照,后一个动词短语是前一个的倒转,通过这一倒转实现了两者之间的对称。通过两个短语之间的重复和对比,演说者更加清楚地指出了这一事实,即有些人付出很少却拥有很多,有些人付出很多却几乎一无所有。显然,这种现象是不公平的,这一矛盾的存在将推动人们认识上的进步。通过使用这种对称的修辞方式,演说者让听众更加清晰地感受到这种不公平的存在,从而激发他们为改善社会制度的不公正而斗争的热情。

另外一种镜像对称的结构是 ABBCCD 式——修辞学上称之为"连珠格",也就是说,后一个句子的句首是前一个句子句尾的重复。采用这种修辞方式不仅能起到强调的作用,也可以使整个演讲语篇更为连贯。例如:

> (16) The harder we push, the more Germans we'll kill, and gentlemen, the more Germans we kill, the fewer of our men will be killed. (G. Patton, 1943 – 1944)

这段话出自美国著名军事将领 George Patton 的演说,他曾为二战中同盟国的胜利做出过重大的贡献。在这段演说中,重复的部分是 the more Germans we kill(杀死更多的德国人)。通过重复这个短语,演说者成功地实现了号召民众起来消灭德国侵略者的目的,同时也将整段文章联系得更为紧密。

6.6.2 重复对称

重复对称在语篇中一般通过排比和重复的方式体现出来。在上一节中,我们已经探讨了重复在演讲语篇中的应用,因此本节我们把探讨的重点放在排比上。排比是演讲语篇中常用的修辞手段之一,通过一系列语言结构上的平衡(即词、短语和小句的平衡)来达到句意的平衡和递进(黄任,2003:153)。作为一种修辞方式,排比可以起到强调句意、清晰文章脉络、增强感染效果以及增加节奏美感的作用。

排比可以出现在一个句子或一个段落中,也可以同时跨越几个句子或几个段落。在使用排比结构时,演说者一般采用逐渐上升的方式,由次要逐渐过渡到主要,最后自然地带领听众达到演讲的高潮,从而激发起听众的热情。我们可以通过下面几个例子来感受这种修辞方式的独特效果:

> (17) But *one hundred years later*, we must face the tragic fact that the Negro is still not free. *One hundred years later*, the life of the Negro is still sadly crippled by the manacles of segregation and the chains of discrimination. *One hundred years later*, the Negro lives on a lonely island of poverty in the midst of a vast ocean of material prosperity. *One hundred years later*, the Negro is still languished in the corners of American society and finds himself an exile in his own land. (M. L. King, *I Have a Dream*)

在这一段中,Martin Luther King 四次使用 one hundred years later(一百年之后)这一句首时间状语作为句子的开头,构筑了四个类似的句子结构,借以描述一百年之后黑人悲惨生活的不同侧面。显然,这一排比结构使整个段落联结得非常紧密,行文更加流畅,并且反复出现的同一句式能吸引听众的注意力,打动听众的内心,呼吁黑人为摆脱种族歧视、早日实现与白人的平等而斗争。由此可见,借排比得以实现的对称结构应用在演讲语篇中,可以增加文章的节奏感,使整篇文章流畅自然,并增强演讲的感染力和号召力。

上面探讨的是排比结构出现在同一个段落中的情况。除此之外,在演说中,排比还可以同时跨越几个段落,通过重复某个特定的词语或句子,将四五个甚至更多的相邻段落以同样的结构排列起来。由于包含了几个段落,传达的信息量就比较大,采用相似的结构可以使意思传达得更清晰,听众理解起来也就更容易。此外,通过不断重复相似的语言结构,整个篇章就带有了诗体般的节奏感,给听众以愉悦的感受,因此很多演说家都偏爱这种

重复对称的修辞方式,并将其广泛应用在他们的演讲中。下面节选的这部分演说就很好地说明了这一点:

(18) *I see millions* of families trying to live on incomes so meager that the pall of family disaster hangs over them day by day.

I see millions whose daily lives in city and on farm continue under conditions labeled indecent by so-called polite society half a century ago.

I see millions denied education, recreation, and the opportunity to better their lot and the lot of their children.

I see millions backing the means to buy the products of farm and factory and by their poverty denying work and productiveness to many millions. (F. Roosevelt, 1937)

在这部分演讲中,作者将 I see millions …(我看到数百万的……)作为每个段落的开头,这种重复的句式如海浪滚滚而来,将大量的信息传达给听众,让他们深切感受到广大群众生活的疾苦,激起听众对他们的同情。同时,由于使用这种跨越段落的重复句式,整篇演讲就产生了节奏美,段与段之间的联系也就更加紧密。

6.6.3 反意对称

反意对称主要体现在对偶中。对偶指的是两个意思相反的语言结构彼此相邻,换句话说,一个语言单位中的两个部分(可以是单词、短语或从句)在结构上呈对称形式,在意义上正好相反。形成对比的两个部分可以是同一事物的不同方面,也可以是不同事物的不同方面(黄任,2003:156)。

许多演说家都会在演讲语篇中使用对偶这种修辞方式,将两组完全相反的意思并列在一起,形成鲜明的对比,起到强调的作用,同时这种对称结构听起来也带有节奏美。例如下面一段:

(19) *United*, there is little we *cannot* do in a host of co-operative ventures. *Divided*, there is little we *can* do … (J. Kennedy, 1969)

这里 united(团结)和 divided(分裂)、cannot(不能)和 can(能)构成了鲜明的对比,这种对称和对比结构可以更强烈地打动读者,从而达到劝说他们为民众的共同利益团结而战的目的。

反意对称已成为一种常用的修辞手段,频繁应用于演讲语篇中,演说者通过使用这一手段可以增强演讲的效果和感染力。在肯尼迪总统的这篇演说中,42%的句子结构采用了反意对称手法。

美国第 28 任总统 Thomas Wilson 在 1913 年的就职演说中,不仅把反意对称作为一种修辞方式,同时也用它搭建起了文章的主要框架:

> (20) But *the evil has come with the good*, and much fine gold has been corroded ... *The great Government we loved has too often been made use of for private and selfish purposes*, and those who used it had forgotten the people ...
>
> *We have studied as perhaps no other nation has the most effective means of production*, *but we have not studied cost or economy as we should either as organizers of industry, as statesmen, or as individuals.* (T. W. Wilson, 1913)

这些对比大量出现在不同的段落中,支撑起了整篇文章的结构。其中,Thomas Wilson 描述了美国生活中一些鲜明的对比,如 the evil has come with the good(恶伴随着善发生)和 the great government had been used for private and selfish purposes(伟大的政府为私利和自私的目的所利用)。他还用了另外一组反意对称来强调这种对比:We have studied as perhaps no other nation has the most effective means of production, but we have not studied cost or economy as we should either as organizers of industry, as statesmen, or as individuals.(我们研究过最有效的生产方式,或许其他国家没有这么做过;但作为产业组织者、政治家或者个人,我们本该研究成本和经济,而我们却没有那么做。)这些善与恶、伟大与自私并存的对比使整篇文章更富感染力,更深入人心。

从以上分析可以看出,在演讲语篇中,对称象似手法的应用不仅带来了形式上的对称美、韵律上的节奏美以及结构上的连贯美,同时通过内容和意义上形成的鲜明对比增加了语言的感染力和号召力,从而使演讲能更加强烈地打动听众,让听众与演说者产生共鸣。

6.7 小结

本章以认知语言学的象似性理论为基础,探讨了语音象似、顺序象似、数量象似和对称象似等四种典型的象似性作为一种修辞手段在演讲语篇中的应用情况及其修辞效果。

从本章的研究中,我们可以得出这样两个结论:1) 作为一种常见的修辞方式,象似性被频繁地应用于包括演讲语篇在内的各种非文学语篇之中;2) 把象似性应用到演讲语篇中,可以给语篇带来韵律美、节奏美、对称美和连贯美,表达丰富的内容、强化事物的重要性或弱化事物的严重性,增强语言的表现力、感染力和号召力,从而打动听众,激发他们对演讲内容的兴趣和热情,与演说者产生共鸣,并最终达到劝说受众的目的。

第 7 章
广告语篇象似修辞

7.1 引言

英语 advertise(广告)一词,源于拉丁语 advertere,意为"引起注意"。我国《经济大辞典》中把广告的定义分为广义与狭义两种:广义的广告指引起人们注意某项特定事物的一种手段,而狭义的广告则指通过各种媒介向用户或消费者宣传商品或劳务,以促进销售或扩大服务的手段。本章论及的广告主要指狭义的广告。

本章拟在介绍广告语篇的体裁特点及其研究现状的基础上,分析象似修辞在广告语篇中的应用及其修辞效果。

7.2 广告语篇与象似修辞

7.2.1 广告语篇的体裁特点

由广告的定义,我们可以总结出广告的几个主要特点:1) 传递信息,包括商品、劳务或某种观念等信息;2) 传递信息的媒介是多样的,可包括书报、刊物、广播、电视、网络、标牌等;3) 广告的目的是吸引、说服受众,实现商品、劳动的交换和某种观念信息的传递。

为了实现吸引、说服受众,最终达到获利或观念推广的目的,广告必须具有说服力及艺术感染力,不仅要吸引受众,而且要触动其情感,使其听到或读到后可产生购买的欲望和对服务的需求。广告作品由语言文字、图画、音乐等一系列多模态要素(multimodal elements)构成,在大多数广告中语言文字居于主要地位,广告语言的组织编排可直接影响其效果,是广告的核心与灵魂。广告大师李奥·贝纳(Leo Burnett)说过:"文字是我们这个行业的利器,文字在意念表达中注入热情与灵魂。"这都体现了语言在广告中的重要性。因此,对广告语言进行研究,揭示其语言特点和规律、组织方式和原则,透过广告洞察广告宣传背后的诱导、劝说机制,不仅可以为广告制作者提供参考,使人们加深对广告的了解,甚至还可以为语言研究提供有益的启示。

本章所涉及的主要是印刷/书面广告。作为广告的主要表现形式之一,印刷广告由许多要素组成,其中有标题、正文、口号、商标以及一些非语言要素如图表、颜色、版面设计、字体等。所有这些要素都会对广告的表达效果产生重要影响,因此我们的研究不会只局限于一种要素。

7.2.2 广告语篇的研究现状

作为一种特殊的交际形式,广告是商品经济社会中不可或缺的重要组成部分,对我们的社会生活产生了重要影响,发挥了重要作用。广告语言作为一门艺术,有其独特之处。广告语言运用得当,可吸引受众的注意力,便于记忆,从而激起其购买等欲望。鉴于此,国内外许多学者从不同角度对广告语言进行了一系列研究。

国外学者对广告语言的研究蓬勃发展,涉及文体、符号、语用、交际、修辞和系统功能等多个角度(柴改英,2004:10-20)。国外对广告语言的早期研究可追溯到 Leech 于 1966 年撰写的《广告英语》(*English in Advertising*)。在此书中,作者对广告英语的文体特点进行了细致的分析,给之后的广告英语研究以很大启发。Cook(1992/2001)在其《广告语篇》(*The Discourse of Advertising*)中,不是孤立地谈广告语言,而是从语篇角度进行研究,分析了广告语言与音乐、图像、其他相关文字以及相关的人(即广告制作者和受众)之间的互动关系,并从符号学、诗学和语言学角度出发阐释了一些相关概念。也有的学者从语用学的角度来研究广告语言,如 Tanaka(1994)在《广告语言》(*Advertising Language*)一书中从语用学角度对英国和日本的书面广告语言进行了研究,分析了广告制作者与受众之间的交流是怎样进行的,并指出 Sperber & Wilson(1986)的关联理论是对广告语言的最佳阐释。

与国外相比,国内对广告语言的研究较晚。直到20世纪90年代随着广告在人们生活中大量出现,广告语言研究的热潮才开始兴起。主要成果有黄国文(2001)的《语篇分析的理论与实践——广告语篇研究》,该书运用系统功能语法对广告语篇进行了深入分析。还有其他一些文章,分别从不同角度对广告语言进行了研究:从语用角度进行研究的有陈新仁(1998)、张愍然(1999)、薛冰和李悦娥(2000);从文体修辞角度研究的有谭卫国(2000)、邓志勇(2000)、严轶伦(2000)、赵红珊和孟琳(2001);从系统功能语法角度研究的有陈其功(2002)、朱洪涛(2003);从文化角度研究的有章礼霞(2000);从认知语言学角度研究的有林中晨(2007)、彭茗玮(2011)、孔淑娟和袁群英(2011)。

7.2.3 广告语篇象似修辞研究及其研究层面

从以上国内外的研究综述中我们可以看出,学者们对广告语言的研究大部分是从语用、系统功能语法、文体修辞以及文化的角度出发的,但从认知角度进行系统研究的为数并不多。本章尝试用象似性理论来分析广告语,认为象似性作为一种特殊而重要的修辞手段经常被应用于广告语言制作之中。在广告语言中使用象似手法,可使广告语言更符合人们的认知心理,增强广告的说服力,使受众易于接受产品或服务,从而产生购买欲。

在本章中,我们主要从映象象似、顺序象似、数量象似和对称象似的角度来分析象似手法在广告语篇中的运用及其修辞效果。

7.3 映象象似修辞

在广告语言中,作为一种重要的修辞手法,映象象似对增强广告的说服力和吸引力起着重要的作用。

如第6章6.3小节所述,映像象似主要分为听觉和视觉两种,即语音象似和语相象似(Fischer & Nänny, 1999)。在印刷广告中,这两种象似修辞手法都得到了广泛应用。

7.3.1 语音象似修辞

如第2章2.2.1.1小节所说,语音象似指的是语言形式(即语音)与其所指内容之间存在一致性或理据性。语音象似又可以分为直接语音象似和间接语音象似。直接语音象似主要是指拟声,而间接语音象似则主要是指语音联觉。广义上来说,间接语音象似还包括对音韵、节奏和格律以及语音变体等语音征手法的使用。Perrine(1977)指出,拟声在语篇中的使用是有限的,只有在作者描写声音的时候才会被用到,而大多数的语篇并不描写声音。同样,在印刷广告中拟声很少被用到,较为广泛使用的是广义上的间接语音象似手法。通过使用间接语音象似手法,可以使广告更加直接、形象、生动,刺激受众的听觉系统,产生相关联想,传达给受众直观的感受和经历,从而激起他们的购买欲。

在有些广告语篇中,广告制作者常常会借某些语音手段去传达某种特定的意义,以期引起受众的关注与共鸣。例如,在 Ocean Brand(大洋牌)床单的广告中,包含有这样的广告词:

(1) Softly … softly … softly you move to the crib to make certain that all is well with the most precious thing in your life, the most wonderful baby in all the world. Softly, too, the smooth Ocean Brand Sheets welcome you when you return to your own bed. And softly these Ocean Brand Sheets meet your budget requirements. For these are the famous Ocean Combed Percales' latest products of Ocean Brand craftsmanship.

在这则广告中,广告制作者多处使用了带有诸如以下清辅音/s/、/f/、/ʃ/、/p/、/θ/的单词,这些都是发音柔软的单词,给受众以轻柔温馨的感觉。另外,旁流音/l/以及鼻音/m/和/n/的使用都带给人们以流畅和静谧的感觉。这类单词的使用以及 softly … softly … softly you move to …(慢慢……慢慢……慢慢你走向……)结构的不断出现,一起创造出一种舒适、温馨和柔和的氛围,这正是广告所要传达给消费者的使用大洋牌床单的感受。语音与语言结构的配合使用较好地刻画出了产品的特点和优势。

在许多广告中,广告制作者也常会通过使用押韵与韵律等语音修辞手段来加强意义。例如:

(2) Cut, Color, Clarity and Carat Weight.

(3) Flash. Dash. Classic splash.

第一则是钻石广告。在这个广告中,广告制作者使用了 cut(切工)、color(色泽)、clarity(净度)和 carat(克拉)四个词,这四个词不仅清晰明了地描述了钻石的四个重要特征(形状、色泽、透明度及重量),而且通过使用头韵手法(这四个单词有相同的首字母),使广告听起来具有了音韵之美。广告制作者通过使用语音修辞手段,巧妙地指出了此钻石的精湛工艺和优秀品质。另外,cut、color、clarity 和 carat 中的元音/ʌ/和/æ/含有"饱满""圆润"之意,因而也暗含了钻石剔透、圆润的特质。

第二个是一则饮料广告。广告制作者同样使用简单的词语,以使受众感受到饮用这种饮料可以使人充满动感,活力四射。而且,这里采用了尾韵的修辞手法,使这则广告听起来朗朗上口。另外,flash(闪光)、dash(冲击)和 splash(飞溅)等词中的-ash 含有"速度与活力"的意思,因而赋予整个广告新鲜、动感、活力的感觉,对年轻的消费群体有很大的吸引力。

广告制作者有时还会把广告语篇铺排成诗体的形式,使其具有诗的韵律和节奏感,从而比平铺直叙的广告词更具吸引力。贾卫国(1999)曾指出,节奏不仅可以增加语言表达的美感,还能真实地描摹存在于自然界、动物及人身上的节奏感,并达到加强意义的目的。Perrine(1977)也曾指出,人类对节奏和韵律的热爱是具有认知根源的。人类的这种热爱源于心脏及脉搏的跳动、空气的吸入与呼出。因此,有一种强烈的引力使我们在语言表达中赋予它节奏感。以下是一篇 Roundup 牌除草剂的广告:

(4)　　　　PULLING
　　　　WEEDS CAN BE
　　　　REPETITIVE AND
　　　　REDUNDANT
　　　　NOT TO MENTION
　　　　REPETITIVE AND
　　　　REDUDANT.
　　Or you can kill the roots
　　　with Roundup. And
　those weeds won't be back.
　　　　　NO ROOT.
　　　　　NO WEED.
　　　　　NO PROBLEM.

在这个广告中,广告制作者摆脱了一般的广告语篇的写作模式,采用了自由诗的形式,使其首先在形式上有别于一般的广告。其次,诗体形式使广告具有了诗的节奏和韵律,切合了人们内心对节奏与音韵的渴求。如果此广告以一般广告语篇的形式出现,便会使这种吸引受众的美感丧失殆尽:

(5) Pulling weeds can be repetitive and redundant, not to mention repetitive and redundant. Or you can kill the roots with Roundup. And those weeds won't be back. No root. No weed. No problem.

很显然,一般形式只提供了产品的信息,很难吸引受众的注意力。而自由诗形式的铺排方式使普通的广告具有了诗的节奏感和音韵美。在该诗体广告中,广告制作者采用了头韵的手法,即在三、四行使用了 repetitive and redundant(反复与冗长),并且在六、七行重复出现,暗示除草这项工作的单调、乏味。而且从结构安排上看,整个语篇明显由三部分组成:其中第一和第三部分字体都用了大写,而第二部分却用了小写。自然,读者很容易注意第一和第三部分。读完一、三两部分,读者会发现:第一部分指出除草是一项既枯燥又乏味的工作,而在第三部分却指出除草的问题已解决。读者肯定想知道问题是如何解决的,自然会去第二部分寻找答案,广告的目的自然就达到了。

此外,该广告制作者还使用了语相象似手法,这正是下一小节要讨论的问题。

7.3.2 语相象似修辞

如第 2 章 2.2.1.2 小节所述,语相象似指的是语言的排版印刷形式与其所表达的意义之间存在象似或一致关系。尽管在日常语篇中语相象似是一种少见的语言现象,但在诗歌、实验散文以及广告语篇中却应用甚广(Fischer,1999:251)。以广告为例,广告(尤其是印刷广告)在很大程度上依赖于语言的诗性作用,诗性语言中本质上包含象似过程,因为诗性语言通过具体的、形式的表达方式(主要是通过词汇安排,如诗句断裂、间距、创造词性、单词省略及其他一些方式)来传达意义(Robbie,2001)。语相象似手法在广告语言中的运用使广告在语言形式上更加新奇,容易吸引受众的注意,从而实现其劝说作用。

以下是广告语篇中常用的四种语相象似手法。

7.3.2.1 改变语言拼写的方向

语言拼写的基本方向是水平方向的,即从左到右;第二方向是垂直方向的,即从上到下。但如果改变语言拼写的方向,即改变词内字母、单词、短语,甚至是整个句子的书写方向,则可能是为了暗示变化、反向、逆转、返回等。

譬如,在舞蹈公司 Movers(旋转者)的宣传海报(见图 7.1)中,海报制作者巧妙地把节目名称 Vice Versa 中的字母 s 倒转过来,以暗示节目的内容——即舞蹈正转反转、转来转去的特点。在另一则宣传节约粮食的公益广告(见图 7.2)中,广告制作者有意把"福"字倒写,借以表达"粮到福到,节约有道"的理念,呼吁人们惜食纳福,保持中华民族勤俭节约的良好传统。

图 7.1

糧到福到　節約有道
所有的食物都是我們心中最完美的禮物
All food is the most perfect gift in our hearts

图 7.2

7.3.2.2 改变字体的尺寸大小

一般来说,一个语篇内字体大小应是相同的,但为了着重强调某个字母、单词、句子甚至语段的目的,作者则会有意采用大写、斜体和粗体等方式来实现突显效果。这一特点在印刷广告中尤为突出,作者为了突出产品的品牌名称、特点或通过字体尺寸等方式的改变来引发受众的好奇心,会从视觉上通过大小的比对来引起受众的关注。

例如,在LANCÔME(兰蔻)化妆品的多个广告(见图7.3、图7.4)中,广告制作者使用大写字母来突显商标LANCÔME,借以达到醒目的效果,使消费者一眼便能识别出所要宣传的产品的品牌或使用产品后能产生的神奇效果。

图 7.3

图 7.4

7.3.2.3 改变语篇的空间铺排形式

就英语书写而言,单词之间依靠空格间隔开来,小句或句子之间有标点符号来间隔开,而段落之间则通过标点和换行得以实现。如果在语篇中省掉词与词之间的空格、句与句之间的标点,语篇则会含有不间断、不停顿、平缓行进等意义;而过多使用标点,则会含有"中断"之意。

例如,在美国联合航空公司(United Airlines)的一则广告(见图 7.5)中,为了表明此航线旅途中无停顿,广告宣传语中省略了词与词之间的空格,让乘客从中感受到该公司所做的旅途顺畅之保证。

图 7.5

在一则飞利浦彩电海报中,广告制作者也借词的特殊空间铺排方式来达到理想的视觉效果:

(6) you   haven't
    seen   ennis
    on   television
    until   you've
    seen   it
    on   a
    Philips 41″   screen

在这则广告中,广告制作者通过巧妙地安排广告词的空间位置,以电视画面的形式展示了一场专业的网球赛,使读者的眼球左右来回移动,好像在观看一场网球赛的现场直播,这种方式形象、直观、新颖,很容易吸引受众的眼球。

7.3.2.4 采用带删除痕迹的句子

根据数量象似原则,增加语符的数量往往用来表达加长、延缓、数量加大等概念;而减少语符的数量则含有缺少或丢失、终止、抑制、禁忌等意义。广告制作者有时候会综合利用语相象似和数量象似来实现特定的修辞效果。

例如,在美国联合包裹速递服务公司(UPS)的一则广告(见图 7.6)中,首先吸引读者目光的是广告词中带删除横线的部分,因为这种做法在一般的行文中是

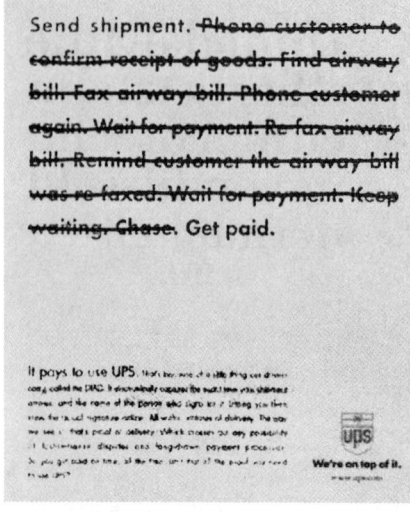

图 7.6

非常少见的。因此,读者肯定会非常好奇,想知道为什么在已完成的广告词中会保留删减的痕迹。带着好奇心往下看,读者便会发现,原来被横线划掉的部分是一串长长的任务,即 Phone … Find … Fax … Phone … Wait … Re-fax … Remind … Wait … Keep waiting … Chase(致电……寻找……发传真……致电……等待……再发传真……提醒……等待……继续等待……追查)。原来,从送出货物到收到货款,需要进行一系列繁杂的步骤:两次电话、两次传真,还要有三次等待过程。而现在所有这些繁杂的过程都被划掉了,直接由送出货物到收到货款,向顾客提供了这样一个保证:本公司会以最快的速度和最高的效率向顾客提供最佳的服务。这样具有吸引力的保证,肯定会使许多顾客在需要这项服务时选择 UPS 公司。

7.4　顺序象似修辞

上一节主要讨论了映象象似手法在广告语篇中的应用及其修辞效果,从本节起我们集中分析拟象象似手法在广告语篇中的应用及其修辞效果。广告语篇中常用的拟象象似手法主要包括顺序象似性、数量象似性以及对称象似性。本节首先讨论顺序象似手法在广告语篇中的应用情况。

顺序象似性,又称"线性象似性"或"序列象似性",指句法成分的排列顺序映照它们所表达的实际状态或事件发生的先后顺序(沈家煊,1993:4)。Hiraga(1994:8-9)指出,语言使用中成分出现的线性顺序与所涉及概念的时间序列一致。人们在描述时间上依次发生的系列动作时,所采用的正常句子顺序即现实中动作发生的实际顺序。语符顺序不仅是重要的语法手段,同时也是重要的修辞手段。戴浩一(Tai,1985)指出,汉语作为一种非曲折性语言,其语法系统在很大程度上依赖于助动词及词序。因此,在汉语中,相同的语言要素采用不同的句序铺排时往往表达不同的意思。例如,"他坐火车去北京"和"他去北京坐火车"两句,虽然构成要素相同,但表达的意思截然不同。前句中旅途的目的地是北京,而后句中旅途的起点是北京。句序不同,意思也有所不同。作为曲折性语言,英语不同于汉语,在表达意义上句序对英语并不像对汉语那样重要。这一点,我们可以从以上两句的英语对应句 He went to Beijing by train. 和 He went to Beijing to take the train. 中看出。

中外许多学者(Tai,1985;文旭,2001a,2001b;卢卫中,2002;秦洪武,2001;等等)都对顺序象似性做了大量研究。基于前人的研究,本文集中分析广告语篇中经常采用的两种顺序象似修辞形式,即时间顺序象似手法和"自我中心"顺序象似手法。

7.4.1　时间顺序象似修辞

时间顺序象似性,指的是句序安排与概念世界中事件发生的顺序相一致(Tai,1985)。Haiman(1980)也指出,时间顺序象似性指的是语篇中句段的顺序与所描述事件发生的时间顺序相一致。时间顺序象似性可体现在语言的词汇、句子及语篇层面。在广告语篇中,作为一种修辞手段,时间顺序象似性主要被应用于句子和语篇这两个层面。

首先请看汉语广告语篇中常见的遵循自然顺序的句式表达:

(7) 我来了,我看见了,我流口水了。(奔驰汽车广告)
(8) 夜深了,打个电话回家。(台湾富邦文教基金会广告)
(9) 人头马一开,好事自然来。(人头马酒广告)
(10) 万家乐,乐万家。(万家乐电器广告)
(11) 牙好,胃口就好,身体倍棒,吃嘛嘛香。(蓝天六必治牙膏广告)

可以看出,以上几种句式与事件发展的自然顺序相一致。例(7)中的奔驰汽车广告词仿写了恺撒大帝的名言 Veni, vidi, vici.(我来了,我看见了,我征服了。)恺撒的这句名言一直以来都被认为是时间顺序象似性的最佳例证。此句式不仅反映出事件的真实发展顺序,同时还反映出事件发展的顺利和快速,体现了说话者所向披靡、志在必得的王者气势。同样,仿写的汉语广告词也向受众传达了这样一种信息,即驾驶奔驰汽车,体验成功与尊贵。例(8)、(9)和(10)分别采用了汉语中常见的"先背景介绍后事件描写""先原因后结果"和"先事件描写后评述"的顺序,皆具有鲜明的自然顺畅、朗朗上口的表达效果。在最后一例中,广告制作者运用了连珠式的因果表达顺序,即第一小句是原因,第二小句是结果;而第二小句同时又是第三小句的原因,依次类推,构筑了 ABBCCD 这样的表达顺序。由此,营造了前后环环相扣、紧密相连的修辞效果。

以上是时间顺序象似手法在汉语广告词句子层面的应用,而下面一例则是此象似手段在英语广告词语篇层面的应用:

(12) Step in a store near you. Take a look. Go ahead, compare. See for yourself. So step in and take a look. Visit an authorized IBM Personal Computer dealer.

这是国际知名电脑品牌 IBM 的宣传广告。广告制作者根据事件发展的时间顺序,描摹出购买者对比选购电脑的全过程。一系列动词短语 step in ...(走入)、take a look(看一眼)、go ahead(前进)、compare(对比)、see ...(看)、step in(迈入)、take a look(看一眼)和 visit ...(拜访)等的使用,不仅映射出事件发展的时间顺序,而且生动地反映出购买者从开始不确定购买何种类型到最后拿定主意的整个心理变化过程。由此可以看出,与其他同类产品相比,IBM 具有无可比拟的、值得信赖的优良性能。

下面是一篇遵照时间顺序而呈现的叙事体广告:

(13) Growing up on this street, John Woo learns the harsh realities of life; dreaming of a better world, he sneaks into the cinemas to endlessly watch film; He discovers the magic of the silver screen; Embracing this newly found passion, he directs his first school play; His heroes are defined by his own tragic yet resolute self-image; At 26, he directs a film that is ahead of its time (It's banned and shelved); As a misunderstood, bright young director, he suffers a series of flops and is banished to Taiwan of China; With an uncompromising belief in his work, he returns to Hong Kong of China to direct "A Better Tomorrow"; Hong Kong of China, Asia and the world finally recognize his powerful style of film-making.

Passionate people shape the world. Their achievements change how we live our lives. This inspires us to reach for more. To believe that nothing is impossible. Passion. It drives you to fulfill your dream. And drives us to create not just a car, but a Mercedes-Benz.

这篇广告是对香港著名导演吴宇森生活轨迹的描述。阅读这篇广告,读者可以随着时间的脚步,去见证吴宇森的成功历程,即从少年时的艰辛奋斗直到今日的事业成功。除了语言描述之外,广告中还配有一张图片(见图7.7):

图 7.7

不难看出,这张图片由两幅小的图片组成。左边一幅是昔日生活环境的真实再现,而右边一幅则是今日新生活的写照。对比两图可以看出:今日生活环境已焕然一新,不再似旧日般杂乱破败。新生活写照中最引人注目的是一辆梅赛德斯-奔驰豪华汽车,这很容易使受众有这样一种感受,即拥有成功,便拥有梅赛德斯-奔驰,拥有新生活。同时,广告语篇中还指出,吴宇森的成功源于对电影事业的热爱,对事业的执着与热爱使他走向成功。同样,对事业的执着与热爱也是梅赛德斯-奔驰公司一步步走向成功的原因所在:"... to create not just a car, but a Mercedes-Benz."(我们创造的不仅仅是一辆汽车,而是梅赛德斯-奔驰)。在此,梅赛德斯-奔驰已不仅仅是一辆普通的汽车了,而是倾注了生产者热情与真诚、可以伴你一生的朋友。

在汉语广告中,为了在受众心中激起与广告中的人物相同的感触,如喜悦、兴奋、激动、感激或信赖等,广告制作者经常会借助时间顺序象似手法来达到目的。例如:

(14) 80年代我们喝的是味道,90年代我们喝的是品质,今天我们还要喝健康。

这是一则酒品广告宣传语。从广告中,我们可以看出时代的变迁,即从80年代到90年代再到今天。随着时代的变迁,此酒的品质也不断得到提升:由最初的关注味道,发展到关注品质,直到今天的关注健康。让消费者感受到,此公司不仅注重产品的醇厚味道和优越品质,而且关注消费者的健康。这样人性化的广告语词,有效地避免了酒在人们心目中不利于健康的印象,从而获得比较理想的宣传效果。

7.4.2 "自我中心"顺序象似修辞

顺序象似性所遵循的另外一个原则是"自我中心"的原则。Lyons(1977:690)指出,在人类观察和用日常语言所描述的世界中,人类是万物的尺度。人类这种把自己视作宇宙的中心和一切事物衡量标准的感知方式不可避免地会在语言中有所体现。因此,人类的生理、心理,尤其是感知心理和文化特性会在语言中留下烙印。

7.4.2.1 受人类生理感知特征影响产生的语序

在人的生命中,除了自然界,人类最容易感知的便是作为生物体的人类自己。人类认为,自己是在地球表面直立行走的生物体,这种感知在水平面上给我们自己一个固定的支点和辨别三维空间的方式。

Lyons(1977:690)指出,通过感知地球引力的作用和了解这个事实,即天空在上、地面在下以及人体在垂直平面上是不对称的,我们首先可以区别出垂直平面上的方向性,即上和下。因此,从物理和生理角度讲,垂直性是三维空间内最突出的一个维度,被称作"基本维度"。人类对"头在上,脚在下"这个人体事实的感知,肯定会影响其语言表征。因此,在英语中,我们有下面这样的表达:ups and downs(高低/盛衰)、hand and foot(手脚一起)、heaven and earth(天地)、high and low(高低贵贱)、from top to toe(从头到脚)。同样,在汉语中,我们也可以看到"天地""上下""高低""手脚""头重脚轻""眼高手低"之类的表达。

其次,在水平维度上,我们很容易区分两个维度:一个是不对称的,即前和后;另一个是对称的,即左和右。Lyons(1977:691)指出,在以自我为中心的感知和互动空间内,没有理由可以使我们判定出"先右后左"或者相反。既然人类在判断与对称(即左和右)相关的感知顺序时敏感度较弱,在本章中,我们只涉及非对称(即前和后)在语序中的反映。根据Lyons(1979:691)的观点,因为人类的主要感知器官朝向他的前方,所以通常会朝他所面对的方向前进;在与他人交流时,人类也会朝向前方。由此可以看出,在非对称的水平维度上,前比后突出,由前到后是水平维度上的方向感知顺序。

与垂直性相比,这种由前到后的水平面上的感知顺序被称为"次要维度"。这种感知顺序自然地体现在英汉语言中,如英语中的 front and back(正面和背面)、fore and aft(船头到船尾)、before and after(之前和之后)和汉语中的"前后""进退""瞻前顾后""前仆后继""前怕狼后怕虎"。

存在于三维空间的另一个重要顺序是里外顺序。人的身体如同一个容器,有里外之分。因此,人们感知状似容器的物品时,这种生理构造也会对语序产生影响。说话者的观察视角不同,所产生的语序也就不同。说话者处于物体内部时,他首先看到的是物体的内部,所以会产生由内到外的观察顺序,因此语言中会有这样的表达 imports and exports(进出口)、in and out (进进出出)以及"里外""里应外合""内忧外患""内联外引"。同样,说话者处于物体的外部时,观察顺序便成了相反的由外到里,因此语言中有 skin and bone(皮包骨)、outside and in(字面义"从外到里",即"里里外外"之意)以及"由表及里""表里如一""外强中干"等表达形式。

下面,我们就来看一下受人类生理感知特征影响而产生的语序作为修辞手段在广告语篇中的应用。

中国有句俗语叫"上有天堂,下有苏杭"。现在这句谚语已被苏州和杭州两市用作旅游的宣传语。这句谚语体现了从上到下、从天堂到人间的空间转移顺序。我们都知道,天堂并不是真实存在的地方,只是人们心中所向往的美丽、安静、平和的一处所在。人们都对它心生向往,但无法到达,因为它在天上——人类想象中的神话空间。既然天上的天堂无从到达,那么是否可以在地上寻一处人间天堂呢?俗语明确告诉我们,人间天堂在苏杭。由此我们可知,苏杭必定是风景如画、安宁、平静之地,是游客放松心灵、度假游玩的好去处。

在如下的另一广告语篇中,我们也可以看到顺序象似性修辞手法的使用:

(15)   **Comfortable**
    No matter what your size.

  Before we designed Ford compact diesel tractors, we looked at how you were designed.

  Your Head. Ford under-40-hp tractors will change your thinking, because they fit your body and your needs. We take the work out of operating a tractor so you can get more work done.

  Your Ears. Compared to previous models, noise levels on

Models 1120 through 1720 are reduced up to 33%.

Your Eyes. Up-front controls and easy-read instruments let you quickly see what you're doing and where you're going.

Your Arms. The main shift lever and throttle are within easy reach next to the steering wheel. No more stretching or bending.

Your Seat. The seat rises as it slides back, lowers as it slides forward. You get an ideal position close to the pedals, yet away from the wheel.

Your Legs. It's easy on, easy off because here's no more transmission tunnel, shift levers or controls in your way.

Try a Ford compact diesel on your size. See why we call them "The Comfortable Ones."

这是一则福特小型柴油拖拉机的广告。广告按从上到下的顺序,描述了福特小型柴油拖拉机的设计生产对人体各个部位,从头部到胳膊,再到驾座,最后到腿部都作了周密的考虑,设计非常人性化,符合人的生理特点,驾驶起来自然非常舒适,不容易产生疲劳感。另外,广告中从头部到耳朵和眼睛的描述又使用了由整体到局部的描写顺序,反映出设计者既注重整体又不忘完善细节的敬业精神。

7.4.2.2 受人类心理感知特征影响产生的语序

人类特殊的心理感知特征在语言中同样有所体现。总体来说,越容易被感知和越早被感知的事物常会出现在语符前列。相比较而言,形态具体、地位重要、视觉效果突出的事物易被感知。下面是受人类这种感知特点影响,在语言表达中经常存在的几种顺序象似性。

首先,看一下由整体到局部的顺序。心理学研究指出,人的注意力常会无意识地集中在对视觉刺激强度大的物体上。总体说来,事物的整体大于局部,因此在视觉效果上强于局部,易先被感知。沈家煊(1999:7)指出,总体来看,整体比局部突出。张炼强(2000:85)也提到,只感知局部而忽视整体不符合人们的视觉感知特点。因此,这种建立在突显度上的视觉认知规律决定了语言表达中由整体到局部的顺序,如"手指""人口""门把"和"房门"以及 door-handle(门把手)、mountain-pass(山的关口)和 armpit(腋窝)等。

其次,由近及远的表达顺序。在生命存在的初期,受自然条件和人类自身能力的限制,一般来说,与人距离越近的事物视觉突显度越高,就越容易被感知;而距离远的事物则不容易很快被感知。因此,相应的语言表达中就有了由近及远的顺序,如"这边那边"和"这些那些"以及 here and there(这儿那儿)、this and that(这那)和 near and far(字面义"近远",即"远近"之意)等。

再次,是由具体到抽象的感知顺序。根据沈家煊(1999:7)的论述,具体的事物比抽象的事物突显度高,相较而言容易为人所感知。这种认知规律反映在语言中,便产生了如下表达形式:汉语中的"哺育"和"孕育"等以及英语中的 spatiotemporal(字面义"空时的",即"时空的"之意)和 here and now(字面义"此地此时",即"此时此地"之意)等。

最后,是由重要到次要的感知顺序。从认知角度讲,重要的事物比次要的事物突显度高。Givón(1995b:55)指出,重要或紧急的信息倾向于居于语符的前列,如"师生""官兵""父母""夫妻"以及 the President and the Secretary of State(总统与国务卿)、king and queen(国王和王后)和 father and son(父与子)等。

在以下这则旅馆宣传广告中,设计者采用了人类心理感知顺序:

(16)   ONCE AN IMPERIAL PALACE
    ... NOW A LUXURY HOTEL

  Welcome to the Forbidden City and to Grand Hotel Beijing. Its unique location, amid the splendor of imperial China, provides easy access to Beijing's commercial and recreational center.

  The Grand Hotel offers luxurious suites and rooms that blend ancient Chinese with modern Western décor, facilities for business and pleasure and elegant bars and restaurants.

  Make your visit to Beijing unforgettable. Stay at the Grand Hotel Beijing.

这则广告语篇的铺排体现了由整体到局部的感知顺序。广告首先对旅馆的地理位置及其优越性从整体上做了介绍,然后对旅馆豪华舒适的设施一一做了说明,让旅客对旅馆优越的地理位置和便利的交通条件留下深刻印象,进而渴望去体验该旅馆所提供的豪华设施和优质服务。

7.4.2.3 受人类文化特征影响产生的语序

根据"自我中心"原则,人类把自我认作宇宙的中心,经常从自己的角度出发去看待事物。由此,居于人的思想和认知中的根深蒂固的文化观念会对语言的表达顺序产生影响。有时,这种根植于脑中的文化观念甚至会在语序上起主导作用。这里的讨论仅限于英汉两种文化对其语言表达顺序的影响。

在汉语语言环境中,对整个社会起主导作用的是集体主义,即国家和集体的利益具有优先地位,个人利益应放在后面。甚至提及个人利益时,也是曲折含混地表达出来。汉语语言者的思维模式是呈螺旋状的。因此,在表达思想时,汉语者常会从大处着眼,再到小处,迂回婉转地去进行表达。反映在语言中则有如下一些表达顺序:"救死扶伤""打击、排斥和轻视"以及汉语从大到小的地址书写顺序:国家—省—市—街区—门牌号。而在英语语言环境中,人们信奉的是个人主义,即个人利益至高无上,考虑问题趋于从个人角度出发。因此,英语语言者比较乐于表达个人的思想,且通常会直接切入要点,从细小处开始论述。类似的表达在英语中则成了 cure the wounded and save the dying(扶伤救死),地址书写顺序也发生了相反的变化。

以下英汉广告语篇的结构安排正体现了这种文化上的差异:

(17) 那一年,我和妹妹去乡下姥姥家,
  我们在田野上奔跑,
  在小河边钓鱼,
  在收割过的麦地里拾麦穗,
  空气里尽是迷人的清香!

  现在,很难找到
  那种感觉了。
  田野变成了厂房,小河也不见了……
  咦!这是什么?味道真特别,
  让我想起乡下那麦地里迷人的清香!

  嘉士利 为你珍藏童真的滋味!(嘉士利饼干广告)

该广告的第一小节是"我"对童年的记忆:乡下姥姥家、田野上奔跑、小河边钓鱼、麦地里拾麦穗以及空气中的清香;第二小节则描述了现在乡下的变化,记忆中的一切都不复存在,只留下似曾相识的熟悉的味道;直到最后一小节才指出,原来这似曾相识的味道来自嘉士利饼干——嘉士利,为你珍藏童真的滋味。至此,读者才知道广告所宣传的产品是什么。制作者绕了一大圈,最后才点题,无非是想借人们对童年的美好回忆,来引起消费者的关

注,甚至购买欲。这种表达方式符合汉语语言者的思维习惯,容易受到汉语消费者的青睐。但在英语语言环境中,此类手法的广告可能就无法收到同样的效果了。

在英语环境中,广告制作者多采用直截了当的方式对产品进行宣传。例如:

(18) **Dig in the garden. Wash the car. Go to a movie. Walk the dog. Burp the kid.**

Lee Relaxed Rider jeans are designed to fit the natural curves of a woman's body.

But most importantly, they're designed to fit the natural curves of a woman's life.

Dress them up. Or dress them down. When you are ready to go. Or when it's time to relax.

Nobody fits your body … or the way you live … better than Lee.

这是 Lee 牌牛仔服饰的广告。广告的第一部分就以醒目粗体字点出了该品牌牛仔穿着舒适的特点,穿着它可以进行多项工作和活动而不会感到拘束。然后,又指出它的设计不仅可以展现女性的动人曲线,穿着还舒适自然。最后,宣称 Lee 牌牛仔是消费者的最佳选择。从中我们可以看出,英式表达具有直截了当的特点,切合英语语言者的思维习惯。

由于文化的差异造成人们不同的思维方式和表达习惯,因此,成功的产品广告应考虑到不同语言环境的文化差异。譬如,著名的胶片生产公司 Kodak 在中国的宣传口号是"柯达胶卷,属于你的家庭欢乐。"符合中国人注重家庭观念的思维习惯。而它在美国的广告宣传语却是"He has killed the last dragon just now."(他刚刚杀死了最后一个怪兽。)伴随宣传语的还有一幅图片,图片上是一个勇敢的小男孩,一手拿着披风,一手拿着剑。这个广告在美国大受欢迎,因为它迎合了美国人所尊崇的个人英雄主义。由此,柯达为中国人留住了天伦之乐的幸福,为美国人留住了壮举。

7.5 数量象似修辞

Hiraga(1994:11)指出,数量象似性指的是语言形式的数量与所表达意义的多少之间存在象似关系。即语言形式越长,表达的意义就越多。

在广告语篇中,数量象似性是一种常用的修辞手段。通常来说,广告语篇中的数量象似性可以通过以下两种方式来实现:首先,可以通过选择长句或短句、复杂或简单的语言结构、长或短的语段来表达意义的多寡;其次,可以借"重复"这一修辞手法,通过增加语符的数量来增加所表达信息和概念的数量。下面,我们就从话语长度和复杂性以及重复这两个方面来探讨数量象似性手法在广告语篇中的应用及其修辞效果。

7.5.1 话语长度和复杂性

在广告语篇中,广告制作者常会借增加话语长度和复杂性的方法,来表达所描绘商品数量之多、种类之全、适用性之广以及质量之优。例如:

(19) Your First Financial Step outlines, in clear and accessible language, everything a person needs to know during the first decade of financial independence. Award-winning financial advisor Nancy Dunnan share important *information*, valuable *strategies*, and *tips* on *banking*, *housing*, *credit cards*, *employment*, *insurance*, *investing*, and more. She *explains leases and other housing issues* and *how to select the best bank*, *negotiate a better salary*, *shop for a new car*, *obtain life insurance*, *write prenuptial contracts*, *and travel on a budget*. *Charts*, *graphs*, *checklists*, *and worksheets* make it easy to plan a personal financial strategy, and there is even a seven-step program for getting started on lifelong financial security.

这是为一本名为 Your First Financial Step(《你的第一本理财书》)的书所做的介绍性广告。该广告通过不厌其烦地大量使用列举,如 information(信息)、strategies(策略)、tips(秘诀)和 banking(存款)、housing(住房)、credit cards(信用卡)、employment(就业)、insurance(保险)、investing(投资)以及 explains leases and other housing issues(解释租赁及其他买房事宜)、how to select the best bank(如何选择最好的银行)、negotiate a better salary(如何要求加薪)、shop for a new car(购买新车)、obtain life insurance(获取人寿保险)、write prenuptial contract(撰写婚前协议)、travel on a budget(不超预算去旅游)等,来说明该书详尽细致地提供了大量关于理财的信息与方式。而 charts(图标)、graphs(图形)、checklists(清单)和 worksheets(工作表)等词语的使用同时也表明,除了文字信息,该书还配有大量的图表以便于读者理

解和实际操作运用。该广告通过增加语符数量这种方式来表明该书具有内容丰富、信息涵盖广的特征。这种用法在以下广告中同样有所体现:

(20) "The Economist?"
"Isn't that a peculiar name for a journal that also discuss *America*, *Britain*, *Europe*, *science* and *technology*, *world politics*, *books plus arts*, *current affairs* ... along with *business*, *finance and economics*?"

这是宣传杂志 The Economist(《经济学人》)的一则广告。该广告采用的大量列举,如 America(美国)、Britain(英国)、Europe(欧洲)和 science(科学)、technology(技术)、world politics(世界政治)、books(书本)、arts(艺术)、current affairs(时事)以及 business(商业)、finance(金融)、economics(经济)等,也反映了此杂志内容丰富、涵盖面广的特点,表明该杂志不仅含有商业、金融、经济等方面的信息,还涉及美、英、欧等多个国家和地区以及科技、时政、书籍、艺术和时事等多个领域的信息。

广告还可以通过大量列举、增加语符数量的方式来表明产品的目标消费群体数量之多。例如:

(21) It doesn't bother us that most of them don't wear our shoes.
The Susan Brills of the world do.
Emergency Room Nurse, wife, mother of three, cookie connoisseur, Grateful Dead Head, and gung-ho aerobicist. Susan Brill, Boston, Mass. She's who we build shoes for.

不难看出,该广告中提到的 Susan Brill(苏珊·布里尔)指的不仅仅是 Susan 自己,而是像 Susan 那样的千千万万个普通民众。通过对 Susan 多重身份的列举,如 Emergency Room Nurse(急诊室护士)、wife(妻子)、mother of three(三个孩子的母亲)、cookie connoisseur(甜点专家)、Grateful Dead Head(“感恩而死”乐队负责人)、gung-ho aerobicist(狂热的有氧健身者)等,来进一步说明该公司的产品服务于形形色色、各种各样的广大社会群体。通过使用大量的列举,公司服务于大众的宗旨就比较易于为广大消费群体所接受了。

有时,我们还可以通过数量象似性来说明产品数量众多、种类丰富的特点,如:

(22) Exclusive creation from a celebrated jeweler. Cascades of

stunningly inventive objects. From the luxuriously prestigious to the elegantly functional. Everything is extraordinary. Everything tempts. *Jewellery*, *wristwatches*, *lighters*, *writing instruments*, *leather goods*, *perfumes*, *eyewear* ... the Cartier boutique epitomizes the fine art of living, the fine art of giving.

这是 Cartier 精品店的广告宣传材料。该广告通过列举各种各样的珠宝产品,如 jewellery(珠宝)、wristwatches(腕表)、lighters(打火机)、writing instruments(书写工具)、leather goods(皮革制品)、perfumes(香水)和 eyewear(眼镜)等,来说明店中珠宝饰品从极尽奢华的装饰品到日常用品,应有尽有,做工一流,是不可多得的精品店。

7.5.2 重复

重复也是广告语篇中常用的一种数量象似手段。在广告语篇中,通过对某些语言要素或语言结构的重复使用,可以达到增加语义强度,即强调信息的目的。广告中通常被重复强调的是产品或者服务的优点和长处。例如:

(23) We've been going *up and up and up and up and up and up and up and up and up and up*. The end of a decade is a good time to look back. A new decade is a good time to look forward too. (某金融组织广告)

(24) She's the *nimblest* girl around. *Nimble* is the way she goes. *Nimble* is the bread she eats. Light, Delicious, *Nimble*. (Nimble 面包广告)

(25) Every Minolta *autofocus* camera comes with an *autofocus* system that *automatically* brings your subject into focus, giving you a new level of photographic performance and enjoyment. And the finest results your picture album has ever seen. Best of all, there's Minolta *autofocus* camera that's just for you. (Minolta 牌照相机)

在广告(23)中,最引人注目的是单词 up(上升/前进)的重复使用。在此,广告通过十个 up 的重复使用表明:在过去的十年里,这个金融组织一直在不断前进,取得进步。其中,up 的重复次数反映了经历的年数,up 的不间断重复表明此金融组织一直都在不断努力,为力求更好而奋进。在广告(24)中,

Nimble 这个多义词是面包的品牌,该广告中多次重复使用该词及其变体形式,不仅使读者对品牌名称留下深刻印象,而且还让读者感受到该面包的多种优点,即松软、轻巧、可口。广告(25)重复使用 auto(自动)一词,是为了强调相机自动聚焦、易于使用的特点。

有时,广告制作者还会通过对同一语言结构的重复使用来强调产品的特性。例如:

(26) All it takes to get a better picture is a better video tape.
To enjoy a good picture these days *you need* more than a good screen. *You need* a video tape designed to bring out the best in all video equipment you own.
You need a video tape that delivers crisp colors and clear sounds, vivid on extended playing time as it does on standard.
You need a video tape so technologically advanced that it can keep your picture perfect even after hundreds of replays.
In short, *you need* Fuji video tape.
Because if you want to improve your picture, all you really have to do is improve your video tape.

这是 Fuji video tape(富士录像带)的一则宣传广告。广告通过多次重复使用 you need(你需要)这一语言结构,强调了富士录像带的优点,即画质鲜亮、声音清晰、科技含量高、使用时间长等,因此对消费者具有很大的吸引力。

7.6 对称象似修辞

对称象似是指语言形式上的对称反映了所表达概念的对称关系(Hiraga,1994:11)。人类对对称的渴望源于且映射了人类身体的左右对称。比如,我们有两个胳膊、两条腿、两只手,它们既是彼此的重复又是彼此的倒置。既然是彼此的重复,那么可以说它们是相同的;而它们又是彼此的倒置,又可以说是不同的。因此可以说,对称是神秘的对立中的统一(Norrman,1999:74-75)。正是由于对称中存在着这种神秘的、完美的对立统一,迎合了人们深层认知中对神秘与美的追求和向往。对对称美的渴求又对人类的思想、语言和文学作品产生重要的塑造力。由于语言表达具有线性的特点,使得概念上对称的意义很难通过语言形式形象地表达出来。

但世界上大多数语言都会通过一些特殊的修辞手法来表达意义上的对称关系。其中,回文、回环和交错法是最直接的一种表现手法,其他常用的手法还有反论、矛盾修饰法、对偶、反语以及歧义(Norrman,1999:64)。Nöth(2001:23)区别出三种主要的对称类型:第一种称为"镜像对称",如 p 和 q,这种对称常存在于回文、回环、交错法和连珠法中;第二种称为"重复对称",如 p p p…,这种对称常存在于排比和重复中;最后一种称为"反意对称",指的是形式上对称的两部分在意思上有明显的区别特征,如黑 p 和白 p 或黑 p 和白 q,这种对称常存在于对偶中。

对称在人们心中所激起的对神秘和美的向往与追求,使得人们在语言表达中也趋于追求形式上的对称美。譬如,在广告语篇中,广告制作者经常会运用回文、回环、交错法、矛盾修饰法以及对偶和排比等多种修辞手段来表现形式上的对称,使读者产生美的感觉和享受。

7.6.1 镜像对称

广告语篇中采用最多的镜像对称象似手法是回环和交错法,其结构呈现 ABBA 式。前后回环对称的语言结构,映射了前后两部分之间在内容上的对称。例如:

(27) Simply delicious. Deliciously simple.(美国食品广告)
(28) 自然平衡,平衡自然。(奥迪轿车广告)
(29) 有黑松就有快乐,有快乐就有黑松。(台湾黑松饮料广告)
(30) 为机会找人才,为人才找机会。(某培训中心广告)
(31) 静静地吸,吸得净净。(飞利浦吸尘器广告)
(32) 中国平安,平安中国。(中国平安保险公司广告)

广告(27)是美国 Eagle Brand(鹰牌)快餐的宣传广告。广告通过结构上的完全对称及词语的重复使用,强调了所宣传快餐美味便捷的优点。该广告不仅言简意赅,而且结构对称工整,易于给消费者留下深刻的印象。广告(28)借对称结构,强调了奥迪汽车的两大优点——自然、平衡,体现出该品牌汽车简洁、大气的特点。同样,其他四则广告皆通过使用对称结构,使广告传递给读者一种结构上的美感,并重点突出了所宣传产品或服务的特性和优点。

连珠法是镜像对称的另一种表现形式,结构上呈现 ABBCCD 的形式。其中,后一句的开头是对前句结尾部分的重复。通过使用这种修辞手法,不仅能够达到结构上的对称,内容上的强调,而且还可以加强整个语篇的连贯

性。例如:

(33) Petrol saving by *Hongda*, *Hongda* leads the world. (日本 Hongda 汽车广告)

(34) 以爱立**信**,以**信**致远。(爱立信手机广告)

(35) I Came Back

I came back to softness and comfort.

I came back to Dr. White's.

And I wonder why I ever went away.

Because only Dr. White's gives me two kinds of comfort. The super-comfort of their cotton-wool content that makes them so much softer. And the comfort of a safer, more absorbent towel, with a flush-away design, too, for even more convenience.

I tried the rest, but I came back.

Isn't it time you came back to *Dr. White's*?

Dr. White's two kinds of comfort. (Dr. White's 卫生巾广告)

(36) 在云南高原上有一个明镜般的**滇池**;**滇池**边上有一座郁郁葱葱的**睡美人山**;**睡美人山**下有一座美丽的城市——**昆明**;**昆明**四季如春,鲜花终年盛开,被人们称作春城。(昆明旅游宣传广告)

这几个广告中都使用了首尾相连的连珠法,或使广告产品名称得到突出,如广告(33)和(34);或使产品和服务优点得到强化,如(35);或使语篇结构对称连贯,如(36)。连珠法的使用,使这些广告更容易切合人们深层认知上对美的渴求,从而影响、打动消费者。

7.6.2 重复对称

重复对称常存在于重复和排比等修辞手法中。对于重复法在广告语言中的应用,我们已经在上一小节的数量象似性中讨论过,在此,我们主要分析排比法在广告语篇中的运用情况及其修辞效果。排比又称平行结构,是以语法结构对称(包括相同或相似的词、短语或分句)来突出意义的一种修辞手段(黄任,2003:153)。排比具有结构整齐、节奏感强的特点,是广告语篇中常用的修辞手段。使用排比结构,可以加强强调的力度与语篇的整体连贯性,使广告能更好地吸引消费者的目光,触动其情感,激发其购买欲。例如:

(37) *Our great lakes are* everlasting, *our seasons are* everchanging,

our good life is unlimited in scope.（某旅游景区宣传广告）

(38) *Discover* the Half Moon Bay Coastside.
Discover the Charm ...
Discover the beauty ...
Discover the Entertainment ...
Discover the Adventure ...
Discover ... along the Pacific Ocean ...（美国旧金山半月湾海滩旅游宣传广告）

例(37)通过使用 our great lakes are ...（我们的大湖……）、our seasons are ...（我们的季节……）和 our good life is ...（我们的生活……）构成的平行结构，使整个广告成为一个内容连贯、形式统一的整体，展现出一幅湖色秀丽、风景如画的美好画卷，吸引游人前往参观、游览。在例(38)中，六个 discover(发现)句式的使用使游人感到半月湾海滩之旅将是一次充满发现与惊喜的旅程：在旅程中，你可以欣赏美景，休闲娱乐，体验冒险的刺激与快乐。而广告中省略号的反复使用，则可以使游客感受到在半月湾除了以上体验之外还有更多更引人的地方在等待着人们去发现，这就给游客留下了无限的想象空间，期待着大家去体验这一神奇、精彩的发现之旅。

下面这则爱立信的中文广告同样使用了排比手法，通过使用"沟通就是……/沟通就是……/沟通就是……"的平行结构，使消费者感受到沟通的魅力所在，那就是在人与人之间产生关怀、理解和爱。这样具有亲情、温馨的广告肯定会打动消费者的心：

(39) **沟通就是**关怀
沟通就是理解
沟通就是爱（爱立信手机广告）

7.6.3 反意对称

反意对称主要存在于对偶修辞手法中。对偶又称"平行对照"，构成此辞格的成分之间须结构上对称，意义上对照。对照的两个成分可以是某一事物的不同方面的对比，也可以是两个事物的不同方面的对比。对偶法形式整齐匀称，音律节奏铿锵，内容既适于重复强调，又适于反衬对照，从音、形、义各方面看，都具有鲜明的修辞功能（黄任，2003：156）：

(40) Their loss, your gain.（商家促销广告）

(41) Mini size, maxi sound.（音响设备广告）

(42) Once tasted, always loved.（饮料广告）

(43) The sun is out, the moisture is in.（化妆品广告）

我们可以看出，以上广告通过结构上的平衡对称和意义上的对比，来达到突出强调、吸引读者的目的：在广告(40)中，通过 loss(损失)和 gain(收获)两词在意义上的对比和结构上的对称，强调了顾客的所获与商家的所失。这样很容易迎合消费者购买时希望以最低价格购到最好产品的心理①，从而激起消费者的购物欲。在广告(41)中，大音量与小体积形成意义上的对比，强调了音响产品的优点，即：体积小，便于携带；音响效果好，可以产生大音量。在广告(42)中，once(一旦)与 always(总是)的对比使用，强调了广告中饮料产品可口美味的特点，即一旦品尝，便会终生喜欢。而在广告(43)中，in(在里)和 out(在外)的对比表明了化妆品具有防晒补水的效果，对爱美的女士有很大的吸引力。

在汉语广告中，对偶也是一种常用的修辞手段。例如：

(44) 古有千里马，今有日产车。（日产汽车广告）

(45) 平时注入一滴水，难时拥有太平洋。（中国太平洋人寿保险公司广告宣传语）

在前一例广告中，通过"古"与"今"、"千里马"与"日产车"的对比表明今日的日产车好比是古代的千里马，具有快速、优质的特点。在后一例宣传语中，"平时"和"难时"、"一滴水"和"太平洋"的对比，使顾客感受到保险对人未来生活的保障，提醒顾客应未雨绸缪，防患于未然。

7.7　小结

作为一种常见的修辞方式，象似性不仅广泛存在于文学语篇之中，而且在广告语篇中也广为应用。基于前人的研究与分类方法，本章主要探讨了映象象似、顺序象似、数量象似以及对称象似等四类象似性手法在广告语篇中的应用及其修辞效果：首先，映象象似性手法凭借其视觉和听觉上所具有的感官冲击力，对增强广告的说服力和吸引力起着重要的作用；其次，顺序象似性手法的运用能够使广告语言的排列顺序符合自然的状态或时间发展

---

① 这在某种意义上就意味着商家的损失相对较大。

顺序,使整个广告更显连贯、自然;再次,数量象似性手法的使用能够强化广告信息,从而使广告中所要传递的重要信息在消费者心中留下深刻的印象;最后,对称象似修辞性手法在广告语篇中的大量使用,不仅有助于构建广告语篇中对称形式上的美感,强调广告中的重要信息,而且还能够使广告语篇整体上更加衔接连贯。

总之,通过使用以上四种象似性手法,广告制作者能够使广告更具视觉和听觉效果,更加生动形象,使消费者很容易被语言形式所吸引,从而关注广告内容,并对所宣传的产品或服务产生兴趣,进而产生购买或接受服务的欲望。

第 8 章

商标语篇象似修辞

8.1 引言

商标是现代经济的产物。人类社会进入 20 世纪之后,随着商品经济的不断发展,层出不穷的商标成为商业社会一个重要特征,越来越多的新商品被冠以新的商标名称。中外许多学者纷纷从符号学、语用学、修辞学等多个角度对商标名称进行了研究。通过他们的研究,我们不难发现:商标作为一种具有特殊意义的语言符号,其能指和所指之间不是完全任意的关系,而是存在着某种程度的一致性。基于这种认识,本章拟在现有研究的基础上,试图以认知语言学的象似性理论为依据对商标语篇(主要包括商标名称及其相关要素)中的象似修辞及其修辞效果进行研究。通过对商标语篇进行象似性研究,一方面可以进一步证明"语言与现实和认知之间存在理据性"的论断,另一方面力图拓展象似性理论的研究范围,并揭示该理论的经济价值。

8.2 商标语篇与象似修辞

8.2.1 商标语篇的体裁特点

商标是一种特殊形式的语言符号,更是一种广告形式,它与后者的区别在于:广告使用更多的语言来描绘商品并采用不同的场景来宣传商品;而商标则是用一个或两个词将商品的特征描绘出来,其宣传的难度比广告要大很多。

商标不同于一般的词语,它是由个别人或个别企业精心挑选或创造出来,用以区别其商品与其他人或企业商品的一种专用符号。就商标词的构成而言,大体可分为文字商标、图形商标、符号商标、立体商标等类别。商标的最大功能在于识别和称呼商品,这就决定了文字商标在各类商标中占有的主导地位。无论选择哪种形式的商标词,商标设计的意图都是万变不离其宗,即想借助商标词使消费者对自己的产品过目不忘,并争相购买。

李淑琴、马会娟(2000)总结了商标命名的六个原则,即:(1)简短有力、朗朗上口,如 Sony(索尼)、Exxon(埃克森)、Coca-Cola(可口可乐)等;(2)易于记忆、过目不忘,如美国市场颇为畅销的一种橙汁商标 Sunkist(新奇士)。该词是 Sunkissed(阳光之吻)的变体形式,使人由"阳光之吻"联想到橙汁的活力;(3)暗示产品的功能、易于广告宣传,如 Tru-Test(突-泰斯特)暗示该品牌的油漆质量可靠、耐用持久;(4)符合目标消费者心理,投其所好,使其慷慨解囊。商家应根据目标消费者的性别、年龄选择相应的商标词,如女性消费产品应该多用一些优雅、女性化、富于诗情画意的词语作为商标;(5)排除文化差异障碍、扩展国际市场。不同地区、不同民族在长期的发展进程中都形成了各自的心理文化和语言文化特征。例如,大多数民族喜爱红、绿、白、蓝等颜色,忌讳黄色,而蓝色却是埃及人所憎恨的;(6)可以依法注册,获得法律保护。一个好的商标词必须通过申请注册并取得注册商标专用权,才能获得法律保护。如果不能获准注册,再好的选词或译名,均属枉然。由此可见,给消费者留下深刻印象的商标并不是随意设计出来的,它饱含了商标设计者的心血和智慧。

8.2.2 商标语篇的研究现状

国内外很多学者从不同的角度对商标名称的构成进行了研究。在国外,Aaker(1991,1995)、Dawar & Anderson(1994)、Butters & Westerhaus(2002)以及 Holt(2004)等分别从语言学的不同角度对商标名称及其相关要素进行了研究。除此之外,Fernelius(1982)探讨了药品商标命名的指导规则;Danesia(2006)从符号学角度剖析了商标的建构方法,其研究被称为"营销符号学"。在国内,陈榴(1996)从语音、构词和语义三个方面分析了文字商标的语言特征;龚益(1996)和胡开宝(1999)从文化因素角度探讨了导致中西方商标词出现差异的原因;谢建平(2001)探讨了商标词的语音修辞与音译特色;肖家燕(2002)、王和玉(2006)、朱万忠和苏改联(2006)分别从系统功能语法的角度分析了商标名称的功能和意义;季丽莉(2008)从社会语言学的角度分析了商标命名的特点。

认知语言学角度的商标研究尚不多见。在国外,Piller(1999)借映象象似性和拟象象似性分析了商标的构成。在国内,尚未见到此类论文发表。由此可见,认知语言学角度(包括象似修辞角度)的商标名称构成研究,有较大的研究空间。

8.2.3 商标语篇的象似修辞研究及其研究层面

商标是一种特殊的语篇类型,尽管形式简单,却承载了丰富的商业信息和文化信息。命名者是采用何种方式将商标的"能指"和"所指"之间的意义关系凸显出来的呢？我们认为,在众多商标中,象似性是搭建起商标与商品之间的认知关系的桥梁。

Piller(1999)曾对一个含有2 000个汽车商标的数据库进行研究,最后得出的结论是：基于皮尔斯对符号的划分标准,只有一小部分的商标是象征符,即其能指和所指之间是纯粹任意的关系。而绝大多数商标都是象似符或标志符：36%的商标以转喻为基础,属于标志符,其能指与所指之间联系紧密；其余的商标都是象似符,其能指与所指之间存在一致性。采用象似符的汽车商标28%是隐喻象似,24%是拟象象似,没有运用映象象似的汽车商标。我们认为,不仅汽车商标命名过程中采用象似手法,而且对于其他领域的很多商品来说,为了实现商标(能指)与商品(所指)之间的和谐统一,其商标的命名也会采用这种象似手段。

运用象似性理论研究商标命名是一个很有意义的语言学课题,具有重要的理论价值和经济价值。下面,我们拟用典型的商标实例,分析商标命名中常用的语音象似、语相象似、关系象似、顺序象似、对称象似和隐喻象似等象似性手法与商标命名之间的关系,借以揭示象似性理论在商标命名中所具有的理论指导意义和经济意义。

8.2.4 语料来源

本章所选商标主要有以下三个来源：(1) 网站,如中国商标网(http：//sbj.saic.gov.cn/)、中国商标数据库(http：//www.86tm.com/)、中国商标在线(http：//www.21etm.com/)和中国驰名商标网(http：//www.21sb.com/)以及新浪、百度等门户网站；(2) 电视台,如中国中央电视台,包括CCTV1、CCTV2、CCTV3和CCTV5；(3) 时尚杂志,如《瑞丽》《上海服饰》、*VOGUE OFFICAL*、*SHININGSTAR*。所选取的商标都是符合商标法规定并在权威部门登记注册的合法商标,因此具有规范性和典型性。

8.3 映象象似修辞与商标命名

如第3章3.2.2小节所述,映象象似修辞分为语音象似修辞和语相象似修辞两大类。

8.3.1 语音象似修辞与商标命名

根据第2章2.2.1.1小节,语音象似指的是语言形式(即语音)与其所指内容之间存在一致性。语音象似可以分为直接语音象似和间接语音象似:前者主要指拟声,而后者则主要指语音象征。狭义的间接语音象似主要指对语音联觉这种语音象征手法的使用,而广义的间接语音象似还包括对音韵、节奏和格律以及语音变体等语音象征手法的使用。

8.3.1.1 直接语音象似修辞与商标命名

直接语音象似主要通过语言中的拟声手段,即拟声词得以实现。拟声词是指词的形式即语音与其代表的意义之间具有直接联系,也就是说,词的语音是通过直接模拟自然的声音构成的。例如,cuckoo(布谷鸟的咕咕叫声)和owl(猫头鹰的叫声)的发音容易引起我们对布谷鸟和猫头鹰的联想,因为这两个词语是通过直接模拟鸟的啼叫声而创造出来的。再如,moo(哞哞)和quack(嘎嘎)很容易使我们想起牛和鸭的叫声,因为这两个词也是通过声音模仿构成的。拟声词不仅是一种构词法,而且是一种修辞手段,它能渲染文字的音响效果,给受众以听觉上的刺激(彭桂芝,1999:73),从而产生一种语义联想效果。

基于这种认识,一些商家或商标制作者在设计商标过程中便充分利用拟声手段的特殊作用为其产品构思商标名称,设计出渲染音响效果、既形象又生动的商标名称,从而给顾客留下深刻的印象。彭桂芝(1999)也认为,通过拟声手法构成的商标词能引起人们心理上的认同感,增强商标词的音响效果。

尽管此类商标并不是很多,但在商标界仍不乏成功之例,如英语中由拟声法构成的如下商标词:饮料Pepsi(百事可乐)、洗涤剂Wisk(威斯克)、清洁套装Goop(顾普)、冰激凌Klondike(克朗代克)等。

汉语中也有类似的商标造词,如奶糖品牌"喔喔"、柴鸡蛋品牌"咯咯哒"、婴儿尿不湿品牌"嘘嘘乐"以及瓜子品牌"洽洽"。其中,"咯咯哒"这一商标紧紧把握住母鸡刚下完蛋时发出的欢愉的声音"咯咯哒……咯咯哒……",贴切、生动,使受众迅速联想到在鸡舍中,母鸡下蛋后挺胸报喜的样子,同时也暗示消费者这些鸡蛋是非常新鲜的。而婴儿尿不湿"嘘嘘乐"这一商标词则模拟婴儿排尿时发出"嘘嘘"的声音,并加上父母配合孩子排尿时口中发出的"嘘嘘"声,使孩子产生尿意。"嘘嘘"的声音可以使人立刻联想到婴儿排尿,因此该商标要比"尿尿乐"之类的叫法更显高雅。"洽洽"瓜子在中国市场占有率极高,很受消费者的青睐。这一方面固然与产品的质量优和味道好有关,但另一方面,其商标"洽洽"正是按照人们咀嚼坚果时发出的声音而取的,拟声的效果让消费者一看到这个商标,就容易联想到嗑瓜子时那惬意的情景和感觉,难免顿生好感。

8.3.1.2　间接语音象似修辞与商标命名

如上所述,间接语音象似主要通过语音联觉和音韵等象似手法得以实现。语音联觉和音韵等间接语音象似手法也经常用于商标词的命名之中。

8.3.1.2.1　语音联觉与商标命名

语音联觉指借音素的组合来表达特定含义的语音象征用法,这是商标命名中采用最多的语音象似手法。语音象征不同于拟声词,指某些音或音的组合虽不足以表示明确词义,但似乎与某种意义发生模糊的联系,就是说使我们联想到某种意义。它们本身的发音或是其中某些字母的发音,包括发音时发音器官的动作,能让人把它跟意义联系起来(庄和诚,1999)。

采用语音象征命名的商标以国外的商标居多。例如,以 cr-开头的英文单词,常与 crispiness(脆、鲜、嫩)有关,因为它模仿了吃松脆或新鲜食物时的声音和感觉。于是就出现了以此形式命名的商标,如早餐麦片品牌 Crunchie(克罗奇)、薯片品牌 Crispie(克罗斯培)、起酥油品牌 Crisco(克罗斯克)。在英语中,前闭元音/i/发音时舌位高,开口较小,所以常与小、轻、巧、细等语义联系起来,如见于 little(小)、bit(一点儿)、chick(小鸡)、ditty(小调)、imp(小淘气)、kitten(小猫)、kid(小山羊)等词语中,因此便出现了儿童纸尿裤品牌 Huggies(哈吉斯),暗示该品牌纸尿裤小巧可爱。牛肉汁商标词 Bovril(保卫尔)中有两个唇辅音/b/和/v/,使该词读音浊化,易于使受众联想到喝浓汁时发出的咂嘴声。

许多洗发水商标,如 Slek(舒蕾)和 Pantene(潘婷),能很快吸引消费者的眼球,并引起他们购买的欲望。因为这两个商标包含/s/、/l/、/k/、/p/、/t/等音素,其中/s/音常含有顺畅、柔软、高兴之意,/l/有顺滑、流动之意,/k/、/p/、/t/三个音则含有跳跃、弹力之意。这些音组合在一起便向消费者传达这样的心理感受:使用这些洗发水,头发就可以变得顺滑、健康、有光泽、有弹力。能给出这样心理暗示的洗发水,容易受到消费者的青睐。

还有一种语音象征现象比较少见,却常常应用在商标命名当中。它们从词源上来说并没有拟声理据,但是它们本身中的某个字母的发音能象征某种概念、意境或气氛,从而引起人们的相关联想。例如,商标词 Kodak(柯达)是该商标的创始人乔治·伊斯特曼(George Eastman)在随意摆放字母卡片时产生的一个单词。乔治非常喜欢这个单词,不仅因为该词形式上对称,同时它那全元音的发音对那些说话中带有强烈重音的德国人来说很具有吸引力。带有全元音的语言形式说起来往往抑扬顿挫,极富美感,让人产生喜悦的感觉(Piller,1999)。其他类似的商标词还有饮料 Coca-Cola(可口可乐)、运动鞋 Anta(安踏)和冰柜 Aucma(澳柯玛)。此类商标词往往形式对称,元音饱满,音节节奏感强,因此朗朗上口,深受大众喜爱。在中国,商标词"娃哈哈"也是个典型的语音象征例子:连续三个元音/a/,让人说起这个商标名称时,嘴形都是开心大笑的样子。

可以说,以上品牌都成功应用了"语音象征"这一理念,在消费者心里树立了良好的口碑,因此他们的产品才能够迅速占领市场,并获得巨大的经济效益,充分实现商标的价值。

8.3.1.2.2 音韵与商标命名

商标命名中常用的音韵手法主要是叠音和头韵。先看叠音在商标命名中的使用情况及其修辞效果。英语中的叠音词一般指由两个单词组成的复合词或短语,前后发音相近,读起来朗朗上口,富有音乐感,如 dilly-dally(吊儿郎当)、shilly-shally(犹豫不决)、riff-raff(碎屑)、pit-pat(劈劈啪啪地响)、flip-flop(啪嗒啪嗒地响)、tweedledum and tweedledee(半斤八两)、zigzag(弯弯曲曲)、hotch-potch(大杂烩)、criss-cross(纵横交错)、helter-skelter(慌慌张张)等。英语商标词也有采用叠音手法来构成的,目的是表达一种读音上的和谐优美,同时也具有某种程度的拟声和象征功能。例如,灭蚊剂 Pif-paf(必扑)、巧克力 Kit-kat(奇巧)、面包 Tip-top(奇新)都是和谐优美的商标词,读起来上口流畅,听起来舒服悦耳,给人以音乐美,由此增添了听觉上的节奏感和愉悦感,同时也增强了商标的吸引力。

再看头韵在商标命名中的使用情况及其修辞效果。头韵是英语中常用的音韵类修辞手法,有时也出现在英语商标命名中,如洗面奶商标 Clean & Clear(可伶可俐)和饮料商标 Coca-Cola(可口可乐)。首先,商标词 *Cl*ean & *Cl*ear 由两个单词构成,这两个单词不仅开首辅音群相同,构成头韵,而且词尾的元音发音也相似,从而形成了一种前后相互交织的音韵美。此外,这两个单词都是表示清洁的形容词,同时也是动词,两者之间前后对称的关系也体现在使用这款洗面奶的过程中,即一边洗脸,一边变得干净,表示这两个动作交替发生,是一种平行对称结构。对于商标词 Coca-Cola 而言,头韵与上文提及的全元音一起构筑了该词朗朗上口、听而不忘的优美音韵效果。

8.3.2 语相象似修辞与商标命名

语相象似作为一种视觉修辞手段用于商标词的命名比较少见,主要有两种类型,即对称命名和字母联想命名。

语言结构上的对称能够营造概念上的对称,在商标命名中主要指通过文字的排列方式来临摹概念的对称性。具有回文或回环结构的对称手法用于商标制作,可以创造对称的形象,而后者则易于刺激受众的心理联想,从而激发一种对称之美。例如,护肤品品牌 Maxam(美加净)、洗衣粉品牌 Omo(奥妙)、牛肉食品品牌 Oxo(奥克斯欧)和糖果品牌 Sugus(舒格思)以及源于西班牙的营养食品品牌高乐高(Cola Cao)等商标词皆采用了对称手法。对称手法的使用,加之精心挑选的音韵,造就了词形醒目对称、读音上口、识别力强等效果,从而易于给受众留下深刻的印象。这也正是商标设计者和商家的意图。

文字的视觉形象也能引起人们心理上的反应,如英文字母 S 的曲线形象能引起人们联想到女性的曲线美。由此,在洗发水 Slek(舒蕾)等商标词中,字母 S 易使受众联想到长发飘飘和曲线优美的女性形象,从而产生从视觉到心理联想的理想艺术效果。再如,对于商标词 Kodak(柯达)来说,除了上文提及的里面的全元音具有重要的修辞效果之外,字母 K 在其创始人乔治·伊斯特曼眼里是力量的象征:K 看上去有力而充满锐意,Kodak 以坚定不妥协的辅音字母 K 开头,再以 K 结尾,听起来就像面前的相机快门声一样干脆。其他类似的商标词还有电视 Konka(康佳)、啤酒 Kingway(百威)、音响 Kenwood(健伍)和奶粉 Klim(克宁)等。这些商标词的设计都重点突出字母 K 的形象,给人以力量感、坚固感和质感,同时也增强了商标词的显著性。

以上分析表明,由视觉形象激发的心理因素在商品制作和使用过程中占有举足轻重的作用。为了扩大销售,迎合公众消费意识,商标词设计应以心理据为依据,关注消费者的心理活动,尽可能地设计出音美、意美、形美的商标词来。而从传播学的角度来说,音美、意美、形美俱佳的商标词更易于记忆和传播。

8.4 拟象象似修辞与商标命名

拟象象似性涵盖关系象似和结构象似两种类型:前者表示语言形式上的关系与语言意义上的关系相一致,即"形式相同表示意义相同;而形式不同则表示意义不同";而后者则表示语言形式的结构与内容的结构或概念的结构相一致。

8.4.1 关系象似修辞与商标命名

Piller(1999)在《商标名称中的象似性》一文中讨论了两种运用关系象似手法命名的商标：第一种情况是，商标名称中包含另一种语言元素，暗示该商品与另一种文化相关，并且与操该语言的民族的特点有关联。这一类商标之所以是拟象象似符，是因为商品与文化相联系正如商标与另一种代码相联系一样。例如，美国生产的 LaFemme(夫人)牌女士汽车，从车的外形设计到各种配置都是美国生产的，却因着 LaFemme 这个法语词组而与法国风格联系在一起。LaFemme 作为出现在英语环境下的法语符号，它不可避免地与女性"时尚、优雅、温柔"等内涵意义联系在一起，于是吸引了很多女性消费者购买该款汽车。可见，LaFemme 这个法语符号通过拟象象似将该款汽车与"时尚、优雅、温柔"等女性特征联系起来，达到了很好的修辞和宣传效果。这种带有异国语言的商标通常暗示商品特有的外来性，"像这样的商标有时候是不需要翻译成本土语言的，以保持其原始性"(Crystal, 1987:348)。消费者也常常通过商标名称来猜测操该种语言的国家和民族，并判断商品的好坏。因此，商家便抓住消费者的这种心理，经常选择那些声望较高、令人敬仰的民族的语言。在英美文化中，法国的时尚和美食闻名遐迩，所以法语经常被用于商标命名中，如化妆品商标 Clinique(倩碧)和 Voile Parfumé(柔情)，食品商标 LaYogurt(酸奶酪)和 Courvoisier(库瓦西耶)，汽车商标 d'Elegance(典雅)、La Comtesse(伯爵夫人)和 Parisienee(巴黎女士)等。在南美洲，西班牙语声望极高，常与"自由、冒险、男子汉气概"联系在一起，因此便出现了一些带有西班牙语的商标，如汽车商标 Bravada(勇敢者)、Caballero(骑士)、El Camino(埃尔卡米诺)、La Espada(埃斯帕达)等。

近年来，随着对外开放的不断深入，中国大陆出现了大量同时采用英文和中文命名的商标，主要是为了传递商品所具有的国际化、先进性以及新颖洋气等特征，如农具品牌 Goodfortune(好运来)、食品品牌 Fisherman's Daughter(渔家姑娘)、调味品品牌 Gold Wing(金翼)、蔬菜品牌 Colourful Manor(七彩庄园)、葡萄酒品牌 Golden Times Fazenda(金色时代庄园)、饲料品牌 Bank Green(邦格)、饲料品牌 Power Light(波尔莱特)等。

第二种采用关系象似手法的商标比较特殊，指的是那些来自特定领域如科技、电子、通信、汽车制造等行业的专业商标。在这些行业中，很多专业术语都采用英文字母组合的形式，意味着"高科技、可靠性和先进性"。因此，在该领域生产的产品也多以英文字母组合的形式出现，如摄像机商标 JVC Compact VHS GR-AX210U、激光唱机商标 JVC Personal XL-P42

等。非专业的消费者往往会相信,以此种形式出现的商标肯定代表着某种意义,或许象征着尖端技术。这恰恰体现了关系象似性"形式相同表示意义相同;而形式不同则表示意义不同"的原则。对于普通消费者来说,他们并不知道这种组合关系的基本意义是什么。事实上,这种商标绝大多数根本无据可考,因为他们根本就不代表任何意义。只是出于人们单纯的假设,认为他们代表某种意义才导致这类商标的出现,因此不经意间应用了象似性原则。

8.4.2 结构象似修辞与商标命名

结构象似性涵盖顺序象似、距离象似、数量象似、对称象似和非对称象似等类型。我们对已收集到的商标进行研究后发现,商标命名中采用的结构象似手法主要包括顺序象似和对称象似。对于对称法在商标命名中的应用,上文8.3.2小节已经做了分析,因此这里集中探讨顺序象似手法在商标命名中的使用情况及其修辞效果。

顺序象似性是指语言描述的线性顺序与事件发生的时间顺序以及概念时间顺序相一致。研究发现,采用顺序象似法命名的商标多数是为了强调使用该商品后所取得的效果。例如,化肥品牌"撒可富"具有如下寓意,即通过该商标告知农民:若使用该品牌化肥,撒到庄稼上,肯定会获得大丰收,从而变得富有。商家按照事件发展的逻辑顺序设计了这个商标,先撒肥后收获,很形象地把该品牌化肥的作用充分描述出来,堪称运用顺序象似手法的杰作。再如,美国照相机品牌Polaroid,译为"拍立得",即拍好立刻就能得到,不仅音似,而且同时模拟了从拍照到洗出照片的自然顺序,也是采用顺序象似法造词的典型译例,并准确反映了产品的独特之处。

另外一种运用顺序象似性原则制作的商标词是以短语的形式出现的,商标设计者将创始人或生产商的名字放在前面,将产品型号或系列名称放在后面。之所以这样安排商标词构成成分的顺序,是因为对消费者来说,创始人或生产商最先出现,往往要比其某个系列产品有更早的影响。因此,按照时间顺序,将创始人或生产商放在商标的前面,更能给消费者留下深刻的印象。例如,在汽车商标Saab Aero-X(萨博Aero-X)中,Saab是汽车生产商,而Aero-X则是由其生产的一款跑车;在香水商标Christian Dior Prestige(克里斯汀·迪奥系列)中,Christian Dior(克里斯汀·迪奥)是该品牌的创始人,而Prestige则是该系列香水的名称;国际著名服装品牌Armani Jeans(阿玛尼牛仔)是创始人Giorgio Armani(乔治·阿玛尼)设计的牛仔系列。在中国商标中也不乏这样的例子,如汽车商标"东风雪铁龙-凯旋""奇瑞-风云"，化妆品商标"羽西-白玲珑""隆力奇-蛇系列"，运动服品牌"李宁-freejumper系列"等。通过对以上商标词的分析，我们不难看出，此类商标与其说是商标，倒不如说是商标的拓展形式，即组合商标；以这种形式出现的商标多存在于汽车、服装、化妆品等设计领域，创始人或生产商凭借其威望推出系列产品，常常会在消费者中间产生较大的反响，并带来可观的经济效益。

8.5 隐喻象似修辞与商标命名

隐喻象似不同于前面提到的映象象似和拟象象似。隐喻象似中的符号与对象之间的联系必须涉及"第三者"，没有第三个事物的帮助，隐喻象似便难以成立。Croft & Cruse (2005：194)认为，"作为一种修辞手段，隐喻是为了实现或突出某种意义而采用的一种特殊的语言方式"。因此，他们不再将隐喻当作某种约定俗成、一成不变的语言现象，而是把它看作一种动态的、活泼的生成新意义的过程。

隐喻与象似有着密切的联系，只是人们并没有像符号学家那样去研究它与象似的关系。传统的隐喻理论将隐喻看作一种用于修饰话语的修辞现象，是一种语言现象，他们关注的仅仅是本体和喻体之间的相似点。Richards (1936：94)指出，传统隐喻理论最大的缺陷是忽视了隐喻从根本上讲是一种思想之间的交流，是语境之间的相互作用；人的思维是隐喻性的，并且其过程是比较性的。也就是说，隐喻不但是一种语言现象，而且本质上是人类理解周围世界的一种感知和形成概念的工具。所以，传统隐喻理论关于本体和喻体间的这种相似点在隐喻象似中又是表现语言符号与思维对象之间象似的手段。隐喻象似概念在符号学上的意义在于：通过具有相似性内涵的隐喻的导入来促进人们对语言符号与思维对象之间所具有的象似性的关注与理解。因此，隐喻象似本质上是一种认知工具，它可以在语言符号与思维对象之间架起一座认知的桥梁，从而使人们更深入地认识对象事物。

隐喻象似主要包括语法隐喻、常规隐喻和诗体隐喻三大类。鉴于大多数商标词都采用了常规隐喻，因此，本文涉及的隐喻象似主要指常规隐喻。

在对采用象似性手法命名的商标词进行研究之后，我们发现大概60%的商标词运用了隐喻象似手法。下面就从中国商标名称、外国商标名称以及中外商标名称互译三个方面探讨隐喻象似性手法在商标命名中的运用情况及其作用。

8.5.1 隐喻象似修辞与中国商标命名

中国文化博大精深,汉语词汇丰富,因此商家给商品起名的选择范围很广。但商家若想拥有一个给人印象深刻的商标名称,就应该考虑名称是否体现了商品的内在价值,是否实现了音、形、义的和谐统一。通过大量的实例分析,我们发现,越来越多的中国商家已经注意到这一点,并在商标名称形成过程中不知不觉地运用了隐喻象似修辞理论。例如,人们知道"水立方"成为某水杯的商标时,叫好声一片,为什么?究竟"水立方"和水杯之间有什么关系呢?众所周知,"水立方"是北京奥运会主体游泳场馆,该建筑外观设计新颖,犹如由众多水分子拼接而成的立方体,尤其是那蔚蓝色的外观和场馆内清澈见底的池水,在颜色上相映成辉,加之在此所破的多项世界纪录,"水立方"已不仅仅是一个伟大的建筑,它也成了成功的代名词。我们可以想象,一款新式水杯被赋予"水立方"这个名称时,这款水杯不仅会拥有"水立方"般迷人的外表,同时它也隐喻着成功。可见,"水立方"和水杯之间的关系正是由隐喻象似性连接起来的。

随着中国房地产业的兴起,越来越多的新楼盘如雨后春笋般拔地而起。过去的楼盘多被称为"××小区"或"××花园",而如今随着欣赏品位的提高,人们对小区的名称也开始挑剔起来。开发商意识到响亮的楼盘名字的确能够吸引到更多的客户,因此不遗余力、绞尽脑汁地为新楼盘构想新名称。在这个过程中,隐喻象似修辞便发挥了它的重要作用。如上所述,隐喻不但是一种语言现象,而且在本质上是人类理解周围世界的一种感知和形成概念的认知工具。因此,若使楼盘名称和它的市场定位(如消费群体、楼盘位置、周边环境、未来期望等)达到一致,让购买者听到或看到这个楼盘名称时能够浮想联翩,那么也就达到了该品牌的推广目的。例如,某城市有一处新楼盘,开发商将其命名为"橄榄城",其广告宣传词是"献给像橄榄一样的人"。人们最初对橄榄的印象来自《圣经·旧约》中记载的诺亚方舟的故事,洪水退去后,诺亚放出去的鸽子衔着一支橄榄枝飞回来,告诉人们洪水已退去。后来人们就将橄榄枝作为和平的象征,代表人类博爱的情怀。事实上,橄榄是一种亚热带果树的果实,初食只觉又苦又涩,而回味后却觉得清香、甘甜,橄榄树生命力极强,能够适应各种不同的生存环境,象征人类顽强的拼搏精神。橄榄树是坚强和生命的象征,代表着永远!可见,"橄榄"使人们联想到的尽是美好事物,其象征意义可见一斑。因此,"橄榄城"还未开盘就引起了大量买家的关注。正像多数人说的那样,"听到名字就感觉此楼盘不错!"由此可见,开发商巧妙运用了语言的隐喻象似修辞理论实现了其推广楼盘的目的,从而获得了巨大的经济效益。

仔细观察,我们便会发现生活中很多商品在命名过程中都运用了隐喻象似修辞理论。例如,"报喜鸟"(男士西装)象征此服装能够给穿着者带来喜事;"长城"(钢卷尺)象征尺子的长度和质量犹如万里长城,历经千年仍然巍然屹立;而"蚂蚁"搬家公司将搬家过程中从甲地到乙地搬运货物的情景与蚂蚁搬运食物的情景紧密联系起来,隐喻着公司虽然规模小,却有着蚂蚁一样坚定的意志,具有不达目的不罢休的精神。

8.5.2 隐喻象似修辞与外国商标命名

不仅中国的商人为了获得更多的经济利益在商标名称上大做文章,外国商人更是如此,并且使用隐喻象似修辞理论来指导其产品商标的命名。下面是笔者从电视广告和时尚杂志上收集到的一些比较典型的国外商标名称,其制作皆源于对隐喻象似修辞的运用:

Apple(苹果)是美国著名的电脑公司——苹果公司及其生产的产品的商标。如果商家只是简单地将其生产的电脑比作"打字机"或"计算器",未免有讽刺意味,因为任何一台电脑都有打字和计算的基本功能。但是,若将电脑比喻成苹果,则创意非常新颖,意义不俗。首先,在欧美的北方地区,苹果是比较典型的水果,因此,用"苹果"作为电脑的商标隐含着一层比喻意义,即"这款私人电脑与众多其他电脑相比,是很典型的"。其次,在《圣经》中,苹果是诱惑的象征,因此"苹果"电脑又暗示消费者:"你是不会抵挡住苹果电脑的诱惑的。"再者,苹果是一种大众水果,具有常见水果的基本特征,因此"苹果"电脑又向消费者传达这样一种信息:"这台电脑能够满足您的基本需要,您不会被那些专业术语所困惑。"这就是商家通过"苹果"以隐喻象似的手段创造出来并传递的多重信息。这种建立在词汇蕴含意义上的相似性,是广告和商标常用的一种修辞方式。

Miracle(奇迹)是一款法国品牌香水。在英文中,Miracle 含义丰富,有"神奇的、不可思议的、有奇效的、极成功的"等含义。香水的作用是为了给人带来芳香,提升个人魅力。按照象似性理论,语言的能指和所指之间,亦即形式和内容之间有一种必然联系。所以,当这款散发着迷人香气的香水被赋予 Miracle 的名称时,消费者就会对这款香水产生美好的联想,于是真正实现了香水功能和商标形式的对应关系。而这款香水是否真的是个奇迹呢?显然不是,事实是商家在此运用了隐喻这种修辞方式,将香水比作一个奇迹。可见,香水生产商在给产品起名时也是煞费苦心。当然,这样的商标名称的确收到了不同凡响的宣传效果。

Scient(施恩)是国外一种婴幼儿奶粉的商标。Scient 的含义是"有知识的、有技巧的",它的同根词还有 science(科学)和 scientist(科学家)。当看到这个商标的时候,我们会猜想这个牌子的婴幼儿奶粉应该是运用科学的方法制作的,或者是由科学家指导而生产的。所以,这种具有隐喻联想色彩的商标会给消费者带来先入为主的感觉。

Triumph(黛安芬)是某国外品牌女装的商标。Triumph 是"胜利、成功"的意思。现代的职业女性对胜利和成功的渴望不亚于男性,所以当它们看到有胜利和成功含义的品牌女装的时候,无不希望这样一款服装能够给它们带来好运气。商家正是抓住了消费者的这种心理,而在商标名称上玩起了文字游戏,并产生了很好的促销效果。

这样带有隐喻含义的外国商标名称还有很多,如 Eagle(鹰牌)、Falcon(猎鹰)、Hawk(豪客)等汽车(或配件)品牌隐喻车速如猎鹰般飞快;日本化妆品商标 H_2O(水芝澳)隐喻着该化妆品具有良好的补水效果;洗发水商标 Rejoice(飘柔)象征用了此款洗发水,心情会变得很欢愉;品牌男装 Free & Freedom(法瑞梵顿)象征着自由、独立;家居商标 Simply Life(逸居生活)蕴含着营造轻松而简单生活的理念等。

8.5.3 隐喻象似修辞在中外商标互译中的应用

随着中国对外开放的不断深入,越来越多的国外商品涌入中国市场;同时,中国也加快了与国际市场接轨的速度,将更多的商品出口国外。在这种相互交往的过程中,无论是外国商人还是中国商人,在重视产品质量的同时,开始意识到商标名称的好坏直接影响其经济效益,于是中外商人都试图在商标名称上占有先机。在中外商标名称互译上,采用的方法主要是直译和意译。而在意译过程中,译者经常借助隐喻象似修辞理论进行语言转换。例如:

BMW(宝马)是一款德国品牌汽车商标的缩写形式,全称是 Bayerische Motoren Werke(巴伐利亚发动机制造厂)。因为 BMW 与"宝马"二字的汉语拼音缩写形式 BM 近似,所以被译为"宝马"。宝马者,良马也。将一款汽车比作宝马,暗示该品牌汽车的性能、速度、可靠性均可与宝马相媲美,从而易于提升其良好形象。可见,"宝马"是一个很典型的运用隐喻象似修辞理论翻译而成的商标名称,可谓神来之笔。相对于原文缩写名称而言,该译名是增译的结果。

Mr Muscle(字面义"肌肉先生")是一款家庭清洁用品的英文商标,汉译为"威猛先生"。这是中英商标互译比较成功的一个案例。若把 Mr Muscle 直译成"肌肉先生"或"肌肉男",显然与家庭清洁用品的主题不太吻合,而且从常规翻译标准的角度考量也不符合"雅"的要求。而译成"威猛先生"不仅文雅,而且也与清洁用品去污力强这样的功能相匹配。在电视广告中,威猛先生是以超人的形象出现的。可见,商家把自己生产的清洁用品比喻成所向无敌的超人了。由此,"威猛先生"的品牌易于被消费者接受,并坚信这款清洁用品一定会轻而易举解决室内污渍问题。

中国大陆运动系列品牌"匹克"这一商标词与其说是由 Peak(原义"山峰、顶点")翻译过来的,倒不如说是基于后者发音由商家制作而成的。商家给产品取这个名字,显然有着深刻的寓意:使用"匹克"牌系列运动产品的消费者能够在各个方面都达到成功的顶峰,在挑战巅峰、执着追求中彰显自我,彰显魄力、能力与毅力;在一定程度上,匹克既是运动的图腾、精神的信仰、深厚意识形态的积淀,又是英雄荣誉的见证、胜利的标志;匹克人热衷挑战极限,以"更快、更高、更强"的奥林匹克精神创造着无限的可能(http://www.tnc.com.cn/info/c-010006002-d-207414-p1.html)。

借助隐喻象似修辞将中国商标译成英文商标的成功案例也有不少:首先,唯一入选巴黎卢浮宫的中国男装品牌"劲霸",其英译商标是 K-boxing,由 king(国王)的首字母 k 与 boxing(拳击)合成,意为"拳王",体现出男子汉的气概,是成功男人的象征。同时,该英译商标将原商标的含义传递无遗。其次,"格力"空调的英译名 Gree 来自苏格兰语,意为"好意、优越、杰出、胜利",与"格力"所包含的"格外有力"无论在发音上还是意思上都非常契合。再次,联想集团把原英文商标由 Legend(字面义"传奇")更换为 Lenovo,其中 Le 取自原标识 Legend,表示秉承其一贯的传统;而新增加的 novo 则取自拉丁语,有"新意""创新"之意,代表着"联想"的核心理念和追求是创新,由此构筑了"联想"人"传统+创新"的精神追求。

无论是外国商标还是中国商标,其目的都是希望能够给人带来耳目一新的感觉,给顾客留下深刻的印象,以提高商家的销售额度,进而增加利润。通过对以上典型商标命名的分析,我们不难发现,好商标的形成过程或多或少都采用了象似修辞理论。在日益商业化的今天,象似性和象似修辞理论的确具有很强的商业价值。但是,事物都有两面性。我们在鼓吹象似修辞理论能够为商家发挥其积极作用的同时,也应该关注这样一种倾向,即一些不法商家在商标上大做文章,而忽视其产品质量的提高,于是损害了消费者的利益。因此,我们在给商家提供一些有益启示的同时,也建议商家能够不断提高自身素质,真正实现产品外在品牌和内在质量的和谐统一。

8.6 象似修辞在中外商标命名中的异同及其原因

无论是中国商标还是外国商标,其命名并不是单纯的个人或企业行为,因为商标是一种特定的社会文化现象,要充分考虑到社会的政治、经济、文化、人群等因素。虽然人类的共性决定了各民族语言文化间的共性,因而使相互交流成为可能,但每种文化各自的个性却又无时不在给这种交流设置着障碍。所以商标从一个侧面反映了一个民族的理想情操、文化特质和心理机制等秉性,从而形成一个社会特有的商标文化。鉴于上述原因,中外商标的构建既有其相同之处,也有不同之处。

8.6.1 象似修辞在中外商标命名中的相同之处及其原因

作为一种特殊的语言形式,商标的命名是一种创造性的工作。好的商标能够引起大众的关注。因此,中外商标名称在形成过程中都充分考虑了广大消费者的心理、需要和兴趣,力争赢得消费者的好感和认可,引起大众的共鸣。季丽莉(2008)认为,商标命名需要考虑以下几个方面的语用心理:1)求新求异。对事物的敏感、好奇心理,是受众普遍心理的重要组成部分之一,也是人们动机心理活动的一种特殊现象。因此,新鲜的、不同于普通名词的说法往往更容易引人注意。商标词一般是本土语言中常用的词语,有其固定的组合,但如果其中出现外来词、新造词就会给人以新奇感。例如,进入中国市场的"阿迪达斯"(Adidas)、"松下"(Panasonic)、"摩托罗拉"(Motorola)等,进入美国市场带有法语符号的 LaFemme(夫人)女士跑车、Voile Parfumé(柔情)香水,进入南美洲市场带有西班牙语符号的 Bravada(勇敢者)和 Caballero(骑士)汽车等。这些商标名称因采用了外来词汇或外来元素而给消费者带来了耳目一新的感觉。2)满足与得益。消费心理学的研究表明,人的潜在需要只有被个体意识到时,才会对某个商品产生购买欲。因此,设计出具有情感韵味的商标语定会激起目标受众强烈的情感心绪,从而达到提醒、劝告的作用。这些需要,大部分与人的得益心理相关,即人们对与自己切身利益相关的事物和信息会更为关注。例如,"红豆"西装用红豆象征美好的爱情,借以抓住人们憧憬美满爱情的心理;日本一家汽车公司不惜重金雇人为其设有防盗装置的轿车取名为 Sentya(森雅),因其与英文 Sentry(哨兵)谐音,备受欧美人喜爱。3)逆反心理。一个商标要想引起消费者的注意,在满足消费者基本心理需要的基础上,还应加大信息的刺激强度,充分利用人们的逆反心理,以取得出奇制胜的效果。此类商标如"乡巴佬"卤制食品、"酒鬼"酒、"傻子"瓜子、Poison(百爱神①)香水等。此类商标的典型案例当属 Yahoo(雅虎),其创始人 David Filo 和杨致远坚持选择这个名称的原因,是因为他们喜欢字典里对 Yahoo 这个词语的释义——"粗鲁、不通世故、粗俗"。

通过上面的分析,我们发现,中外商标在语用心理方面存在相似之处,即都希望充分展示商标品牌的象征意义,通过好的商标向消费者传递具有一定价值取向的人文信息,为其商品锦上添花,以激起消费者的关注和喜爱,从而达到宣传商品之目的。

8.6.2 象似修辞在中外商标命名中的不同之处及其原因

由于不同民族在思维、认知和文化上存在差异,导致了语言表达形式上的不同。尤其是英汉两种语言句法结构上存在着差异,体现出不同的认知概念结构,也反映着不同的象似方式。而商标作为一种特殊的社会语言符号,也受到上述因素的影响。在中国认为比较合适的商标到了外国可能就会被禁止,而在外国认为不错的商标在中国可能就会受到冷落。党兰玲(2008)认为,跨语言、文化因素是影响中外商标品牌建构机制不同的主要原因。跨语言因素主要包括语音、文字、语义三个方面,文化因素包括文化价值观、民族习俗、审美情趣和政治历史传统四个方面,这些因素直接影响着中外商标的命名和互译的质量。下面分别探讨每个因素对商标命名的具体影响。

8.6.2.1 跨语言因素

如上所述,跨语言因素的影响主要体现在语音、文字和语义三个方面:

1) 语音因素。语言的发音能引起不同的听觉效果,在心理上激发不同的反应,但由于东西方语言在语音、拟声或用韵上有不同的特点,在一种语言中富有音乐美的发音可能会在别国语言中引起不良的引申甚至完全相反的理解。例如,商标 Sprite 是美国可口可乐公司推出的柠檬味软饮料。该词发音抑扬顿挫,好听,颇受消费者喜欢。但是,Sprite 在汉语中是"妖精、精灵"之类的意思,这在中国是很忌讳的词语。因此,该品牌为了适应中国市场的需要而将其译为"雪碧",在汉语中是"纯洁、清凉"之义,与其产品的功

---

① 基于求奇、求异心理,法国人将香水命名为 Poison(字面义"毒药");而中文译者根据目的语读者的心理期待,采用音译和意译相结合的手法将其译为具有美好联想意义的"百爱神"。

效高度一致,因而深受中国消费者青睐。中国鸡蛋商标"咯咯哒"模拟母鸡刚下完蛋时发出的声音,非常形象,深入人心。但若出口国外,直接音译成 Gegeda,外国消费者肯定会不知所云;而若译成 Cluck-chuck,虽然能把母鸡刚下完蛋时发出的声音体现出来,但是语感差了很多。可见,由于东西方语言在语音上的差异,商标设计者和译者应该考虑本民族语言及目的国语言的特点。

2) 文字因素。因为不同国家、民族和地区所用文字的不同,所以对文字形式的好恶取舍也大相径庭。在东方,汉字是当今世界上少有的体系完整、结构严谨的象形文字,只要"望文"便能"生义",它带给人们的不仅是视觉冲击力,而且还能启发灵感,造成巨大的心灵震撼。例如,中国商人比较喜欢"福""寿""喜""乐"等汉字,于是中国有很多含有这几个字的商标,如"乐百氏""天福""七喜""寿翁"等。而英语属于印欧语系日耳曼语族下的西日耳曼语支,与德语、荷兰语以及斯堪的纳维亚半岛的日耳曼语言最为接近。从公元 450 年古英语的出现,经过漫长的历史演变,英语由中古英语发展到今天的现代英语。作为世界上最为开放的语言,在其一千五百多年的发展过程中,英语兼收并蓄,几乎从世界上任何一种语言中都或多或少地吸收词汇。汉字具有"望文生义"的特点,而英语词汇则主要以拉丁字母拼写形式出现,一般不存在人们喜恶某个字母的现象,所以人们常常"望文"并不能"生义",这在商标中表现得尤为突出。在英语商标中有一部分商标是以首字母缩写形式出现的,因此消费者要想知道每个字母代表的意义,还需要进一步考察资料才能获知,例如:KFC(Kentucky Fried Chicken,肯德基)、BYD(Build Your Dream,比亚迪汽车)、TCL(The Creative Life)、EOS(Electronic Ordering System,电子订货系统)等。另有一些商标通过对词汇的改造或词汇融合而形成,如 Amway(American Way,安利)、Hisense(High Sense,海信)、Google(谷歌,取自数学术语 googol)、Supor(苏泊尔,改自 Super),等等。此外,还有一些商标词由字母随意组合而成,如 Avon(雅芳)、Motorola(摩托罗拉)、Kodak(柯达)、Rolex(劳力士)等。

3) 语义因素。成功的商标应符合商品的特性,具有象征意义,容易使人产生联想,朗朗上口,便于记忆。但中国词汇和外国词汇都存在着一词多义的现象,因此在商标形成过程中,应尽量避开容易产生歧义或不愉快联想的词语,以免造成信息误导而引起消费者的误解。众所周知,中国品牌电池"白象"牌曾直译为 White Elephant,但这个词在英语中指"笨重、累赘而无用的东西",以致出现该产品出口后无人问津的局面。可见,语义不同导致"白象"在中国是可以使用的商标,但在讲英语的国家,这个商标却不受欢迎。

所以,语音、字形、语义的差异导致了中外商标在形成过程中的不同。正因为存在这些差异,让我们在商标翻译中必须认真考虑此类因素,并努力做到商标译名好读、好听、好看,做到音、形、义完美统一。

8.6.2.2 跨文化因素

商标文化依附于主体文化,它以主体文化为基础,同时又丰富、拓展着主体文化的内涵,因此它必然带着主体文化的烙印。文化因素包括文化价值观、民族习俗、审美情趣和政治历史传统。与上面论及的跨语言因素对中外商标建构的影响相比而言,文化因素是主要的影响因素,是导致中外商标建构不同的最主要原因。

1) 文化价值观的影响。"不同的民族有不同的心理特征,由此形成不同的价值观念、消费心理和联想意义"(党兰玲,2008)。中国文化的价值观具有深厚的人文主义精神,强调道德规范自觉能力,因此中国人具有内倾的性格。中国儒家文化强调"仁、义、礼、智、信",所以在一些商标中经常会出现类似的字眼,如"同仁堂""德义""诚智""誉信"等。

相比而言,在西方各国,基督教是社会文化价值观的基石,反映在商标上就多有 Angel(安琪儿)形象出现,它是希腊神话中的保护神,因此多用于对妇幼用品的命名。西方人是外倾的性格,崇尚自由和个人主义,因此很多商标常常以创始人的名字命名,如 Gucci(古琦,创办人 Guccio Gucci)、Dell(戴尔,由 Michael Dell 创立)、Siemens(西门子,创始人 Ernst Werner von Siemens)、Chanel(香奈儿,创始人 Gabrielle Chanel)、Ford(福特,创始人 Henry Ford)等。日本是崇尚佛教的国家,因此在日本一些商标常常带有佛教色彩,如照相机品牌 Canon(佳能)源于佛教(佳能原有一个十分英语化的名字"KWANON",意为"观音")。"鹰"是日耳曼民族文化的象征,所以德国啤酒商标多采用"鹰"的形象。

2) 民族习俗的影响。每个国家和民族都有着不同的忌讳,他们对各民族人民的消费心理也都有一定的影响。因此,企业设计商标一定要考虑文化传统和民族禁忌,尽量不要给产品销售带来不利影响。

中国人喜爱吉利、祥和的字眼,因此商标命名也会迎合消费者的心理而带上此类字眼,如"金利来""喜临门""红双喜""福瑞祥"等。显然,这都是中国人比较偏爱的词汇。

由于民族习俗的差异,在中国受欢迎的商标在国外未必也受大众喜爱。例如:荷花,出淤泥而不染,在中国是纯洁、高雅的象征,但如果要把产品销往日本,便不能使用"荷花"这个商标,亦不能采用荷花之类的图案。因为在日本,荷花是死亡的象征,一般只在举行丧礼时才使用。可见文化内涵差异之大。另外,"仙鹤""孔雀"是我们喜用的动物商标,因为他们在中国文化背景下象征着吉祥、美好。但在法国,仙鹤是"淫妇"的代称,孔雀则被视为祸鸟,所以法国人是不会使用"仙鹤""孔雀"这样的商标或相应的动物图案的。

商标本身也承载、介绍着本国文化。语言作为民族文化的一部分,由于文化背景的差异和语言形式本身对语言表达方式的制约,英汉词汇中完全一一对等的情况是不多的。商标词作为一种语言形态,在选择过程中力求社会文化对等是不可忽视的重要因素。

3) 审美情趣的影响。东方文化很重视语言的意境,追求文字优美、品位高雅。因此,中国的商标非常重视心理愉悦和审美鉴赏,力争透过商标传达某种意愿或者境界。例如,"小糊涂仙"这个商标借用了郑板桥"难得糊涂"的诗句来传达看透人生的境界;"红豆"商标让人们联想起关于爱情的名句"红豆生南国",令人沉浸在诗一般的意境和浪漫传奇的故事之中。

西方文化比较偏重空间、物质、事实的自然真实性,因此西方的商标文化十分重视真实自然和感官愉悦,更强调功能效用和实用价值,经常采用具有褒扬意义的形容词或名词来揭示商品的质量、品级、效能、新颖性、实用性、产地等特征,如 Clean & Clear(可伶可俐)、The Face Shop(菲诗小铺)、Pampers(帮宝适)、Polaroid(拍立得)等。

人们购买商品时,都会有一种心理期待。因此,如果商标迎合了消费者的审美情趣,那么消费者在享受产品的同时还能体会其中的美感。

4) 政治历史传统的影响。随着社会历史的不断发展,商标也随着时代的不同表现出不同的文化内涵。中华人民共和国成立后,出现了很多反映我国社会主义建设时期政治、经济、文化特色的商标,如"东风"汽车、"红旗"轿车、"东方红"拖拉机等。改革开放后,政治因素淡化,商标内容丰富多彩起来,个性化的商标也越来越多,如"李宁"系列服饰、"板城烧锅"酒、"晚安"弹簧床垫等。

在西方,由于民主启蒙、个性解放历史悠久,人们对不同的政治观念、思想信仰具有极大的包容性,所以商家历来就有尊崇英雄、纪念伟人的传统,因而出现了众多以历史名人命名的产品,如 Napoleon(拿破仑酒)、Louis XIII(路易十三酒)、Lincoln(林肯轿车)等。可见,在不同的历史时期、不同的地域,商标也会被打上不同的政治文化烙印。

通过对以上语言文化因素的分析,我们不难发现,人类认知上具有的共性导致中外商家在商标选择上存在着一定的相似性,但不同民族的个性又使中外商标在命名上存在一定的差异。就跨语言、文化交际而言,中西方在商标翻译过程中选择商标名称上呈现的是"求同存异"的态势。

8.7 小结

本章从映象象似、拟象象似和隐喻象似三个角度分析了象似修辞在商标命名过程中所起的重要作用,揭示了商标语篇象似修辞的特点和规律,并指出了象似修辞在中外商标命名中的异同及其原因。

本章的分析表明,映象象似、拟象象似和隐喻象似都是中外商标命名的重要修辞手段:映象象似以语音象似(包括拟声类直接语音象似与语音联觉和音韵等间接语音象似)和语相象似(包括对称命名和字母联想命名)两种修辞形式作用于商标名的设计,分别给商标名带来听觉和视觉上的美感;拟象象似以关系象似(包括异域语言元素和专业术语组合)和结构象似(主要包括顺序象似和对称象似两种类型)两种形式作用于商标名的设计;隐喻象似以不同的方式作用于中外商标命名,并为中外商标互译带来启示。

第 9 章
象似修辞与翻译研究

9.1　引言

本章旨在象似修辞理论指导下,探讨象似修辞的翻译问题。我们认为,象似修辞翻译对于修辞翻译的理论研究与实践均具有重要的启示和意义,是实现形式与内容相统一的"形神皆似"翻译效果的有效途径。

9.2　象似性翻译研究现状

近年来,国内外学术界出现了围绕象似性翻译的研究。在国内,卢卫中(2003b)从顺序、数量和对称等典型象似性原则的角度探讨了篇章层的象似性翻译转换,并论述了翻译过程中各种象似性原则间的相竞性及其翻译对策;潘少思(2006)在分析篇章层象似性表现形式的基础上,指出象似性可作为使译文达到形式、内容和效果三者互动的一个参照点;龚晓斌(2008)集中分析了数量象似性原则在汉英互译过程中的应用特点;张沉香(2010)认为,在科技词汇的翻译过程中,从象似性角度考虑英汉语言符号对等,根据两种语言的构成规律、语言特点和惯用表达方式构建新词,有助于信息的传递和科学知识的传播;文旭(2010)基于英汉语料,从并列关系、顺承关系、连谓式和动补式等方面对比分析了英汉句法结构象似性,揭示了两者之间的异同,探讨了两者之间的翻译转换问题;党争胜、马丽萍(2011)以语言象似性理论为依据,就文学翻译"语篇形似"问题进行了讨论。

在国外,Tabakowska(2003)主张,一种语言中的某些规约象似性用法或许在另一语言中仍然具有表现力,这方面的知识对于翻译而言意义重大;翻译过程中,只有那些确有表现力的象似手段才应该以同样的方式转换出来,以便在目的语中传递相同的特殊交际目的。Petrilli(2010)认为,不同语言间的翻译只不过是符号系统间翻译的一种特例,因为从符号学的角度看任何篇章本身就是一种翻译,即篇章本身包含符号材料与理解问题;然而,对于既需要纯粹的模仿、复制和重复又需要创造和解释的文学翻译而言,象似性匹配需要受到进一步的检验,即需要在源语与目的语篇章之间创造一种距离,从而创造出一个既像又不像原文的篇章。Naudé（2010）借《古兰经》和《圣经》中的例子从翻译学的角度提出了如下主张,即不应该将源语与目的语篇章间的关系仅仅理解为一种相似的关系,也非人们所普遍认为的是高度象似的,而或许主要是标记性或象征性的。

不难看出,国内的研究偏重于微观的象似性翻译转换策略方面的探讨,而国外的研究则侧重于象似性理论对于翻译运作的宏观指导作用。这些研究为今后的象似性翻译研究奠定了基础。本章在以上研究的基础上探讨象似性与修辞学融合而成的象似修辞现象的翻译转换问题。

9.3 象似修辞与翻译

9.3.1 理想的翻译效果——形神皆似

正如葛校琴(1999:15)所说,"神似"论在中国译论体系中占有主导地位。"神似"论最早由茅盾在20世纪20年代提出,之后郭沫若、闻一多、陈西滢等也都先后讨论过"神似"问题。60年代,傅雷在致罗新璋的信中直接提出了"重神似不重形似"的翻译主张(陈福康,1992:394),并为翻译界所普遍接受。此后,"神似"论一直深刻影响着翻译(尤其是文学翻译)的研究与实践,成了判断译文优劣的最高标准。

"神似"是相对于"形似"而言的,而这两个概念本身又源于"神"和"形"这一对既相互对立又相互联系的概念。笔者认为,既然"神"和"形"是一对统一体,在认识事物的过程中就不应该过分强调两者之间的矛盾性,而应该把两者统一起来。就翻译而言,理想境界的翻译追求也应该是这两者的统一,即"形神皆似"的翻译效果。事实上,"重神似"的主张,是指在神似和形似不可兼得的情况下,只得舍"形貌"而保"神韵"。"这个提法,意在强调神似,不是说可以置形似于不顾,更不是主张不要形似。"(罗新璋,1984:11)由此可见,"重神似"的翻译主张和做法是一种不得已而为之的翻译追求。既能够传递原文的神韵又能够再现其形式,亦即同时实现"得意"而不"忘形"的翻译效果,将是更为理想的翻译境界和追求。因此,黄杲炘(1999:138)指出,"译文要做到形式上忠实于原作,未必就造成对原作内容的不忠实。事实上,忠实于原作形式是忠实于原作的一个重要方面,缺了这个方面,就很难说是忠实于原作了。"江枫(2001:21)也认为,"主张尽可能准确地再现原作之形者",其目的"恰恰是为了更忠实地再现原作之神"。

我们认为,为了实现"形神皆似"的理想翻译效果,就不可忽视对原文形式方面的翻译转换。形式方面的翻译主要包括对形式本身的临摹和对形式附加义或示意效果的保留与传递等两个方面的含义。

9.3.2 象似修辞的象似翻译取向

翻译具有修辞性的特点。翻译过程包括原文生成和译文生成两个阶段。原文生成过程涉及源语语言形式的选择与组织,而翻译过程中的表达阶段同样也涉及目的语语言形式的选择与组织。前者反映了原文生成的修辞性,后者则说明了译文生成的修辞性。因此,翻译过程的两个阶段皆与修辞密不可分。"修辞效果往往是检验译品质量的重要尺度"(萧立明,2001:178)。

为了充分再现原文的象似修辞特点,亦即原文的形美,在翻译过程中,对象似度高的原文,我们认为应该从象似修辞的角度进行翻译转换,即在传递原文内容和神韵的同时,尽可能采取与源语篇章相同的象似修辞手法,以象似修辞译象似修辞,再现原文"以形示意"或"以形衬意"之形美,达到象似修辞上的功能对等,实现"以形传神""形神皆似"的理想翻译效果,从而尽可能完整地向目的语读者传递原文的交际意图。

修辞形式和结构与非修辞形式和结构相比较而言,可以说是偏离语言规范的形式和结构。根据标记理论,修辞形式和结构从广义上来说属于有标记形式和结构。从这个意义上说,所有的修辞形式和修辞结构都是承载着形式信息和结构信息的有标记形式与结构,在翻译过程中应该予以保留,以便把它们所承载的风格和特色传递给目的语读者。在此基础上,我们主张,作为修辞手段有意使用的象似性,对于源语语言的表达和交际目的的实现具有重要的意义,因而翻译中应该予以模仿、再现,以便向目的语读者传递相同的形式信息和结构信息。就翻译理论和翻译标准而言,我们认为,在中国译坛占主导地位的"神似"论过于强调对源语内容和思想的传递,而对源语形式和风格的再现重视不够。真正意义上的"神似"应该是内容和形式的高度统一,译文只有在内容和形式上同时得到呈现才称得上"神似"原文。如第4、5两章所述,文学语篇象似修辞主要包括语音象似、语相象似、顺序象似、数量象似、对称象似和被动象似等六种类型。本章的讨论仅限于翻译研究中最常见的四种类型,即语音象似、顺序象似、数量象似和对称象似。

9.4 语音象似修辞与翻译

如前文 4.2 小节所述,语音象似修辞主要分为直接语音象似和间接语音象似两种。下面分述两种象似修辞的翻译问题。

9.4.1 直接语音象似修辞与翻译

直接语音象似修辞主要靠拟声词实现其模拟声音的修辞效果。拟声属于映象象似的范畴,指利用词语的发音直接模仿所描述对象的声音。拟声词语的使用有助于传达作者对声音的直接体验,营造生动、形象、逼真的表达效果。就翻译而言,对于原文中使用的拟声词,译文中也应尽量使用目的语中相应的拟声词,以传递相似的语音效果。请看下面的原文及其翻译:

(1) ... Even this ... seems to *jingle* a kind of old tune! (C. Dickens, *David Copperfield*)

连这个似乎也**叮当出**一种老调子呢!(余立三,1985:179)

(2) The pounding of the cylinders increased: *ta-pocketa-pocketa-pocketa-pocketa*. (J. Thurber, *The Secret Life of Walter Mitty*)

嗒—噗咳嗒—噗咳嗒—噗咳嗒—噗咳嗒—噗咳嗒,汽缸的隆隆声加快了。(龚金保译,见傅仲选,1993:85)

(3) A deep peal of thunder went rolling and tumbling down the heavens and lost itself in sullen *rumblings* in the distance. A sweep of chilly air passed by, *rustling* all the leaves and snowing the flaky ashes broadcast about the fire. A few big rain-drops fell *pattering* upon the leaves. (Mark Twain, *The Adventures of Tom Sawyer*)

一连串深沉的炸雷在天穹下翻滚,而一下又转成含着怒气的**隆隆**声消失在远方。一股冷风吹过,吹得树叶**瑟瑟**作响,将火堆四周的灰像雪花一样撒开去。稀疏的大雨点**吧嗒吧嗒**砸在叶子上。(成时,1998)

在例(1)中,译文用汉语中相应的拟声词较好地传递了原文的语音效果;而假如将原文译为"连这个似乎也发出一种老调子呢!",尽管内容传递出来了,但直接模拟物品声音的语音效果就会丧失殆尽。对于例(2)来说,尽管汉语中没有与原文对应的现成拟声词语,但译者巧妙地用音译法将原文拟声词语的声音效果模拟出来,故在读者由视觉转向听觉联想过程中,能产生相似的语音效果。在例(3)中,Mark Twain 描述岛上大雨瓢泼的场景时,用 rumbling,rustling 和 patterning 三个拟声词描绘雷声、树叶声和雨点声,将语言描述变得盎然有趣。对于原文的这一文体特征,译者分别用"隆隆""瑟瑟"和"吧嗒吧嗒"给予了模拟,再现了原文所描绘的大雨滂沱的场景,这与儿童喜欢听觉刺激的阅读期待相契合。

9.4.2 间接语音象似修辞与翻译

间接语音象似修辞主要指对语音象征的使用。狭义的间接语音象似修辞主要指对语音联觉这种语音象征手法的使用,而广义的间接语音象似修辞还包括对音韵、节奏和格律以及语音变体等语音象征手法的使用。对于此类间接语音象似修辞手法,译者翻译时应该予以关注并尽量用目的语相应的手法传达出来,以使目的语读者获得与原文读者相近的音韵感受。例如:

> (4) "Can't, *Mars* Tom. *Ole missis*, she *tole* me I got to go *an' git dis water an'* not stop *foolin' roun' wid* anybody. She say she *spec' Mars* Tom *gwine* to *ax* me to whitewash, *an'* so she *tole* me go *'long an' 'tend* to my own business—she *'lowed* she'd *'tend* to de *whitewashin'*." (Mark Twain, *The Adventures of Tom Sawyer*)
> "不行啊,汤姆**少也**(爷)。老**堆堆**(太太)要我把水打回去,不许停下来和谁**怪**(鬼)混。她说她**知倒**(道)汤姆**少也**(爷)**回乔**(会叫)我刷篱爸,所以她告诉我,要我**官**(干)我自己的活儿,不理你——她说刷篱爸的活儿由她来管。"(成时,1998)

在该例中,黑人小男孩吉姆因为没受过教育,所以发音不准,不仅掺杂着大量的黑人英语,还有很多的错误或者出现吞音现象,如将 told(说)说成 tole、get 说成 git、with(与)说成 wid,把 and(和)说成 an'、whitewashing(粉刷)说成 whitewashin'。为了模拟吉姆的说话方式,译者大部分采取了错别字译法,同时在括号里将正确的字标出来。这样,译文能够让目的语儿童读者感受到吉姆不规范的说话方式,从而在一定程度上呈现出与原作等效的音韵效果。

古典汉语诗歌经常采用双声、叠韵和叠音等音韵手法,以增强诗歌的乐感和音乐美。这是汉诗的一大特点,也是对译者的挑战。好的译文不但需要译出原诗的意义,而且同时需要传递其音美和乐感。例如:

(5) **寻寻觅觅,冷冷清清,凄凄惨惨戚戚**。(李清照《声声慢》)
So dim, so dark,
So dense, so dull,
So damp, so dank,
So dead!
(林语堂译)

(6) 梧桐更兼细雨,到黄昏,**点点滴滴**。(李清照《声声慢》)
And the drizzle on the kola nut,
Keeps on dropping:
Pit-a-pat, pit-a-pat!
(林语堂译)

(7) 无边落木**萧萧**下,
不尽长江**滚滚**来。
(杜甫《登高》)
The boundless forest *sh*eds its leaves *shower* by *shower*,
The endless river rolls its waves *hour* after *hour*.
(许渊冲译)

在例(5)中,李清照采用叠音来表达苦涩忧郁的心情。为了传达原作的这种音韵效果,林语堂在译文中采用发生在 dim(昏暗)、dark(黑暗)、dense(稠密)、dull(呆滞)、damp(潮湿)、dank(阴冷)和 dead(冷漠)等词语之间的头韵和/səu/音的六次重复两种手法来营造译文的音韵结构。这无疑是弥补原文音韵效果的一种较好的做法。李清照在例(6)原文中使用"点点滴滴"的叠音表达,似乎带给我们一种雨水零零散散打落在梧桐树叶上的感觉,这种"点点滴滴"的小雨衬托了词人思绪万千的心境(侯敏,2012:181)。在译文中,林语堂重复采用拟声词 pit-a-pat(吧嗒吧嗒),巧妙地再现了原文的音韵效果,是比较理想的翻译选择。在例(7)中,原文采用了"萧萧"和"滚滚"两个叠音词来模拟自然界的声音。在译文中,译者除了使用了类似的两对叠音词"shower … shower"和"hour … hour"之外,在第一行还采用了英语惯用的头韵手法,即"*sh*eds … *sh*ower … *sh*ower"。由此,原文的音韵效果得以完美呈现。

9.5 顺序象似修辞与翻译

语言表达的顺序往往会映射出认知主体对事物或事件的识解过程和顺序(侯敏，2012：182)。而在文学创作过程中，语言的顺序会成为作者有意使用的修辞手段，并能够为作者创作意图的更好呈现服务。

一般而言，语序分为词内顺序(即词序)、句内顺序(即句序)和篇章顺序(即篇序)三个层次。因为词序的修辞效果不甚明显，所以这里主要从后两个方面，即句序象似修辞和篇序象似修辞两个角度探讨顺序象似修辞的翻译问题。

9.5.1 句序象似修辞与翻译

沈家煊(1993：4-7)认为句序象似指"句法成分的排列顺序映照它们所表达的实际状态或事件发生的先后顺序"。就汉英两种语言相比较而言，"汉语在更大程度上遵循时间顺序的象似原则"，而英语的句序则更多地受抽象句法规则的支配。这是因为汉语因缺乏形态变化而倾向于采用直接映照的办法，而英语则有较多的间接投射。用林同济的话说，汉语的时间顺序象似性主要遵循两大规律，即实际动作发生的次序和逻辑推论上动作应有的因果次序。而后一种次序又主要体现在以下两个方向：一是在因果、条件、假设及时间等主从结构中，汉语往往采用"从前主后"的顺序，相比而言，英语更灵活，两种顺序皆可；二是汉语在表达对事件的评述时，往往先表事后评述(秦洪武，2000：369)。这是汉英自然句序的宏观认知特征，也是进行汉英句序转换的认知基础和理论依据。例如：

(8) Press this button for emergency call.
    如遇紧急情况，请按此钮。
(9) He soon won their trust for his outspokenness and readiness to make friends with anyone.
    他心直口快，总是愿意和任何人交朋友，所以很快就赢得了大家的信任。
(10) I marveled at the relentless determination of rain.
    雨无情地下个不停，我感到颇为惊讶。

在以上三例中，译文均采用了与原文相反的语序：例(8)的译文遵循了汉语

"先目的后动作"的自然顺序;在例(9)中,英语原文依据的是英语"先果后因"的通常顺序,而汉语译文遵循的则是"先因后果"的象似顺序;例(10)的译文依据的是汉语"先表事后评述"的通常顺序。综合以上三个例子可以看出,汉语的句序选择往往遵循象似性顺序,而英语则往往采用非象似性顺序。由此,因两种语言句序之间存在较大差异,故句序转换多需采用归化翻译法。然而,对于叙事性描写而言,语序往往承载着作者的某种意图和含义,因此翻译时宜保留原文的语序,以便向目的语读者传递原作者借语序而创设的意图和含义。例如:

(11) 他骑上马,朝着太阳的余晖奔去。
He mounted the horse and rode to the sunset.

(12) The audience smiled, chuckled and finally howled with laughter.
听众先是微笑,然后窃窃而笑,最后哄堂大笑。

(13) A man snatches the first kiss, pleads for the second, demands the third, takes the fourth, accepts the fifth, and endures all the rest. (Helen Rowland)
男人冷不防亲第一口,恳求亲第二口,要求亲第三口,同意亲第四口,接受亲第五口,然后忍受接下来的所有亲吻。

在例(11)中,原文采用的是典型的汉语时间顺序手法,该手法特别适合于叙事。译文因使用了相同的语序,因此能够成功模拟、再现原文的意境。这里,不宜根据英语更常见的非象似性语序将原文译为 He rode to the sunset after he mounted the horse.(他朝着太阳的余晖奔去,之前他先骑上马。)尽管两种语序所表达的概念意义是相同的,即两者描述了相同的事件,但是两者所承载的叙事意味迥异——即原译文的叙事意味更浓重一些。与此同理,例(12)原文描绘了听众自然的、依次递进的三种反应,即从最初的微笑,到后来的窃笑,再到最后的大笑;例(13)原文呈现了男人在不同阶段对于亲吻的感受和态度,某种程度上反映了男人的天性。译文皆照搬原文语序,从而使原文的含义得以再现,因而收到了与原文相同的修辞效果。

9.5.2 篇序象似修辞与翻译

篇序主要指句群、段落(或诗节)或者整篇文章或作品内小句或句子的顺序。简单地说,英汉篇章中主要存在两种篇序,即时间顺序(temporal order)和空间顺序(spatial order)。沈家煊(1993:4-7)认为,"句法成分的排列顺序映照它们所表达的实际状态或事件发生的先后顺序"。同样,篇章的构成成分的排列顺序也映照它们所表达的实际状态或事件发生的先后顺序。就翻译而言,我们认为,对于作者有意设计的篇章层顺序象似性,翻译时应以对源语顺序的模仿、再现为主,以调整为辅,以便把原作的篇序信息传递给目的语读者。

9.5.2.1 时间顺序与翻译

尽管在句法层面上汉语比英语在更大程度上遵循时间顺序的象似原则(秦洪武,2001:6),但是在篇章层面上两种语言中皆存在对时间顺序象似性的利用,例如文学或历史故事创作中多按时间顺序展开叙述。为了在翻译过程中保留原作者有意设计的篇序信息,译者翻译时应尽量采用相同的篇序处理手法。例如:

(14) 那日,正是黄梅时候,天气烦躁。王冕放牛倦了,在绿草地上坐着。(《王冕的少年时代》)

One sultry day in early summer, tired after leading the buffalo to graze, Wang Mien sat down on the grass. (Translated by Yang Xianyi and Gladys Yang)

(15) 在灰沉沉的天底下,忽而来一阵凉风,便息列索罗地下起雨来了。一层雨过,云渐渐地卷向了西去,天又晴了,太阳又露出脸来了。(郁达夫《故都的秋》)

A sudden gust of cool wind under the slaty sky, and raindrops will start pitter-pattering. Soon when the rain is over, the clouds begin gradually to roll towards the west and the sun comes out in the blue sky. (张培基译)

例(14)采用的是汉语中典型的"先渲染背景后描述事件"的故事叙述方式,符合时间顺序象似性原则;而且后一句中的两个小句遵循的是"先因后果"的自然认知顺序。译文虽然为了顺应目的语表达习惯而对原文前一句的顺序进行了归化处理,但整体而言成功地再现了原文的宏观认知表达顺序。在例(15)中,原文采用了基于时间的事件和动作铺排顺序,即从"来一阵凉风",到"下起雨来",到"云卷向西去",再到"天又晴……太阳又露出脸来"。该语序将秋季瞬息万变的天气特点依次清晰地呈现了出来。译文基本完全模拟了原文的这种顺序,因而能够成功呈现原文干净利落、不拖泥带水的修辞效果,从而有助于将原文的意境更好地保留下来。

时间顺序象似是中外叙事文学常用的手法。下面再举两例,以做进一步说明:

(16) Not a syllable passed aloud. They all waited in silence for the appearance of their visitor. His footsteps were heard along the gravel path; in a moment he was in the passage; and in another, he was before them. (Jane Austen, *Sense and Sensibility*)

(17) 河面大小船只泊定后,莫不点了小小的油灯,拉了篷。各个船上皆在后舱烧了火,用铁鼎罐煮红米饭。饭焖熟后,又换锅子熬油,哗的把菜蔬倒进热锅里去。一切齐全了,各人蹲在舱板上三碗五碗把腹中填满后,天已夜了……(沈从文《鸭窠围的夜》)

在例(16)中,整个片段有三个句子构成:前两句充当最后一句的背景,最后一句则为描述的焦点(即核心事件);而构成最后一句的三个小句是按照时间顺序排列的。由此,该语段在两个层次上遵循时间顺序象似原则:首先,前两句与后一句之间形成的"背景→事件"顺序具有时间顺序象似特点,因为在现实世界中先有背景然后才有事件本身;其次,最后一句中三个小句直接按时间顺序排列,更是对时间顺序象似性的显性运用。以上两个层次的时间顺序象似在翻译时都应该借目的语中的相应手法表达出来,以传递原作者借语序所欲传达的信息。在例(17)中,作者采用时间顺序手法,描述河船上的水手们前后依次发生的动作和事件,包括泊船、点灯、拉篷、煮饭、炒菜和吃饭等。虽然该文字叙述没有采用显性时间标记词,但所描述的动作和事件与时间的发展顺序一致,前后衔接自然顺畅,以简洁的笔触呈现出一种单调琐碎而又自然纯朴的生存方式。在翻译时,由语序自然呈现而构筑的这种氛围宜由译者模拟、再现出来,以求向目的语读者传递类似的修辞效果。

9.5.2.2 空间顺序与翻译

自然界中基本的相对空间位置有上(中)下、前(中)后、左(中)右、里(中)外和远(中)近等。一般而言,空间事物的描写顺序受人的基于身体经验的认知的制约和影响,而且多以人的视觉感知为基础。例如,人类对"先上后下""先高后低"顺序的表达习惯源于人类对"人的直立行走特点"和"地球的引力"的感知与认识;对"先前再后"顺序的表达习惯系人类主要感知器官因面对着前方而成前后不对称性所致。另外,"由近及远""先整体后部分""先大后小"等表达顺序源于人类对以下三种视觉感知规律的认知:"近的事物比远的显著""整体比部分显著""大比小显著";而"由里到外"或"由外到里"的相对顺序则取决于视觉感知的参照点:当人位于物体的内部时倾向于采用前一种顺序,位于外部时则倾向于采用后一种顺序(卢卫中,2003a:6-7)。

篇章层空间事物描述的顺序也不同程度地反映出以上诸认知规律。请看下例及其译文:

(18) 莫高窟大门**外**,有一条河,过河有一溜空地,高高低低建着几座僧人圆寂塔。(余秋雨《道士塔》)
Outside the entrance to the Mogao Grottoes flows a river, and *across* the river is a piece of land *on which* stand several stupas in honour of the deceased abbots of the Mogao Grottoes. (李运兴译)

在原文中,作者采用了由近及远的空间描述顺序,尽管只使用了一个空间标记词(space marker)——"外",但汉语的意合特点使得顺序描写井然有序;同样,译文采用了与原文相同的宏观空间顺序,在三个空间标记词 outside (在……之外)、across(穿过)和 on which(在……之上)的配合下,较好地模拟了原文的空间顺序。

以下是 H. W. Longfellow 创作的诗歌"Snowflakes"(《雪花》)的第一小节:

(19) Out of the bosom of the Air,
　　 Out of the cloud-folds of her garments shaken,
　　 Over the woodlands brown and bare,
　　 Over the harvest-fields forsaken,
　　 Silent, and soft, and slow
　　 Descends the snow.

在该节诗中,作者描述雪花飘落的顺序是:天宇—云层—树林—田野。这正是雪花自上而下实际飘落的先后次序,而且作者有意把 snow(雪)一词置于诗节的末尾,显然是为了映射雪花在人的视觉范围内飘落的最终位置——地面。事实上,这不仅是对雪花飘落的空间顺序的描摹,而且也是对其时间顺序的描摹。因此,准确地说,诗人在此运用了时空交织顺序(spatiotemporal sequence)。陈才宇(1995:12)将该诗节译为:

(20) 从太空的胸膛,
　　 从飘动着她的长袍的云层,
　　 雪花纷纷扬扬,
　　 轻盈、缓慢、悄然无声,
　　 降落在昏黄、萧疏的森林,
　　 降落在荒废的农田。

在诗的前两行,译者采用了与原文相同的认知次序;然而对于后面四行,译者却对原文的次序做了颠倒调整,故没有完全采用原作者基于对雪花飘落的自然顺序认知而编织的篇章结构,因而也就失去了原作"以形示意"的篇章象似性修辞效果。为此,我们根据原文采用的时空交织顺序将原文改译如下:

(21) 从天宇深处,
　　　从飘动着她的长袍的云层里,
　　　漫过光秃秃的褐色林木,
　　　漫过收获后废弃的田地,
　　　悄悄,轻轻,缓缓,
　　　飘下雪花一片。

由于原文作者有意采用了突显的时空顺序象似性手法,因此翻译时只有采用相同的表达顺序,才能够使译文在目的语读者的解读过程中产生相同的视觉示意效果,从而借对原文形式美的再现传递出与原文相近的意美。

9.6　数量象似修辞与翻译

　　语言形式的数量与意义的数量(即力量和程度)之间存在着一致性,即象似关系。也就是说,"形式愈多,意义愈多"(Hiraga,1994:11)。反过来说,量大的信息,表达它们的语言形式也往往比较大、比较复杂。在篇章这个层面上也是如此,作者可以借句子或篇幅长短的选择、重复的运用等手段映衬所要表达的意义。对于数量象似手法,汉英语言具有较大的共性特征,因此,对于两种语言之间的翻译转换,可采取相应的或大或小的数量形式。译者翻译时必须有意识地保留这些篇章结构形式,以便再现这两种形式所传达的"以形示意"的结构信息,并传递原作者的相关创作意图。

9.6.1　数量对比与翻译

　　文学(尤其是诗歌)创作过程中,作者可以借语符数量对比来表达特定的意义。例如:

(22) Fainter, dimmer, stiller each moment,
　　　Now night. (Max Weber, *Night*)
　　　一刻比一刻缥缈、晦暗、安宁,

于是夜来临。(辜正坤译)

江枫(2001:21)认为,翻译不同于创造。忠实是译者的天职,理想的译作应该忠实于原作;在文学(尤其是诗歌)翻译中,形似意味着神似。译文既传递了原文的主要意义信息,又采用了与原文相似的诗体形式,因而能够向目的语读者传递等效的交际和修辞效果。在原文中,诗人有意在两行诗的长度上形成对比,他"之所以把第一行拉得这么长主要是为了暗示黑夜来临的渐进过程,而只有两个音节的第二行则是为了体现黑夜似乎往往是在人们不知不觉中突然降临的这样一种感受";另外,第一行中三个形容词比较级形式 fainter(更微弱)、dimmer(更黯淡)、stiller(更寂静)的并列使用营造了一种音美效果。对于前一种手法,译文采用了相似的长度对比;对于后者,译文用汉语中的"比"字体现原文的比较,用"一刻"的重复摹绘原文-er的重复,而且译者还匠心独具地用三组同偏旁部首的双字词"缥缈""晦暗""安宁"来暗示另一种重复效果。因此,译文从内容到形式皆达到了很好的译诗效果,亦即实现了"形神皆似"的翻译效果(覃学岚,2001:52)。

9.6.2 量大信息的翻译

一般而言,大比小显著。因此,在文学创作中,作者经常利用量大的信息来表达特定的含义。这也是译者翻译过程中应该关注的问题。例如:

(23) I am still trying to remember how she managed to push herself in with a baby on her right arm₁, a traveling bag in her left hand₂ and two children, a boy and a girl, about three and five years old, following after her₃. (Jesus Colon, *Little Things Are Big*)
我现在仍然依稀记得当时她如何**右手抱着个婴儿,左手拎着个旅行包,还带着两个孩子——一个男孩,一个女孩,大约三岁和五岁模样,跟在她身后**——拼命挤上车!

在该例中,主句后带有一个"超长"的伴随独立主格结构,该结构由三个依次加长的部分组成,行文似乎显得过于冗长拖沓——尤其令人费解的是,作者为何要指出两个孩子的具体年龄,甚至是性别?为何不用 and two little children following her 而故意选用提供具体描述的 and two children, a boy and a girl, about three and five years old, following after her? 根据标记理论,该句中所使用的"超长"状语形式属于有标记结构形式。而"无论从结构上还是从语义上说,有标记成分的复杂度大于无标记成分"(韩景泉、刘爱英,2000:18)。由此可见,这是作者有意使用有标记数量象似修辞手段的结果:作者的目的恰恰是有意拉长这一独立结构,借以衬托、映照文中妇女因拖儿带女、携带行李而造成的旅行之艰辛,使读者视之即产生一种疲劳感,从而更好地理解作者的用意。基于此种理解,译者翻译时即需将作者的数量象似修辞意图再现出来,以便更好地传递原文的思想。以上这句话是该短篇小说第一段中的一句话。在这之后的另两个段落中,作者有意将这句话稍做调整后又重复使用了两次。显然,这种跨段落重复手法的使用可能会在读者心目中产生"累赘"之感。然而,这正是作者的意图之所在:借重复而造成的量的增加反而有益于反复映照女主人公行动之艰难。就翻译而言,这种基于整部作品而有意设计的数量象似手法理应成为译者对整个故事进行翻译转换的基础。

重复也是文学创作中营造量大信息的一种常用手段,如:

(24) *Fog* everywhere. *Fog* up the river, where it flows among green aits and meadows; *fog* down the river, where it rolls defiled among the tiers of shipping, and the waterside pollutions of a great (and dirty) city. *Fog* on the Essex marshes, *fog* on the Kentish heights. *Fog* ... (Charles Dickens, *Bleak House*)

到处是雾。雾笼罩着河的上游,在绿色的小岛和草地之间飘荡,雾笼罩着河的下游,在鳞次栉比的船只之间,和这个大(而脏的)都市河边的污秽之间滚动,滚得它自己也变脏了。雾笼罩着厄色克斯郡的沼泽,雾笼罩着肯德郡的高地。雾……(张文庭,1985:23)

原文作者在该篇章的每一句中都使用了 fog(雾)一词,读来便有一种到处都是雾的感觉。这正是作者的用意所在,即借 fog 一词在篇章中的反复映现所营造的量,映照现实生活中雾的数量和广度。就翻译而言,译者本可以根据汉语的规律将其中几处的"雾"字省略掉,但为了完整地再现原文的修辞特色,译者全部予以保留,故起到了比较理想的翻译修辞效果。

由于语言结构本身的差异,篇章结构信息有时候难以传递,如:

(25) 翻出来一件

隔着冬雾的	1
隔着雪原的	2
隔着山隔着海的	3
隔着十万里路的	4
别离了四分之一世纪的	5
母亲亲手	

```
    为孩子织的              6
    沾着箱底的樟脑香的        7
    旧毛衣。
    （熊秉明《的》）
```

该诗的特别之处是借跨越诗行构成的超长修饰语,即连续使用七个修饰语来表达描述对象内容之丰富——这是一件不同寻常的"沉甸甸"的旧毛衣。这是借语言形式量的累积来映照物品(毛衣)属性之丰富。倘若将该诗译成英语,很容易把以上七个修饰语根据英语的行文习惯变成后置定语,如此一来,原诗借数量象似营造的特定含义就会丧失殆尽。因此,为了传递与原诗相同的结构信息,译文中就需有意将原诗的这七个定语译成英语的前置成分,以便充分呈现诗人有意设计的额外信息。

由此可见,对于语言使用者为表达特定的交际目的和修辞效果而在原文中有意设计、运用的结构和形式(包括数量象似性的结构和形式),译者应尽量在目的语中予以保留或传递,以便向目的语读者传递等效的交际和修辞效果。

9.7 对称象似修辞与翻译

9.7.1 句子层面的对称象似修辞与翻译

对称象似性指在概念上具有同等重要性和并列关系的信息在表达上也具有对称性(赵艳芳,2001:161)。换言之,相同或相近的语言形式的并置意味着意义或思想上的相同和并列。对称象似性主要通过对照、回环和排比等修辞手段来实现。前两种手法主要在句子层面呈现出来,而后一种则主要在篇章层运作(见下文论述)。对称象似性是一种典型的修辞手段,故翻译时往往需要采用相同的手段译出,以传递与原文相同的修辞和交际效果。

英语的对照法与汉语的对偶相类似,但后者的外延更大,既包括对照法的前后两个成分的对立或对比,又包括前后两个成分的并列或相连。两者基本上大同小异。例如:

(26) Hope is a good breakfast, but a bad supper.
希望是一顿美好的早餐,却是一顿糟糕的晚餐。

(27) Not that I loved Caesar less, but that I loved Rome more.
不是我不爱恺撒,而是我更爱罗马。(谢祖钧,1988:121)

(28) 得道多助，失道寡助。
A just cause has many helpers while an unjust one finds few followers. (吴光华,1999:320)

(29) 春蚕到死丝方尽,蜡炬成灰泪始干。(李商隐《无题·相见时难别亦难》)
The silkworm dies in spring when her thread is spun; the candle dries its tears only when burnt to the end. (I. Herdan 译)

在以上诸例中,例(26)属一物两面对照,例(27)和(28)属两物对照,例(29)属两物类比。从结构形式上看,这四例的共同特点是皆构成前后对称的形美;从语义上看,最后一例借结构对称所形成的语言张力把两种事物的相似、相关、相连的意义紧紧连在了一起,其他几例则借同样的语言张力把事物相对或相反的意义也连在了一起。由此可见,对照或对偶营造的对称象似修辞既可以表达相似、相关或相连的意义,又可以表达相反或相对的意义。这也是进行翻译转换的基础,上面提供的相应译文皆运用相同的修辞手段,因而能够传递相同的形美和意美。

另一种典型的对称象似修辞手段是回环。回环主要是一种结构修辞格,其基本结构格式为 ABBA,其中 A 和 B 为两个不同形式的语言单位。显然,回环的构成成分前后形成明显的循环对称结构。例如:

(30) We can make young people grown and grown people young.
我们可使年轻人成熟起来,也可使成熟的人变得年轻。(吴平, 2001:222)

(31) Iris is very forgetful and so she worries a great deal; she worries a great deal and so she becomes even more forgetful.
艾里斯因健忘而感到苦恼,而她越苦恼就变得越发健忘。

(32) 人生如戏,戏如人生。
Life is like the stage, the stage like life.

回环所具有的循环往复的对称结构适合于表达两种事物之间的多种辩证关系,如例(30)的相互统一关系、例(31)的相互转化关系和例(32)的等同关系。相应的译文皆从对称象似的角度出发,将原文的形美和意美同时传递给目的语读者,因而能够收到"形神皆似"的理想翻译效果。

9.7.2 篇章层面的对称象似修辞与翻译

篇章层的对称象似性主要借排比法得以实现。下面以 W. Wordsworth 的诗"My Heart Leaps Up"为例说明篇章层对称象似修辞的特点及其翻译问题:

(33) My heart leaps up when I behold
   A rainbow in the sky,
   So was it when my life began;
   So is it now I am a man;
   So be it when I shall grow old,
   Or let me die!
   The Child is father of the Man;
   And I could wish my days to be
   Bound each to each by natural piety.

这是一首单诗节诗，排比结构存在于三、四、五行之间。这三行所构筑的相似的语言结构衬托了意义上的一致和持续：时间虽流逝，"虹"心永不变。这反映了诗人崇尚、热爱大自然的恒久之心。这也正是作品的主题所在。由该例可以看出，对称象似结构对于篇章结构而言具有一种篇章黏合作用（陈宏薇，1998：44-45）。对称象似性手法的使用有助于诗人藉篇章形式所具有的形似美、对称美和持续美传递意义和内容上的意近美、连贯美和张力美。就翻译而言，为了有效传递原文的创作意图，这同样应该成为此类诗歌翻译的认知基础和翻译尺度。请看下面的译文：

(34) 每当我看见天上的彩虹，
   心儿便欢跳不止：
   从前年幼时就是这样，
   现在成人了还是这样，
   但愿年老时仍然这样，
   要不，就让我死亡！
   ……

   （苏文菁，2000：252-253）

同原文一样，该译文在三、四、五行使用了排比结构。"……这样"的相同结构将三句诗行紧紧地粘连在一起，从而形成了从形式到意义上的连贯性和持续性。

9.8 小结

本章基于象似性与修辞学融合而成的象似修辞理论，主张以象似修辞译象似修辞,并从语音象似、顺序象似、数量象似和对称象似等四个方面分析了象似修辞的翻译问题,得出的基本结论是:象似修辞翻译有助于译文同时传递原作的形美和意美,从而实现理想的"形神皆似"的修辞翻译效果;象似修辞翻译理论对于广义的翻译研究和实践也具有一定的启示和意义。

第 10 章
象似性和象似修辞与语言教学研究

10.1 引言

本章旨在象似修辞理论指导下,探讨象似修辞与外语教学之间的关系。我们认为,基于任意性理论的传统语言教学观尽管有其优势,但同时存在着一定的局限性。鉴于此,有必要挖掘、利用基于象似性和象似修辞理论的语言教学观,借以弥补传统语言教学观之不足。为此,本章在梳理基于任意性理论的传统语言教学观的优势与局限性的基础上,考察基于象似性和象似修辞理论的语言教学观的优势,并探讨象似修辞在语音、词汇、句法、篇章、语义、语用以及文体和修辞等语言层面教学中的应用。

10.2 基于任意性理论的传统语言教学观的优势与局限性

10.2.1 传统语言学的理论基础——客观主义的语言观

现代语言学之父索绪尔(Fernand de Saussure)开创的结构主义语言学的核心理论之一是任意性理论,该理论认为:语言符号的首要特征是任意性,或者说,任意性是语言符号的根本属性。基于任意性的结构主义语言学认为,语言可以从共时(synchronic)和历时(diachronic)这两个层面上去研究和描写(Saussure, 1972)。

结构主义语言学的哲学基础是客观主义(objectivism),客观主义的语言观认为:1) 语言是一个具有完全自主性的自足系统,可以作为一种算法系统来描述,并且其描述不必考虑更为广泛的认知问题。语言学成了跟逻辑和某些数学领域相类似的形式科学;2) 语法,尤其是句法,是独立的语言结构,理由是语法范畴以形式特征为基础,而不是以语义特征为基础;3) 如果语义属于语言分析的范畴,也只能借以真值条件为基础的形式逻辑来描述;4)自然语言具有独立于人之外的客观意义,是与客观现实相对应的,语义研究即是研究语言符号的客观意义,研究语言表达如何与客观世界相对应,其他认知、思维过程是纯心理的,与语言研究无关(Lakoff, 1987: xiv - xv)。

10.2.2 基于任意性理论的传统语言教学观的优势与局限性

以客观主义的语言观为基础,传统的语言教学理论充分利用结构主义语言学的研究成果,从而推动了语言教学研究的进步及其在语言教学实践过程中的应用,如语言的历时观催生了历史比较语言学的发展,使得语言进化和发展的历程得到充分描写,因而促进了语言史等内容的教学;而语言的共时观则为跨语言对比研究奠定了理论基础,并促进了语言对比和翻译等领域的教学工作。

如前所述,结构主义等传统语言学理论信奉语言符号的任意性,而任意性理论因过分强调语言的任意性特征并否定其理据性特征,影响了人们对语言理据性的探索和挖掘。由此,无论语言研究者还是语言教学工作者,他们在研究和教学过程中理所当然地从任意性出发进行语言研究和语言教学。在这种氛围影响下,作为受教育者的学生自然而然也从任意性角度出发去进行语言思考、语言学习和语言研究,从而限制了他们对语言理据性的分析和思考,由此也就影响了其创造力的进一步挖掘和发挥。

王寅(2007: 538 - 539)也指出,语言研究和语言教学中过度强调任意性就会对许多语言形式与其所指意义之间的对应性、规律性和理据性失去作充分解释的理论基础;受任意说的影响,语言教学工作者在教学中只注重对语言形式的教学,注重句型操练,强调简单刺激反应,而不去帮助学生充分理解语言形式、所表意义、客观世界以及认知方式之间的对应性的理据规律,即使对某些语言现象作出了解释,也是十分肤浅的,对于一些解释不了的语言现象,或根本就不加解释,统统纳入"惯用法"之列,难免就会要求学生死记硬背,忽视语义理解,这对教学显然没有什么好处,也显然不能满足学生的要求,而只会给学生留下不少遗憾。

10.3 基于象似性和象似修辞理论的语言教学观的优势

10.3.1 认知语言学的理论基础——经验主义的语言观

象似性及其衍生的象似修辞理论是认知语言学的重要组成部分,而认知语言学的哲学基础是经验主义（experientialism）或称"经验现实主义"（experiential realism）。

经验主义的语言观认为：1）语言能力是人的一般认知能力的一部分，故语言不是一个自足的系统，其描写必须参照认知过程；2）语言结构与人类的概念知识、身体经验以及话语的功能有关，并以它们为理据；3）句法不是一个自足的组成部分，而是与语义、词汇密不可分，即词汇、形态和句法形成一个符号单位的连续体，这个连续体只是任意地被分成了单独的成分；语法结构本质上是符号的，并使概念内容符号化；4）语义不只是客观的真值条件，还与人的主观认识息息相关；用以真值条件为基础的形式语义学来分析语词的意义是不充分的（Lakoff，1987：xiv - xv）。认知语言学正是在基于经验主义哲学观的这种语言观及其信念的基础上形成的新一代语言学理论。

在上述经验主义语言观和信念的指导下，认知语言学在对大量语言现象，特别是隐喻语言进行系统研究的基础上，对一些传统的语言问题进行了深刻的反思和再认识，提出了新的见解和解释。认知语言学视语言为组织、加工和传递信息的一种工具。就方法论来说，由于它把语言看成是一个范畴系统，因此，对语言范畴的概念基础和经验基础的分析是其头等重要之事。认知语言学对传统语言问题的新见解和解释主要表现在以下诸方面：

1) 语言与客观世界的关系。传统的语言观认为语言符号与客观世界之间是由大脑中的概念相连接，而概念的连接只是一种连接纽带，没有强调人的认知对概念形成的作用。所以，语言符号与客观世界有对应的关系。认知语言观承认世界的现实性及其对语言形成的本源作用，但更强调人的认知的参与作用，认为语言不能直接反映客观世界，而是有人对客观世界的认知介于其间。

2) 语言的任意性问题。长期以来，索绪尔的"任意性"被看作语言的特性之一，认为语言符号的能指和所指之间没有任何自然的逻辑上的联系，或者说其联系是不可论证的，即符号对现实中跟它没有自然联系的所指来说是任意的、约定俗成的。认知语言学对语言的任意性提出了疑问，认为语言的共性说明语言绝不是完全任意的创造，而是受认知环境（包括人的生理环境、人的认知能力等）和社会环境的制约，在很大程度上是有理据的。语言是由客观世界、人的认知、社会文化及其语用因素促动的象征符号系统。

3) 范畴与概念。过去的观点认为范畴是由所有成员共有的客观特性来定义的、有明确边界的集合，而认知科学研究表明，大多数范畴是围绕典型建构的、具有家族相似性的、边界模糊的辐射状结构，因为其成员的属性不是完全来自客观事物,而是涉及理解和认知结构,如完形图式、意象、隐喻和转喻。这样,范畴以人类认知为基础,而不是与外部世界直接对应。为此,语言符号的意义代表一个互相关联的认知范畴和语义范畴,因而是变化的、动态的。

4) 隐喻。隐喻一直被认为是语言的异体表达方式,其意义可简化为字面的命题意义。然而更多的证据证明隐喻是普遍的,不可简化的。人类理解的想象结构直接影响隐喻意义的本质,并规约我们的理性推理。隐喻是人类认识和表达世界经验的一种普遍的方式,隐喻语言也是正常语言的一部分,应当纳入语言研究的范围。

5) 多义现象。传统的语义理论并没有把握多义现象的全部和本质。认知语言学研究表明,多义现象是通过隐喻、转喻等人类认知手段,由一个词的中心义或基本义向其他意义延伸的过程,是人类认知范畴化和概念化的结果。

6) 认知语言学认为,语言不完全是形式的东西,不是一套规则系统,不能用生成和转换以及对形式描述的方法来对语言共性进行解释。语言的词汇和语法结构都是不同层次的语言单位,是形式与意义相结合构成的具有内在结构的象征符号,具有真实的认知地位。句法的不同形式来自并反映不同的语义。语义不是基于客观的真值条件,而是对应于认知结构,表层形式的句法结构又对应于语义结构。语言的意义不限于语言内部,而是植根于人与客观世界进行互动的认知结构,植根于使用者对世界的理解和信念。因此,语义知识和语用知识是不可分的,语言形式是认知、语义、语用等形式之外的因素促动的结果。

(7) 推理。推理不是关于命题"真"或"假"的逻辑判断,也不是脱离形体的抽象符号之间的逻辑运算,而是以人对客观世界的经验和认知模式为基础的。认知是人的生理进化的产物,受其所在的形体和对世界感知的制约。推理也不能脱离大脑所在的身体与外部环境,不是抽象的,而是主客体互动基础上的理性推理,是基于人对世界的感知、经验和认识。人对抽象概念的理解和推理是基于由此形成的想象能力的(卢卫中,2002)。

对以上语言基本问题的重新认识使我们认识到,对语言研究的客观意义的态度应得到彻底的纠正,任何对意义和理性的充分解释必须以既有生理和物质基础又有想象结构的认知为前提。从客观主义认知观及其语言观转变为经验主义认知观及其语言观标志着人类认识水平和语言哲学研究的进步。

作为认知语言学的一个重要理论流派,象似性理论对语言的本质和属性持辩证的观点,认为语言既具有任意性特征,同时又具有理据性即象似性特征,二者之间是既相互对立、又互为补充的关系,过于强调任何一方都无助于我们对语言本质的把握。

10.3.2 基于象似性和象似修辞理论的语言教学观的优势

王寅(2007:538)指出,象似性理论可以帮助语言研究者和语言教学工作者解释先前无法解释的语言现象。Taylor (1993)认为,任意说和象似说的分歧反映在语言教学中,就形成了两种对立的教学方法:前者成了形式本体观教学法(Form-based Approach)的基础,后者成了语义本体观教学法(Semantics-based Approach)的基础。据此,王寅(2007:538)进一步指出,象似说认为语言形式与其所指意义之间存在种种对应相似的理据性现象,人类是基于对客观外界的感知之上,经过认知加工才形成了自己的语言,若能把外界的关系、人类的经验结构和认知方式与语言形式之间的内在联系描述清楚,便可以大大加深对语言的理解,对从根本上提高语言能力和运用水平有着重要的意义,从而大大提高语言教学的投入与产出比;心理学家普遍认为,人们在对语言——包括对语言形式与其所指意义之间的对应关系——理解基础上所形成的记忆效果会更好,对于成年人来说更是如此。

我们认为,认知语言学的理据说和象似说是对人类语言观的一次解放,从此,人们开始关注并重视对语言理据性和象似性的探索,开始考察、挖掘语言符号和结构背后的动因和理据性,从而有助于促进人们对语义的进一步研究和认识。而随着理据性和象似性意识的提高,语言教学工作者在授课过程中就会有意无意地引导学生探究各个语言层面上存在的理据性和象似性用法及其修辞效果,从而增强学生对语言表达的理解力,使其更好地把握语言使用者的交际意图,并提高其语言交际效果。

王寅(2001,2007)等有关象似性与语言教学之间关系的研究表明,象似性与语言教学进行融合不仅可行,而且具有系统性和可操作性。基于此,我们认为,把从象似性理论衍生而来的象似修辞与语言教学进行融合同样可行。

10.3.3 基于象似性和象似修辞理论的语言教学观对语言教学工作者的要求

将象似性等认知语言学理论付诸教学实践,对语言教学工作者提出了更高的要求,需要不断研究语言符号的理据性关系,对传统上被划归为惯用法的语言现象不断进行认真思考,进一步对其作出详细的语义分析和认知解释,以饷学子(王寅,2007:539)。从认知语言学的视阈出发,探究语言与认知之间的关系及其教学价值,乃当代认知语言学研究者和传播者的任务之一。

10.4 象似性和象似修辞在语言教学中的应用

本书的研究说明,象似修辞同象似性一样存在于语言使用的各个层面和各种体裁之中。由此,语言研究者和语言教学工作者就可以从各个语言层面上分析象似修辞的修辞作用和效果,提高语言交际、欣赏和批评的水平,并改进语言教学的效果。

10.4.1 在语音教学中的应用

根据认知语言学的象似性理论,词的发音与其内容之间不但存在着任意性的关系,而且也存在着一定的理据性的关系。根据第 2 章 2.2 小节的介绍,语音象似主要有如下两大类:一是直接语音象似,即词的发音与其所指之间有着某种直接的联系,这主要指语言中的拟声词;二是间接语音象似,又称"语音象征",主要指英语词语中字母组合的发音与其所指之间存在着一致性,或者说这样的音素组合容易让人产生某种特定的联想:前缀 fl-常表示有流动感的光线或液体的运动,或者表示突然发出的动作,如 flare(闪耀)、flap(拍动)和 float(浮动)等;前缀 sl-常表达滑动感,如 slide(滑动)和 slip(滑到)等;前缀 gl-与闪耀的光线有关,如 glitter(闪烁)和 glint(闪光)等;后缀-ump 常表沉重或笨拙感,如 dump(倾倒)和 bump(撞击)等;后缀-ash 表示剧烈或速度,如 bash(猛击)、clash(砰地相撞)、crash(摔碎/坠落)和 smash(粉碎)等。

就语音象似(修辞)与语言教学之间的关系而言,笔者认为至少存在如下两个方面的关系:一方面,现有的语音象似(修辞)研究成果,有助于指导语言教学工作者在从事英语授课过程中引导学生关注英语词汇的语音形式与其意义之间的一致性,这样做无疑有助于学生发现英语构词的规律性和趣味性,从而提高其记忆效果。例如,孙丽红(2005)对英语拟声词的理据、类型及其语义特征以及拟声词的认知策略等方面所做的研究,有助于帮助语言学习者有效地认知和记忆拟声词,达到举一反三、促进词汇习得的效果。同样,侯广旭(2013)借助于大量的实例对汉英音义象似性的理据性所做的考察分析,也具有类似的教学指导作用。另一方面,现有的语音象似

(修辞)与文学欣赏之间关系的研究成果,有助于语言教学工作者从语音象似修辞的角度入手,引导学生思考、挖掘、欣赏语音象似性手段在诗歌等文学语篇创作中所具有的修辞效果。例如,董洪川(1990)探讨了作为直接语音象似修辞手段的拟声词用法在英语诗歌创作中所具有的修辞功能,即该修辞手段对英诗意境的烘托、气氛的创造以及诗意的生动传达均具有重要的作用;贾卫国(1999)从直接语音象征、联觉语音象征以及两者的混合应用三个方面剖析了语音象似修辞对于诗歌创作的重要作用。不难看出,此类研究为语音象似修辞角度的语言教学提供了一种可资借鉴的分析视角和方法,有助于深化语言学习者对诗歌语篇的把握和理解。

10.4.2 在词汇教学中的应用

根据认知语言学的象似性理论,词的形式与其内容之间存在着一定的理据性关系。由此,语言教学工作者在从事英语语言教学过程中引导学生关注英语词汇的形式与其意义之间的一致性,无疑有助于学生发现英语构词的规律性和趣味性,从而增强记忆的效果。

首先,语言教学工作者对英语词形象似性的介绍与引导,有助于提高英语初学者的学习兴趣,并增强其词汇记忆效果。词形象似性,顾名思义是指词的符号形式与其所指概念之间具有象似关系。词形象似包括如下两种情形:一是直接象似。英语是表音文字,其形态与意义间的联系尽管不像汉字等表意文字那么清晰,但仍有一些词,其词形与词义之间存在着较明显的理据,如 V-neck(V 型领)、T-square(丁字尺)、eye(其中字母 y 像鼻梁,双 e 像眼球)等。尽管这种解释有些牵强,但有助于提高词汇学习兴趣,从而提高记忆效果。二是结构象似。结构象似是指词的符号形式的构成方式与其意义之间存在一致性。英语的构词法有复合、派生、转化、缩略、混成和逆构等。其中,占英语新词汇 40%和 30%的派生词和复合词,其词义与其各组成部分的意义之间存在着明显的动因关系。例如,英语以词根为基础,加上不同的词缀就构成了意义千差万别的词汇,如同一词根 pose 加前缀 dis-(apart),构成 dispose(陈列、布置);加前缀 ex-(out),构成 expose(展览、暴露);加前缀 op-(against),构成 oppose(反对);加前缀 pro-(before)构成 propose(计划、提议)。此类理据性明显的构词方法,显然也有助于提高学生学习词汇的记忆效果。

其次,词序象似性知识对于语言学习者了解和学习词、短语和习语等词汇形式具有一定借鉴意义。语言是思维与认知的结果,是心理的表征。语言构成成分之间不是无序的、杂乱的,而是有着内在的规律性。词的构成成分之间的线性排列次序反映出人类思维与认知的轨迹,即词序映照人类思维与认知的顺序。根据顺序象似性原则,语符单位的排列顺序象似于思维顺序与文化观念。人自以为是万物的尺度,因而很自然地以自我为认识事物的出发点,这样词序与空间顺序、时间顺序和文化观念顺序相一致也就在情理之中了。换言之,词序主要受时间顺序、空间顺序和文化观念等认知因素的制约。对于空间概念,人们的认知顺序一般是从上到下、从前到后、由近及远、从里到外或从外到里;对于时间概念,人们的认知顺序主要遵循从早到晚、从先到后的顺序。此外,文化观念中的性别歧视也反映在英汉词汇内部成分的线性排列上。尽管词的构成成分之间的顺序相对比较固定,或者说已经不可改变,但他们在形成之初也映照着造词者的认知经验、顺序偏爱和修辞操作。因此,语言教学工作者在教学过程中引导学生了解词汇的认知顺序,自然有助于他们了解词汇形成的认知规律和奥秘,从而增强其语言理据分析能力,以提高语言的整体水平。

10.4.3 在句法教学中的应用

陈海叶、赵应吉(2003:150)指出,基于语法与语义之间的映射关系,象似性原则对语言教学,尤其作为外语的英语语法教学具有一定的实践意义;教师有意识地引导学生去认识和体验英语语言语法形式和语义之间和谐相映的关系,教语言的同时教学生了解英汉思维不同的地方,能够让学生充分欣赏形式和内容有机结合所产生的情趣和美感,加强语感,这会在潜移默化中提高学生学习英语的兴趣。

语言象似性的核心类型是拟象象似,而拟象象似又以结构拟象为主。结构拟象象似性原则主要包括顺序象似、距离象似、数量象似、对称象似、非对称象似和范畴象似这六个次类。这里仅以与句法研究最为密切的距离象似性为例,分析象似性原则和象似修辞理论对句法教学的启示:

1) 距离象似性有助于区分及物动词和不及物动词的不同含义

在语言使用过程中,语言形式上的距离往往与其所表达概念上的距离相一致。例如,shoot a tiger(射死老虎)和 shoot at a tiger(朝老虎射击)之间的区别可以借距离象似性得以呈现出来:在前一个短语中,动词与其后面的名词(充当宾语)紧密相连,表示现实中动作与其受事之间紧密接触,意味着受事为施事所"射中";而在后一个短语中,动词与名词之间有介词隔开,映照现实中动词与受事之间的距离,即表达"朝……射击"之意。可以作类似区分的短语还有 hear sb./sth.(听到某人/某事)与 hear of sb./sth.(听说过某人/某事)以及 know sb./sth.(认识某人/知道某事)与 know of sb./sth.

(听说过某人/某事)。介词 of 不出现时,hear 和 know 分别表示"听到"和"认识";而加上介词 of 以后,意义发生了细微的变化,分别表示"通过间接途径听到"或"通过间接途径认识"。

由以上实例分析可见,语符距离的加大象似于现实距离或概念距离的加大。将动词的及物性与现实世界中人们的经验感知联系起来,无疑对语义的理解和记忆都会有很大的帮助,从而提高语言教学的效果。

2) 距离象似性有助于区分否定结构的不同含义

距离象似性可定义为语符距离象似于概念距离。请看如下两例:

(1) He *doesn't like* colored hair.

(2) He *dislikes* colored hair.

例(1)的意思是"他不喜欢彩色发",例(2)的意思则是"他讨厌彩色发"。显然,后者表达的"不喜欢"的程度要比前者深一些。造成这两句间差异的原因可以从否定词(素)与其搭配的动词之间的距离看出:not like(不喜欢)是两个单词,两者之间的距离相对远一些,故其概念义也相对较远,否定意义也就相对较弱;而在 dislike(厌恶)中,否定词缀 dis-已与词根 like(喜欢)融为一个单词,两者之间的距离近,其概念距离自然也近,否定意义随之增强。

3) 距离象似性有助于区分冠词和所有格的不同用法和意义

用和不用冠词,意思相去甚远,这可以借距离象似性原则来解释。例如:

(3) *A teacher and doctor* came to our school yesterday.

(4) *A teacher and a doctor* came to our school yesterday.

以上两例中的主语都是由 and(和)连接的名词短语,不同的是例(3)中 doctor(博士)之前没有不定冠词 a,故两个名词之间的形式距离小于例(4),因此根据距离象似性原则,两者之间的概念距离也相对小一些。这正好说明了为何在前一例中 teacher 和 doctor 指同一个人,而在后一例中却指两个不同的人。与此同理,距离象似性原则可以解释为什么 Lily and Lucy's room(莉莉和露西的房间)是指两人共有的房间,而 Lily's and Lucy's room(莉莉的房间和露西的房间)中的 room(房间)却分属两人。可见,引导学生从距离象似性等原则出发去认识、理解冠词和所有格等语法现象,也是可行的。

4) 距离象似性有助于把握前置限定词的排列次序

英语中心词前的多个形容词排列的次序,对于中国英语学习者而言是个相对困难的句法现象。不过,距离象似性原则有助于阐明此类顺序,即,一个名词同时被前面的几个形容词修饰时,越主要的、越本质的特性往往越靠近中心词,其排列顺序一般为:主观形容词 + 客观形容词。因为在这两者之间,客观特性是事物或概念的本质属性,比主观更为客观、本质,因而它就更靠近所修饰的中心名词。而几个客观形容词一起使用时,也有这种现象,越主要的、越本质的形容词,也越靠近中心词。出处、材料、用途比大小、形状、新旧、颜色更主要,所以更靠近中心名词(王寅,2001:345)。例如,名词短语 a beautiful small round new red French steel table(一张漂亮的新的法国产的圆形红色小钢桌)遵循的顺序是:限定词 + 主观形容词 + 客观形容词 + 形状 + 新旧 + 颜色 + 国籍 + 材料 + 中心词。

由以上分析可以看出,距离象似性能够帮助英语学习者判断词序正误。例如:

(5) the famous delicious Italian pepperoni pizza
　　* the Italian delicious famous pepperoni pizza
　　* the famous pepperoni delicious Italian pizza
　　* the pepperoni delicious famous Italian pizza

上面四个表达式中只有第一个是可以接受的,而其他三个都不能被接受,原因是只有第一个表达式符合语言符号的距离象似性原则。因为 pepperoni(辣香肠)对于 pizza(比萨饼)来说是制作原料,是最本质的,因而最靠近中心词;Italian(意大利的)是产地,距离次之,而 famous(著名的)和 delicious(美味的)是人的主观评价,所以距离中心词更远,其中 delicious 相对于 famous 而言稍具客观性,因此在语符距离上与 pizza 又稍近些(Ungerer & Schmid, 2008:302)。由此,四个形容词之间的正确顺序得以清晰呈现,而其他任何组合顺序都是不可接受的。

5) 距离象似性有助于梳理状语的排列次序

多个不同性质的状语同时出现在一个句子里时,其排列顺序也可借距离象似性原则来解释。例如:

(6) a. The farmers worked hard on the farm from morning till night that day.
　　b. ? The farmers worked on the farm hard from morning till night that day.
　　c. ? The farmers worked hard from morning till night that day on the farm.

不难看出，a 句是最自然的。为什么方式状语 hard（辛勤）要放在地点状语 on the farm（在农场）之前，而地点状语又要放在时间状语 from morning till night that day（那天从早到晚）之前呢？同样，距离象似性原则可以对此做出解释：这三句话的核心都是描述 worked（劳作）这个动作，因此三个状语的排序主要取决于他们与 worked 的概念距离的远近。状语 hard 是用来说明 worked 的程度的，其概念距离与 worked 最近，因此句法关系也应该最近；on the farm 是地点状语，而地点是直观的、可以看见的、更容易感受到的，因而离 worked 的概念距离较近；from morning till night that day（那天从早到晚）是时间状语，而时间是看不见的、相对抽象的，不能被人们直接感知，离 worked 的概念距离最远，因而在句法关系上也离 worked 最远，所以被放在了句子的最后。这种分析显然能够让学生明白多个状语排列顺序背后的认知理据，从而更容易掌握此类用法。

6) 距离象似性有助于区分限定性定语从句与非限定性定语从句的不同用法

限定性与非限定性定语从句在语言表达形式上的主要区别是有无逗号，在语义上也有相应的不同。限定性定语从句之前没有逗号与先行词分开，两者之间靠得较近，反映了人类思维中两者之间概念距离上接近，如果删掉定语从句，句意就不再完整；而非限定性定语从句与先行词之间有逗号分开，两者之间距离相对较远，这是因为两者之间语义上不是很紧密，如果删掉非限定性定语从句，并不会影响句意的完整。例如：

(7) This is the house (which) we bought last month.

(8) The house, which we bought last month, is very nice.

在前一例中，从句与先行词之间无逗号，属限定性定语从句，如果去掉从句部分，则剩下 This is the house.（这就是那座房子。）句子变得不完整。而在后一例中，从句与先行词之间有逗号分开，如果去掉从句部分，则剩下的部分 The house is very nice.（房子很漂亮。）仍然是一个相对完整的句子。可见，让学生从距离象似性的角度去分析、理解定语从句，无疑有助于他们了解该句法现象的本质特点，从而更容易掌握相关用法。

10.4.4 在语义、语用和篇章教学中的应用

10.4.4.1 在语义教学中的应用

在语义学层次上，语言形式与其意义之间存在较大程度的象似性（王寅，2003a：11）。无论在语音、词汇和句子，还是在语义、语用和篇章等各个

语言层面上,象似性和象似修辞都涉及语言形式与其意义之间的关系。由此可见,象似性与语义之间存在着千丝万缕的关系,或者说语义是象似性研究的核心和根本目标。

为便于论述,这里仅以关系拟象象似性为例分析象似性和象似修辞对语义研究和学习的积极作用。如前所述,关系拟象表示语言形式之间的关系与语言意义之间的关系相一致,即形式相同表示意义相同,形式不同表示意义不同。首先,关于形式不同。两个词或句子形式不同,意味着意义不同。例如,因为 Waiting *would have been* a mistake.(当时等待的话,就是个错误。)和 Waiting *has been* a mistake.(等待一直是个错误。)之间存在着时态上的不同,所以其语义之间也存在明显差异;由于 George turned the pages.(乔治翻书页。)和 The pages were turned by George.(书页被乔治翻过了。)之间存在语态上的不一样,所以两者之间语义的侧重点相异:前者的语义描述侧重施事,而后者的则侧重受事。其次,关于形式相同。形式上的相似意味着意义上的相似。语言中存在着大量基于形式-意义连接的词语之间的联想,其结果是词语契合关系。例如,英语中的词首 fl-表示运动,代表着一整个词群;句末的-ʃ表示剧烈或速度。显然,此类归纳和分析便于引导学生寻找英语构词的相同语义理据性,从而便于提高其记忆效果。

10.4.4.2　在语用教学中的应用

我国学界有关象似性与语用学关系方面的研究,主要存在如下两种类型:一是借语用学理论分析象似性原则;二是借象似性理论分析语用现象。作为前一种研究的代表人物,王寅(2003a)将象似性理论与语用学结合起来,对象似性话语和象似性原则进行了语用分析,指出:象似性原则具有较强的语用性,与 Grice、Horn、Levinson 以及 Sperber & Wilson 等许多语用学家提出的语用原则之间存在很多相通之处;从语用角度分析象似性原则,自然会推理出这样的结论:某话语类型与某特定交际目的之间存在较高的对应性,这就是象似性话语,可用来解释特定的语用行为。作为后一种研究的代表人物,侯国金(2007)提出"语用象似论",主要由四个语用象似性原则组成,即,句式—意图象似性原则、话语—语境象似性原则、话语—得体参数象似性原则、话语—距离象似性原则。以上这两种研究路径尽管方向相反,但二者之间并不矛盾,而是一种相辅相成的关系,都是为了阐明象似性与语用学之间的互补作用,都有利于两种理论的发展。

就解释和服务于语言教学的应用价值而言,前一种研究有助于把语用学提升至象似性的研究范围,帮助语言教师培养学生的理据意识和语言分析能力;而后一种研究则旨在把象似性研究提升至语用学的研究范围,帮助语言教师培养学生的语用能力、交际能力和隐喻能力,并促进等效翻译效果的实现(侯国金,2007:70)。

10.4.4.3 在篇章教学中的应用

国内的篇章层面的象似性研究主要在于以下几个方面:项成东、韩炜(2003)从表现形式、表现手段、文体功能及其认知基础四个方面探讨了篇章层面的象似性,并述及象似性原则是篇章连贯的认知基础之一。卢卫中、路云(2006:14-15)从语序象似和对称象似两个方面分析了象似性对篇章衔接和连贯的建立所起的作用。王寅(2006:9-10)指出,从篇章角度来说,一个篇章或一组语句若能与所描写的客观外界和心智世界取得某种方式上的映照性象似关系,该篇章就连贯。如我们在叙述几个连续动作时,即使其间不用连接词语,他们似乎也是在讲述着不同的事情,但根据经验,也能将他们视为一个依据顺序象似性原则组织起来的语句: I switched on the tape recorder, put in the tape, pressed the button …(我打开录音机,放入磁带,按下按键……)。句中所描写的几个动作象似于实际操作录音机的顺序,因而根据经验,它们就能连贯成一个具有接续性的动作,因此自然就有了连贯性。这正是顺序象似性原则在发挥作用。

就篇章层面的象似修辞研究而言,卢卫中(2003a)首次提出了"诗歌象似修辞"说。他指出:诗歌的篇章象似性是指诗歌的篇章组织结构和语言形式部分地(指以行群或诗节为单位)或整体地(指以整首诗为单位)映照、衬托或象似于所要表达的诗意,换言之,指诗歌的篇章结构或外在组织形式对诗意具有映衬作用;而诗歌的篇章象似修辞则指作者在创作过程中为加强诗歌语言的表达效果而对各种篇章象似原则的有意运用。

以上研究告诉我们,语言研究者和语言教学工作者在教学过程中可以引导学生从篇章的角度出发,分析形意关系,考察超篇章的衔接性和连贯性,从而更好地捕捉、把握篇章的意义。

10.4.5 在文学文体学和修辞学教学中的应用

21世纪初以来,我国学者对象似性与文体学的关系进行了有益的探讨:王寅(2000b)提出并论证了象似性是取得文体效果的重要手段这一论断;聂新艳(2003)探讨了顺序象似原则在文学创作中所具有的文体效果,指出基于顺序象似性的文体效果分析对于文学创作和文学批评具有重要作用:一方面有助于作者增强文学作品的艺术效果,另一方面有助于读者提高其阐释、欣赏文学作品的能力;蓝仁哲(2004)借认知语言学的象似性理论对福克纳的小说创作风格进行了分析,指出:福克纳的小说创作既有繁复的一面,又有简洁的一面,即,有的作品具有繁复性,而有的作品却具有简洁性,由此反映了福克纳小说语言具有多样化特征的整体风貌;李婧、卢卫中(2012)分析了数量象似性在叙事语篇中所产生的文体效果,指出语言量调控是叙事语篇的一种重要的文体手段,与文体效果密切相关,因此语言量考察是叙事语篇文体考察的一个重要侧面;卢卫中(2013)探讨了数量象似性在诗体语篇中所产生的文体效果,指出从数量象似性的角度考察诗体语篇的修辞特点及其文体效果是可行的,对于提高读者的诗歌鉴赏水平、使之更好地把握诗人高超的线性艺术具有积极的意义,因此数量象似性考察应该成为诗体语篇文体分析的一个重要层面。

就象似性的修辞性研究而言,卢卫中(2003a)指出:象似修辞是英汉诗歌创作的一种重要修辞手段和方式,象似修辞的运用有助于诗歌音美和形美的构建;郝文杰(2003)从语音象似、句法象似和篇章象似三个层面探讨了语言象似性在交际中所产生的修辞效果;凤群(2005)指出,象似性在文学中的标记性用法是作家取得文体特征的重要方式,并从词汇、句法、篇章层次对 20 世纪盛行于西方文坛的意识流小说中的心理象似修辞做了具体分析。

以上研究为语言研究者和语言教学工作者从象似性和象似修辞的角度分析文学文体和修辞现象奠定了理论和实践基础,说明象似性既是一种文学文体手段,又是一种修辞现象,因此语言研究和语言教学实践过程中既可以从文体学和修辞学两种视域引导学生分析象似性的文体效果和修辞效果,借以提高其文学欣赏水平,又可以引导学生把象似性作为文体手法和修辞手段用于语言写作之中,以改进其写作水平。

10.5　小结

象似性理论一定程度上揭示了语言的规律,因此了解、掌握象似性和象似修辞理论,有助于学生减少信息加工和记忆的负担,从而更好地把握语言规律。正如 Lakoff(1987:346)所指出的那样,学习有理据的东西比学习任意性的东西容易,记忆和运用有理据的知识比记忆和运用任意性的知识容易。由此,象似性和象似修辞理论对语言教学的作用不容忽视。

象似性和象似修辞驱动的教学范式有助于语言教学工作者引导学生增强理据意识,积极探索语言形式背后的理据性,加强对语言现象来源和本质的认识,提升其语言理解、欣赏和应用水平,从而提高他们用语言分析问题和解决问题的能力。

第 11 章
结论与研究展望

11.1 本书的总结和研究发现

11.1.1 本书的总结

　　整体而言,本书在融合认知语言学的象似性理论与修辞学理论的基础上提出了象似修辞理论,并论述了该理论在文学和非文学领域的各种不同体裁的语篇中的运用规律和修辞价值,并阐释了象似修辞理论在翻译研究和语言教学研究等实际领域的应用价值。

　　具体而言,本书首先介绍了象似性的定义、分类和研究现状;然后在其基础上提出了"象似修辞"理论,并介绍了该理论的含义、类别、理论来源、学科特点和研究领域;之后分别考察了文学、演讲、广告和商标四种语篇的象似修辞特点、运作规律及其修辞功能;最后考察了象似性理论和象似修辞理论在翻译研究和语言教学研究等领域的应用和指导价值。

11.1.2 本书的研究发现

　　本书的研究发现主要在于如下五个方面:

　　1) 象似性作为一种修辞方式,被频繁地应用于文学和非文学语篇之中。这充分证明了象似修辞的普遍性和能动性,说明象似修辞是一种常见的修辞手法,对于文学和非文学语篇构建均具有重要的修辞价值,为语篇的修辞分析提供了一个新范式和新视角。

　　2) 象似性在不同的文学和非文学语篇中具有不同的修辞功能。首先,象似性是文学创作中作家有目的地、经常采用的一种特殊而重要的修辞手段,主要涵盖语音象似、语相象似、顺序象似、数量象似、对称象似、被动象似以及多种象似手段的交织使用等类型。象似修辞的运用对于作家模拟客观事物、增强形象感、塑造人物形象、传递创作意图、提高修辞效果、构筑语篇的衔接性和连贯性等方面皆具有重要意义。具体而言,作为两种映象象似修辞手段,语音象似修辞手段能够给文学语篇带来听觉意义上的美感,而语相象似修辞手段则能给文学语篇带来视觉意义上的美感;顺序象似修辞手段则能够赋予文学语篇以次序和逻辑性。就数量象似修辞而言,叙事语篇数量象似修辞和诗体语篇数量象似修辞对于文学语篇的构建和解读具有一定意义;就对称象似修辞而言,镜像对称、重复对称和反意对称皆为文学创作中常用的手法;就被动象似修辞而言,被动结构与主动结构间的比例分析,能够呈现文学作品人物在物理世界或心理世界中的主动性或被动性。当然,多种象似性手法在文学作品中的综合利用,则有助于作者表达复杂的创作意图和含义。

其次,对于演讲语篇而言,象似性可以给语篇带来韵律美、节奏美、对称美和连贯美,表达丰富的内容、强化事物的重要性或弱化事物的严重性,增强语言的表现力、感染力和号召力,从而打动听众,激发他们对演讲内容的兴趣和热情,与演说者产生共鸣,并最终达到劝说受众的目的。

再次,对于广告语篇而言,象似性手法具有如下修辞效果:映象象似手法凭借其视觉和听觉上所具有的感官冲击力,对增强广告的说服力和吸引力起着重要的作用;顺序象似性手法的运用能够使广告语言的排列顺序符合自然的状态或时间发展顺序,使整个广告更显连贯、自然;数量象似手法的使用能够强化广告信息,从而使广告中所要传递的重要信息在消费者心中留下深刻的印象;对称象似修辞手法在广告语篇中的大量使用,不仅有助于构建广告语篇中对称形式上的美感,强调广告中的重要信息,还能够使广告语篇整体上更加衔接连贯。总之,以上这四种象似性手法能够使广告更具视觉和听觉效果,更加生动形象,使消费者很容易被语言形式所吸引,从而关注广告内容,对所宣传的产品或服务产生兴趣,进而产生购买欲望。

最后,对于商标语篇而言,映象象似、拟象象似和隐喻象似都是中外商标命名的重要修辞手段,其修辞效果分别如下:映象象似以语音象似和语相象似两种修辞形式作用于商标名的制作,分别给商标名带来听觉和视觉上的美感;拟象象似以关系象似和结构象似两种形式作用于商标名的制作;隐喻象似以不同的方式作用于中外商标命名,并对中外商标互译产生启示作用。

3) 象似修辞取向的翻译路径和方法有助于译文同时传递原作的形美和意美,从而实现理想的"形神皆似"的修辞翻译效果——对于诗歌翻译而言尤其如此。象似修辞翻译理论对于广义的翻译研究和翻译实践也具有一定的意义和启示。象似修辞翻译观证明,就翻译的可译性而言,不可译是相对的,而可译则是绝对的。换言之,所有翻译对象都是可译的,只是翻译过程中存在着程度上的差别而已;只存在更好的翻译,不存在最好的翻译,最好的翻译不过是可望而不可即的终极目标。

4) 语言的绝对任意观和绝对理据观都是片面的。事实上,语言既具有任意性,又具有理据性,是两者之间的辩证统一。鉴于此,象似性和象似修辞驱动的语言教学范式有助于语言教学工作者引导学生增强理据意识,积极探索语言形式背后的理据性,加强对语言现象来源和本质的深刻认识,提升其语言理解、欣赏和应用水平,从而提高他们借助语言分析问题和解决问题的能力。

5) 相对于传统修辞学而言,认知修辞学具有解释力强和系统性高的特点。认知语言学等认知科学分支学科的理论成果为认知修辞学提供了有力的解释工具,从而更有助于解释修辞现象和修辞规律背后的认知机制和理据性。本质上说,人类的语言交际由语言形式、意义和信息三个部分组成:形式承载意义,意义传递信息。而象似性理论正是以形式和内容之间的关系为出发点来考察语言现象的本质和规律的。这也正是象似性和象似修辞理论具有很强的解释力的原因所在。此外,象似修辞理论从语言的音韵(诉诸听觉)、语相(诉诸视觉)、顺序、数量、对称性和被动性等多个维度全面阐释语言现象,因而具有显著的系统性。当然,这些维度的组合运用,更能呈现该理论模式的系统性和复杂性。

11.2 本书的创新之处和学术价值

本书的创新之处和学术价值至少在于以下四个方面:

1) 理论发展。本书首次提出"象似修辞"理论,并分析该理论对于文学和非文学语篇所具有的普遍的修辞价值,对于丰富、发展象似性理论(乃至整个认知语言学领域的理论)和修辞学理论均具有重要价值。

2) 交叉研究。诞生于20世纪80年代的认知语言学,是一个解释性特色鲜明的语言学流派,其理论和成果为许多传统的语言学现象和观点提供了新的令人信服的系统阐释视角(束定芳,2009)。本研究试图在认知语言学的象似性理论与修辞学理论之间进行交叉研究,从而催生了象似修辞这一崭新的研究领域,因而具有显著的跨学科特色。

3) 研究范围。传统的修辞学研究往往以文学为研究对象。鉴于国外的象似性研究已从最初的语言与文学中的象似性逐渐延伸至非文学领域,包括演讲、广告、商标、新闻、电影等多种应用领域,本研究将象似修辞研究从文学语篇拓展至演讲、广告和商标等非文学语篇,从而大大拓展了我国修辞学研究的领域和范围。

4) 应用价值。语言学领域取得的前沿成果往往对翻译和教学等应用领域具有启示价值。本研究对于文学和非文学领域各种不同体裁语篇中的象似修辞现象进行了系统的探讨,无疑对翻译和语言教学等领域的研究具有一定的启发和指导意义。

11.3 本书的局限性与未来研究展望

在本书中,认知修辞学的概念偏窄,仅限于对象似性的修辞性的研究,而将认知语言学其他理论的修辞性研究排除在外,从而导致本书的理论研究范围具有局限性。

相反,倘若将认知语言学的其他理论,如范畴化、概念隐喻、概念转喻、识解、框架、脚本、心理空间、概念整合等理论结合起来,或者分别探讨各种理论的修辞性,或者分析不同理论的修辞性之间的互动关系,借以揭示认知修辞学的全貌,即可弥补本研究的不足。这也正是本研究未来发展的方向和拟解决的问题。

当然,基于全部认知语言学理论的认知修辞学仍属于狭义认知修辞学的研究范畴。广义上,认知修辞学是修辞学与哲学、社会心理学、认知心理学等交叉后形成的分支学科,具有认知科学的属性,因此广义认知修辞学具有更广阔的研究疆域和发展空间。

参 考 文 献

Aaker, D. 1991. *Managing Brand Equity*. New York: Free Press.
Aaker, D. 1995. *Building Strong Brands*. New York: Free Press.
Alderson, S. J. 1999. Iconicity in literature: Eighteenth- and nineteenth-century prose writing. In M. Nänny & O. Fischer (eds.), *Form Miming Meaning: Iconicity in Language and Literature*. Amsterdam: John Benjamins, 109–120.
Andrews, E. 1990. *Markedness Theory: The Union of Asymmetry and Semiosis in Language*. Durham: Duke University Press.
Bergien, A. 2007. Iconicity in the coding of pragmatic functions: The case of disclaimers in argumentative discourse. In E. Tabakowska, et al. (eds.), *Insistent Images: Iconicity in Language and Literature 5*. Amsterdam: John Benjamins, 289–300.
Bolinger, D. 1977. *Meaning and Form*. London: Longman.
Brown, G. & G. Yule. 1983. *Discourse Analysis*. Oxford: Oxford University Press.
Butters, R. & J. Westerhaus. 2002. Linguistic change in words one owns: How trademarks become "generic". In D. Minkova & R. Stockwell (eds.), *Studies in the History of the English Language: A Millennial Perspective*. Berlin: Walter de Gruyter, 111–123.
Bybee, J. L. 1985. Diagrammatic iconicity in stem-inflection relations. In J. Haiman (ed.), *Iconicity in Syntax*. Amsterdam: John Benjamins, 11–47.
Chafe, W. 1970. *Meaning and Structure of Language*. Chicago: University of Chicago Press.
Chang, H. 2011. Mental space mapping in classical Chinese poetry: A cognitive approach. In P. Michelucci, O. Fischer & C. Ljungberg (eds.), *Semblance and Signification: Iconicity in Language and Literature 10*. Amsterdam: John Benjamins, 251–268.

Chomsky, N. 1968. *Language and Mind* (Revised Edition). New York: Harcourt, Brace and World.
Colapietro, V. 2010. Literary practices and imaginative possibilities: Toward a pragmatic understanding of iconicity. In C. J. Conradie, et al. (eds.), *Signergy: Iconicity in Language and Literature 6*. Amsterdam: John Benjamins Publishing Company, 23–46.
Conradie, C. J., et al. (eds.). 2010. *Signergy: Iconicity in Language and Literature 6*. Amsterdam: John Benjamins Publishing Company.
Cook, G. 1992/2001. *The Discourse of Advertising* (Second Edition). London: Routledge.
Croft, W. 1990. *Typology and Universals*. Cambridge: Cambridge University Press.
Croft, W. 2008. On iconicity of distance. *Cognitive Linguistics*, 19(1): 49–57.
Croft, W. & D. A. Cruse. 2005. *Cognitive Linguistics*. Cambridge: Cambridge University Press.
Crystal, D. 1987. *The Cambridge Encyclopedia of Language*. Cambridge: Cambridge University Press.
Danesia, M. 2006. Brands and logos. *Encyclopedia of Language & Linguistics* (Second Edition). Toronto: University of Toronto Press.
Dawar, N. & P. Anderson. 1994. The effects of order and direction on multiple brand extensions. *Journal of Business Research*, 30: 119–129.
de Cuypere, L. 2008. *Limiting the Iconic: From the Metatheoretical Foundations to the Creative Possibilities of Iconicity in Language: Iconicity in Language and Literature 6*. Amsterdam: John Benjamins.
Dotter, F. 1995. Nonarbitrariness and iconicity: Coding possibilities. In M. E. Landsberg (ed.), *Syntactic Iconicity and Linguistic Freezes: The Human Dimension*. Berlin: Mouton de Gruyter, 47–55.
Elleström, L. 2010. Iconicity as meaning miming meaning and meaning miming form. In C. J. Conradie, et al. (eds.), *Signergy: Iconicity in Language and Literature 6*. Amsterdam: John Benjamins Publishing Company, 73–100.

Elleström, L. 2013. Introduction: Instrumental and formal iconic signs. In L. Elleström, O. Fischer & C. Ljungberg (eds.), *Iconic Investigations: Iconicity in Language and Literature 12*. Amsterdam: John Benjamins, 1–9.

Elleström, L., O. Fischer & C. Ljungberg. 2013. *Iconic Investigations: Iconicity in Language and Literature 12*. Amsterdam: John Benjamins.

Enkvist, N. E. 1971. On the place of style in some linguistic theories. In S. Chatman (ed.), *Literary Style: A Symposium*. Oxford: Oxford University Press, 47–61.

Feng, C. 1995. *A Handbook of English Rhetorical Devices*. Beijing: Foreign Language Teaching and Research Press.

Fernelius, W. C. 1982. By any other name: Trademarks and "generic" names. *Journal of Chemical Education*, 59(7): 572–573.

Fischer, A. 1999. Graphological iconicity in print advertising: A typology. In M. Nänny & O. Fischer, *Form Miming Meaning: Iconicity in Language and Literature*. Amsterdam: John Benjamins, 251–283.

Fischer, O. & M. Nänny. 1999. Iconicity as a creative force in language use. In M. Nänny & O. Fischer (eds.), *Form Miming Meaning: Iconicity in Language and Literature*. Amsterdam: John Benjamins, xv–xxxvi.

Fischer, O. & M. Nänny. 2001. *The Motivated Sign: Iconicity in Language and Literature 2*. Amsterdam: John Benjamins.

Fischer, O. & W. G. Müller. 2003. Introduction: From signing back to signs. In W. G. Müller & O. Fischer, *From Sign to Signing: Iconicity in Language and Literature 3*. Amsterdam: John Benjamins, 1–22.

Georis, C. 2005. Iconic strategies in Monteverdi's Madrigali Guerrieri et Amorosi "Altri Canti d'Amor". In C. Maeder, O. Fischer & W. J. Herlofsky (eds.), *Outside-In—Inside-Out: Iconicity in Language and Literature 4*. Amsterdam: John Benjamins, 217–237.

Givón, T. 1985. Iconicity, isomorphism and non-arbitrary coding in syntax. In J. Haiman (ed.), *Iconicity in Syntax*. Cambridge: Cambridge University Press, 187–219.

Givón, T. 1989. *Mind, Code and Context: Essays in Pragmatics*. Hillsdale, NJ: Erlbaum.

Givón, T. 1995a. Coherence in text vs. coherence in mind. In M. A. Gernsbacher & T. Givón (eds.), *Coherence in Spontaneous Text*. Amsterdam: John Benjamins, 59–115.

Givón, T. 1995b. Isomorphism in the grammatical code: Cognitive and biological considerations. In R. Simone (ed.), *Iconicity in Language*. Amsterdam: John Benjamins, 47–76.

Goh, R. B. H. 2001. Iconicity in advertising signs: Motive and method in miming "the body". In O. Fischer & M. Nänny (eds.), *The Motivated Sign: Iconicity in Language and Literature 2*. Amsterdam: John Benjamins, 189–210.

Grote, K. & E. Linz. 2003. The influence of sign language iconicity on semantic conceptualization. In W. G. Müller & O. Fischer (eds.), *From Sign to Signing: Iconicity in Language and Literature 3*. Amsterdam: John Benjamins, 23–40.

Haiman, J. 1980. The iconicity of grammar: Isomorphism and motivation. *Language*, 56: 515–540.

Haiman, J. 1985a. *Iconicity in syntax*. Amsterdam: John Benjamins.

Haiman, J. 1985b. *Natural Syntax: Iconicity and Erosion*. Cambridge: Cambridge University Press.

Haiman, J. 2008. In defence of iconicity. *Cognitive Linguistics*, 19(1): 35–48.

Haley, M. C. 1988. *The semeiosis of poetic metaphor*. Bloomington, IN: Indiana University Press.

Halliday, M. A. K. & R. Hasan. 1985. *Language, Context and Text*. Victoria: Deakin University Press.

Hancil, S. & D. Hirst. 2013. *Prosody and Iconicity: Iconicity in Language and Literature 13*. Amsterdam: John Benjamins.

Haspelmath, M. 2008a. Frequency vs. iconicity in explaining grammatical asymmetries. *Cognitive Linguistics*, 19(1): 1–33.

Haspelmath, M. 2008b. Reply to Haiman and Croft. *Cognitive Linguistics*, 19(1): 59–66.

Hawkes, T. 1977. *Structuralism and Semiotics*. London: Methuen &

Co. Ltd.
Herlofsky, W. J., et al. 2005. Introduction: Iconicity inside-out. In C. Maeder, et al. (eds.), *Outside-In—Inside-Out: Iconicity in Language and Literature 4*. Amsterdam: John Benjamins, 1–12.
Hiraga, M. K. 1994. Diagrams and metaphors: Iconic aspects in language. *Journal of Pragmatics*, 22: 5–21.
Hiraga, M. K. 2005. *Metaphor and Iconicity: A Cognitive Approach to Analyzing Texts*. New York: Palgrave Macmillan.
Hiraga, M. K., et al. 2015. *Iconicity: East Meets West: Iconicity in Language and Literature 14*. Amsterdam: John Benjamins.
Holt, D. 2004. *How Brands Become Icons: The Principles of Cultural Branding*. Cambridge: Harvard University Press.
Hu, Z. 2011. Imagic iconicity in the Chinese language. In P. Michelucci, O. Fischer & C. Ljungberg (eds.), *Semblance and Signification: Iconicity in Language and Literature 10*. Amsterdam: John Benjamins, 83–99.
Jacobson, R. 1965. Quest for the essence of language. *Diogenes*, 51: 21–37.
Johansen, J. D. 2003. Iconizing literature. In W. G. Müller & O. Fischer, *From Sign to Signing: Iconicity in Language and Literature 3*. Amsterdam: John Benjamins, 379–410.
Johl, R., et al. 2010. Introduction: Signergy. In C. J. Conradie, et al. (eds.), *Signergy: Iconicity in Language and Literature 6*. Amsterdam: John Benjamins Publishing Company, 1–20.
Keiko, T. 1994. *Advertising Language*. London: Routledge.
Kennedy, G. 2000. *An Introduction to Corpus Linguistics*. Beijing: Foreign Language Teaching and Research Press.
Lakoff, G. 1987. *Women, Fire, and Dangerous Things: What Categories Reveal about the Mind*. Chicago: University of Chicago Press.
Lakoff, G. & M. Johnson. 1980. *Metaphors We Live By*. Chicago: Chicago University Press.
Lakoff, G. & M. Turner. 1989. *More than Cool Reason: A Field Guide to Poetic Metaphor*. Chicago: University of Chicago Press.
Landsberg, M. E. 1995. *Syntactic Iconicity and Linguistic Freezes: The*

Human Dimension. Berlin: Mouton de Gruyter.

Langacker, R. W. 2004. *Foundations of Cognitive Grammar (Vol. 1): Theoretical Prerequisites*. Beijing: Peking University Press.

Leech, G. N. 1996. *English in Advertising*. London: Longman Group Ltd.

Leech, G. N. & M. H. Short. 1981/2001. *Style in Fiction: A Linguistic Introduction to English Fictional Prose*. Beijing: Beijing Foreign Language Teaching and Research Press.

Li, C. N. & S. A. Thompson. 1981. *Mandarin Chinese: A Functional Reference Grammar*. Berkeley: University of California Press.

Ljungberg, C. 2001. Iconic dimensions in Margaret Atwood's poetry and prose. In O. Fischer & M. Nänny (eds.), *The Motivated Sign: Iconicity in Language and Literature 2*. Amsterdam: John Benjamins, 351–366.

Ljungberg, C. 2012. *Creative Dynamics: Diagrammatic Strategies in Narrative: Iconicity in Language and Literature 11*. Amsterdam: John Benjamins.

Ljungberg, C. & E. Tabakowska. 2007. Introduction: Insistent Images. In E. Tabakowska, et al. (eds.), *Insistent Images: Iconicity in Language and Literature 5*. Amsterdam: John Benjamins, 1–14.

Lucas, S. E. 1998. *The Art of Public Speaking*. Boston: McGraw-Hill.

Lyons, J. 1977. *Semantics* (Volumes I & II). Cambridge: Cambridge University Press.

Maeder, C. 2013. Opera, oratorio, and iconic strategies. In L. Elleström, O. Fischer & C. Ljungberg (eds.), *Iconic Investigations: Iconicity in Language and Literature 12*. Amsterdam: John Benjamins, 275–289.

Maeder, C., O. Fischer & W. J. Herlofsky. 2005. *Outside-In—Inside-Out: Iconicity in Language and Literature 4*. Amsterdam: John Benjamins.

Makay, J. 1999. *Public Speaking: Theory into Practice*. New York: Harcourt Brace College Publishers.

Michelucci, P. 2011. Introduction. In P. Michelucci, O. Fischer & C. Ljungberg (eds.), *Semblance and Signification: Iconicity in*

Language and Literature 10. Amsterdam: John Benjamins, xi–xii.

Michelucci, P., O. Fischer & C. Ljungberg. 2011. *Semblance and Signification: Iconicity in Language and Literature 10*. Amsterdam: John Benjamins.

Mooijer, H. 2013. Shared and direct experiential iconicity in digital reading games: Interactivity's implications in Weir's Silent Conversation. In L. Elleström, O. Fischer & C. Ljungberg (eds.), *Iconic Investigations: Iconicity in Language and Literature 12*. Amsterdam: John Benjamins, 191–209.

Morreale, S. P. & C. L. Bovee. 1998. *Excellence in Public Speaking*. Florida: Harcourt Brace & Company.

Moser, S. 2007. Iconicity in multimedia performance: Laurie Anderson's *White Lily*. In E. Tabakowska, C. Ljungberg & O. Fischer (eds.), *Insistent Images: Iconicity in Language and Literature 5*. Amsterdam: John Benjamins, 323–345.

Müller, W. G. 1999. The Iconic Use of Syntax in British and American Fiction. In O. Fischer & M. Nanny, *The Motivated Sign: Iconicity in Language and Literature 2*. Amsterdam: John Benjamins, 393–408.

Müller, W. G. 2001. Iconicity and rhetoric: A note on the iconic force of rhetorical figures in Shakespeare. In O. Fischer & M. Nänny, *The Motivated Sign: Iconicity in Language and Literature 2*. Amsterdam: John Benjamins, 305–322.

Müller, W. G. & O. Fischer. 2003. *From Sign to Signing: Iconicity in Language and Literature 3*. Amsterdam: John Benjamins.

Nänny, M. 1986. Iconicity in literature. *Word & Image*, 2: 199–208.

Nänny, M. 2001. Iconic functions of long and short lines. In O. Fischer & M. Nänny, *The Motivated Sign: Iconicity in Language and Literature 2*. Amsterdam: John Benjamins, 157–188.

Nänny, M. 2005. Iconic uses of rhyme. In C. Maeder, O. Fischer & W. J. Herlofsky, *Outside-In—Inside-Out: Iconicity in Language and Literature 4*. Amsterdam: John Benjamins, 195–215.

Nänny, M. & O. Fischer. 1999. *Form Miming Meaning: Iconicity in Language and Literature*. Amsterdam: John Benjamins.

Naudé, J. A. 2010. Iconicity and developments in translation studies. In C. J. Conradie, et al. (eds.), *Signergy: Iconicity in Language and Literature 6*. Amsterdam: John Benjamins Publishing Company, 387–411.

Norrman, R. 1999. Creating the world in our image: A new theory of love of symmetry and iconist desire. In M. Nänny & O. Fischer, *Form Miming Meaning: Iconicity in Language and Literature*. Amsterdam: John Benjamins, 59–82.

Nöth, W. 2001. Semiotic foundations of iconicity in language and literature. In O. Fischer & M. Nänny, *The Motivated Sign: Iconicity in Language and Literature 2*. Amsterdam: John Benjamins, 17–28.

Perniss, P., O. Fischer & C. Ljungberg (eds.). 2020. *Operationalizing Iconicity*. Amsterdam: John Benjamins.

Perrine, L. 1977. *Sound and Sense: An Introduction to Poetry* (Fifth Edition). New York: Harcourt Brace Jovanovich, Inc.

Petrilli, S. 2010. Translation, iconicity, and dialogism. In C. J. Conradie, et al. (eds.), *Signergy: Iconicity in Language and Literature 6*. Amsterdam: John Benjamins Publishing Company, 367–386.

Piller, I. 1999. Iconicity in brand names. In M. Nänny & O. Fischer (eds.), *Form Miming Meaning: Iconicity in Language and Literature*. Amsterdam: John Benjamins, 325–341.

Posner, R. 1986. Iconicity in syntax. In P. Bouissac, et al. (eds.), *Iconicity: Essays on the Nature of Culture*. Tübingen: Stauffenburg, 305–337.

Purdy, S. B. 2007. The language of film is a matrix of icons. In E. Tabakowska, C. Ljungberg & O. Fischer (eds.), *Insistent Images: Iconicity in Language and Literature 5*. Amsterdam: John Benjamins, 173–189.

Radwańska-Williams, J. 1994. The problem of iconicity. *Journal of Pragmatics*, 22: 23–36.

Richards, I. A. 1936. *The Philosophy of Rhetoric*. Oxford: Oxford University Press.

Robbie, B. H. G. 2001. Iconicity in advertising signs. In O. Fischer & M. Nänny, *The Motivated Sign: Iconicity in Language and Literature 2*. Amsterdam: John Benjamins, 189–210.

Rosch, E. 1978. Cognitive representations of semantic categories. *Journal of Experimental Psychology: General*, 104(3): 192–233.

Sadowski, P. 2009. *From Interaction to Symbol: A Systems View of the Evolution of Signs and Communication: Iconicity in Language and Literature 7*. Amsterdam: John Benjamins.

Sapir, E. 1921. *Language: An Introduction to the Study of Speech*. New York: Harcourt, Brace and World.

Saussure, F. 1972. *Course in General Linguistics*. Paris: Gerald Duckworth & Co. Ltd.

Short, M. H. 1996. *Exploring the Language of Poems, Plays and Prose*. London: Longman.

Simone, R. 1995. *Iconicity in Language*. Amsterdam: John Benjamins.

Slobin, D. I. 2005. Linguistic representations of motion events: What is signifier and what is signified? In C. Maeder, O. Fischer & W. J. Herlofsky, *Outside-In—Inside-Out: Iconicity in Language and Literature 4*. Amsterdam: John Benjamins, 307–322.

Sperber, D. & D. Wilson. 1986. *Relevance: Communication and Cognition*. Oxford: Basil Blackwell.

Stubbs, M. 1983. *Discourse Analysis: The Sociolinguistic Analysis of Natural Language*. Oxford: Basil Blackwell.

Tabakowska, E. 1999. Linguistic expression of perceptual relationships: Iconicity as a principle of text organization. In M. Nänny & O. Fischer (eds.), *Form Miming Meaning: Iconicity in Language and Literature*. Amsterdam: John Benjamins, 409–422.

Tabakowska, E. 2003. Iconicity and literary translation. In W. G. Müller & O. Fischer, *From Sign to Signing: Iconicity in Language and Literature 3*. Amsterdam: John Benjamins, 361–378.

Tabakowska, E., C. Ljungberg & O. Fischer. 2007. *Insistent Images: Iconicity in Language and Literature 5*. Amsterdam: John Benjamins.

Tai, J. H-Y. 1985. Temporal sequence and Chinese word order. In J.

Haiman (ed.), *Iconicity in Syntax*. Amsterdam: John Benjamins, 49 – 72.

Talmy, L. 1978. Figure and ground in complex sentences. In J. H. Greenberg (ed.), *Universals of Human Language* (Vol.4). Stanford, CA: Stanford University Press, 625 – 649.

Tanaka, K. 1994. *Advertising Language: A Pragmatic Approach to Advertisements in Britain and Japan*. London: Routledge.

Taylor, J. 1993. Some pedagogical implications of cognitive linguistics. In R. A. Geiger & B. Rudzka-Ostyn (eds.), *Conceptualizations and Mental Processing in Language*. Berlin: Mouton de Gruyter.

Terblanche, E. & M. Webster. 2007. Eco-iconicity in the poetry and poem-groups of E. E. Cummings. In E. Tabakowska, C. Ljungberg & O. Fischer (eds.), *Insistent Images: Iconicity in Language and Literature 5*. Amsterdam: John Benjamins, 155 – 172.

Thornborrow, J. & S. Wareing. 2000. *Patterns in Language: Stylistics for Students of Language and Literature*. Beijing: Foreign Language Teaching and Research Press.

Turner, M. 1987. *Death Is the Mother of Beauty: Mind, Metaphor, Criticism*. Chicago: University of Chicago Press.

Turner, M. 1991. *Reading Minds: The Study of English in the Age of Cognitive Science*. Princeton: Princeton University Press.

Turner, M. 1996. *The Literary Mind*. New York: Oxford University Press.

Turner, M. 2013. Iconicity by blending. In L. Elleström, O. Fischer & C. Ljungberg (eds.), *Iconic Investigations: Iconicity in Language and Literature 12*. Amsterdam: John Benjamins, 13 – 24.

Ungerer, F. & H. Schmid. 2008. *An Introduction to Cognitive Linguistics*. Beijing: Foreign Language Teaching and Research Press.

Wales, K. 2001. *A Dictionary of Stylistics* (Second Edition). Harlow, England: Pearson Education Limited.

Webster, M. 1999. "Singing is silence": Being and nothing in the visual poetry of E. E. Cummings. In In M. Nänny & O. Fischer (eds.), *Form Miming Meaning: Iconicity in Language and Literature*. Amsterdam: John Benjamins, 199 – 214.

Willems, K. & L. de Cuypere. 2008. *Naturalness and Iconicity in Language: Iconicity in Language and Literature 7*. Amsterdam: John Benjamins.

Willems, K. & L. de Cuypere. 2008. *Naturalness and Iconicity in Language: Iconicity in Language and Literature 7*. Amsterdam: John Benjamins.

Wolf, W. 2003. Intermedial iconicity in fiction: Tema con variazioni. In W. G. Müller & O. Fischer (eds.), *From Sign to Signing: Iconicity in Language and Literature 3*. Amsterdam: John Benjamins, 339–360.

Wright, L. & J. Hope. 2000. *Stylistics: A Practical Coursebook*. Beijing: Foreign Language Teaching and Research Press.

Wyss, E. L. 1999. Iconicity in the digital world: An opportunity to create a personal image? In M. Nänny & O. Fischer (eds.), *Form Miming Meaning: Iconicity in Language and Literature*. Amsterdam: John Benjamins, 285–304.

Yang, X., G. Yang & S. Hu (trans.). 1983. *Selections from the "Book of Songs"*. Beijing: Chinese Literature (Panda Books).

Zhao, X. 2011. A burning world of war: How iconicity works in constructing the fictional world view in *A Farewell to Arms*. In P. Michelucci, O. Fischer & C. Ljungberg (eds.), *Semblance and Signification: Iconicity in Language and Literature 10*. Amsterdam: John Benjamins, 211–230.

Zirker, A. et al. 2017. *Dimensions of Iconicity: Iconicity in Language and Literature 15*. Amsterdam: John Benjamins.

曹逢甫.1995.《主题在汉语中的功能研究——迈向语段分析的第一步》.(谢天蔚译).北京：语文出版社.

柴改英.2000.顺序象似原则及其对系统功能语法的解释.《解放军外国语学院学报》,1：24-27.

柴改英.2004.英语广告语篇的同一修辞研究.上海外国语大学博士学位论文.

陈才宇.1995.《诗苑小憩——美国卷》.上海：世界图书出版公司.

陈福康.1992.《中国译学理论史稿》.上海：上海外语教育出版社.

陈海叶、赵应吉.2003.句法象似性及其对英语语法教学的启示.《重庆工商大学学报》,3：148-150.

陈宏薇.1998.《汉英翻译基础》.上海：上海外语教育出版社.
陈榴.1996.文字商标的语言特征.《辽宁师范大学学报(社科版)》,3：39-41.
陈其功.2002.广告英语话语基调分析.《西安外国语学院学报》,3：55-58.
陈汝东.2001.《认知修辞学》.广州：广东教育出版社.
陈新仁.1998.论广告用语中的语用预设.《外国语》,5：54-57.
陈再阳.2015.音像、音势、音型：汉语音韵要素的象似性及聚合类词族.《当代修辞学》,4：83-93.
成时(译).1998.《汤姆·索亚历险记》.北京：人民文学出版社.
褚孝泉.1997.略谈语言的图象性.载陆国强.《现代英语研究》.上海：复旦大学出版社.
党兰玲.2008.文化语境与英汉商标语用翻译.《郑州航空工业管理学院学报(社会科学版)》,4：100-102.
党争胜、马丽萍.2011.象似性理论观照下的文学翻译语篇形似问题思考.《外语教学》,2：102-106.
邓海丽.2010.论《关雎》音韵的语篇象似性.《中国外语》,4：35-40.
邓志勇.2000.广告中的类比.《外语与外语教学》,2：38-42.
董洪川.1990.英语诗歌中的拟声词修辞功能浅论.《四川外语学院学报》,3：10-16.
杜文礼.1996.语言的象似性探微.《四川外语学院学报》,1：60-65.
费尔迪南·德·索绪尔.1980.《普通语言学教程》(高名凯译).北京：商务印书馆.
凤群.2005.意识流小说心理象似修辞之探索.《四川外语学院学报》,1：67-71.
傅梦媛.2002.商标词翻译的文化对等.《井冈山师范学院学报(哲学社会科学)》,2：84.
傅仲选.1993.《实用翻译美学》.上海：上海外语教育出版社.
高红云、蒯振华.2011.语言交际中句式选择的认知语用阐释.《外语学刊》,1：25-28.
葛校琴.1999.翻译"神似"论的哲学-美学基础.《中国翻译》,4：15-17.
龚晓斌.2008.数量象似性原则在汉英互译中的应用.《上海翻译》,4：41-43.
龚益.1996.躲在商标背后的文化.《中华商标》,2：19-20.
辜正坤.1998.《中西诗歌鉴赏与翻译》.长沙：湖南人民出版社.
古远清、孙光萱.1995.《诗歌修辞学》.武汉：湖北教育出版社.
顾嘉祖、王静.2004.语言既是任意的又是非任意的——试论语言符号任意性与象似性的互补关系.《外语与外语教学》,6.

郭鸿.1998.《英语文体分析》.北京:军事谊文出版社.

郭鸿.2001.索绪尔的语言符号任意性原则是否成立.《外语研究》,1:43-47,54.

郭继懋、王红旗.2001.粘合补语和组合补语表达差异的认知分析.《世界汉语教学》,2:14-22.

郭熙煌.2000.句法象似的文化阐释.《四川外语学院学报》,3:66-69.

韩景泉、刘爱英.2000.生成语法理论与句法象似性的一致性.《外国语》,3:18-24.

郝文杰.2003.论语言象似的修辞作用.《外国语言文学》,1:38-40.

何功杰.1998.《英诗选读》.合肥:安徽教育出版社.

贺川生.2002.音义学:研究音义关系的一门学科.《外语教学与研究》,1:22-29.

侯广旭.2013.基于语音学与语义学视角的汉英音义象似性研究.《南京审计学院学报》,3:94-102.

侯国金.2006.象似性原则的准则和象似性的语用性.载《外国语言文学》编辑部.《语用学研究:文化、认知与应用》.福州:福建人民出版社,244-265.

侯国金.2007.语用象似论.《语言教学与研究》,2:64-71.

侯敏.2012.《认知视阈下的语言与翻译研究》.北京:中国社会科学出版社.

胡开宝.1999.英汉商标品牌名称对比研究.《上海交通大学学报(社会科学版)》,6:118-121.

胡曙中.1993.《英汉修辞比较研究》.上海:上海外语教育出版社.

胡壮麟.2009.对语言象似性和任意性之争的反思.《北京大学学报(哲学社会科学版)》,3:95-102.

胡壮麟.2011.汉语映象象似性.载 P. Michelucci, et al. *Semblance and Signification: Iconicity in Language and Literature 10* (pp.83-99). Amsterdam: John Benjamins.

胡宗锋.1998.汉英图像诗赏析与比较.《西北大学学报(哲学社会科学版)》,4:119-122.

黄杲炘.1999.《从柔巴依到坎特伯雷——英语诗汉译研究》.武汉:湖北教育出版社.

黄国文.1988.《语篇分析概要》.长沙:湖南教育出版社.

黄国文.2001.《语篇分析的理论与实践——广告语篇研究》.上海:上海外语教育出版社.

黄任.2003.《英语修辞与写作》.上海：上海外语教育出版社.
霍永寿、孙晨.2017.语言哲学视野下的索绪尔符号任意性.《外国语》,6：49-56.
季丽莉.2008.商标的社会语言学分析.《社会科学家》,8：159-160.
贾卫国.1999.英语诗歌的语音象征.《山东外语教学》,2：39-43.
江枫.2001."新世纪的新译论"点评.《中国翻译》,3：21-26.
蒋澄生、廖定中.2009.象似性在成语中的体现.《外语教学》,6：14-16.
蒋平.2004.语言结构的空间顺序.《解放军外国语学院学报》,1：10-14.
蒋严.2008a.关联理论的认知修辞学说(上).《修辞学习》,3：1-9.
蒋严.2008b.关联理论的认知修辞学说(下).《修辞学习》,4：14-21.
鞠玉梅.2009.论修辞话语的解构性.《西安外国语学院学报》,3：61-64.
孔淑娟、袁群英.2011.广告语篇中的拟象象似修辞研究.《长春理工大学学报》,5：65-66.
蓝仁哲.2004.福克纳小说文本的象似性——福克纳语言风格辨析.《外国语》,6：65-70.
李葆嘉.1994a.论索绪尔符号任意性原则的失误与复归.《语言文字应用》,3：22-28.
李葆嘉.1994b.论语言符号的可论证性、论证模式及其价值.《江苏教育学院学报》,2：63-66.
李定坤.1994.《汉英辞格对比与翻译》.武汉：华中师范大学出版社.
李瑾.2004.论汉语修辞行为的象似性.《临沂师范学院学报》,5：86-89.
李婧、卢卫中.2012.数量象似性的文体效果——以叙事语篇为例.《外语研究》,1：10-14.
李明.2008.语言符号的根本属性是任意的——兼与陆丙甫、郭中两位先生商榷.《外国语》,2：40-48.
李世中.1987.谈汉语声调对词义的象征性.《光明日报》,4月14日,第3版.
李淑琴、马会娟.2000.从符号学看商标词的翻译.《上海科技翻译》,4：43-46.
李鑫华.2005.隐喻象似初探.《四川外语学院学报》,2：70-73.
李艳华.2009."一边p,一边q"的句法象似性.《汉语学习》,5：59-64.
李志岭.2002.语相学与诗歌解读.《福建外语》,2：56-61.
林书武.1995.《隐喻与象似性》简介.《国外语言学》,3：40-42.
林艳.2009.语词音义联系体现了语言符号的象似性.《现代语文》,12：13-16.
林玉霞.2001.语境中的横组合和纵聚合关系与翻译.《外语教学》,2：32-35.

林中晨.2007.论广告英语中的象似性.《宜宾学院学报》,10:91-93.
刘丹青、陈玉洁.2008.汉语指示词语音象似性的跨方言考察(上).《当代语言学》,4:289-297.
刘丹青、陈玉洁.2009.汉语指示词语音象似性的跨方言考察(下).《当代语言学》,1:1-9.
刘国辉、汪兴富.2010.论诗歌意象建构的认知途径:象似性与隐喻性表征.《外语教学》,3:24-27.
刘礼进.1999.篇章语序认知分析.《福建外语》,1:35-41.
刘宓庆.1999.《当代翻译理论》.北京:中国对外翻译出版公司.
刘宁生.1995.汉语偏正结构的认知基础及其在语序类型学上的意义.《中国语文》,2:81-89.
卢卫中.2002.词序的认知基础.《解放军外国语学院学报》,5:5-9.
卢卫中.2003a.诗歌象似修辞研究.《外国语言文学》,1:60-64.
卢卫中.2003b.象似性与"形神皆似"翻译.《外国语》,6:62-69.
卢卫中.2011a.论象似修辞翻译.《东方翻译》,4:20-25.
卢卫中.2011b.语言象似性研究综述.《外语教学与研究》,6:840-849.
卢卫中.2013.英汉诗体语篇数量象似性的文体效果研究——反思索绪尔的任意说.《山东外语教学》,1:23-29.
卢卫中、路云.2006.语篇衔接与连贯的认知机制.《外语教学》,1:13-18.
陆丙甫、郭中.2005.语言符号理据性面面观.《外国语》,6:32-39.
陆丙甫、刘小川.2015.语法分析的第二个初始起点及语言象似性.《语言教学与研究》,4:33-48.
路云.2006.句序的时空认知特点.《山东外语教学》,3:44-49.
罗新璋.1984.《翻译论集》.北京:商务印书馆.
马秉义.2002.果裸转语与R词族比较.载杨自检(主编).《英汉语比较与翻译》.上海:上海外语教育出版社,135-142.
马壮寰.2002.任意性:语言的根本属性.《外语研究》,4:10-13.
孟华.1997.词语的符号性及其命名理论.《解放军外国语学院学报》,2.
聂新艳.2003.认知语言学中的顺序象似原则及其文体效果.《天津外国语学院学报》,4:31-36.
潘少思.2006.从象似性角度看语篇层面的翻译.《大学英语》,2.
彭桂芝.1999.浅谈英语商标词构成的心理理据.《武汉工业学院学报》,3:72-75.
彭茗玮.2011.社会信息学视域下广告隐喻的解构——兼论多模态分析法的

认知缺陷.《现代传播》,9:93-97.
秦洪武.2000.翻译中的句法异化与归化.《外语教学与研究》,5:368-473.
秦洪武.2001.语言结构的顺序象似性.《外语研究》,1:39-42.
秦秀白.2002.《英语语体和文体要略》.上海:上海外语教育出版社.
覃学岚.2001.《英汉对比与互译教程》.北京:科学出版社.
邱细平、石毓智.2011.象似性对英汉被动句及其标记语法化的解读.《湖南科技大学学报(社会科学版)》,4:147-149.
任大玲.2004.试论文学作品中的语篇象似性及其文体功能.《四川外语学院学报》,5:107-111.
邵璐、高晓鹏.2019.《尘埃落定》英译本象似性研究.《外国语文》,6:101-110.
沈家煊.1993.句法的象似性问题.《外语教学与研究》,1:2-8.
沈家煊.1999.《不对称和标记论》.南昌:江西教育出版社.
石卫.2013.论广义象似性.《湖南社会科学》,6:250-252.
石毓智.2001.《肯定和否定的对称与不对称》.北京:北京语言大学出版社.
束定芳.2009.中国认知语言学二十年——回顾与反思.《现代外语》,32(3):248-256.
苏文菁.2000.《华兹华斯诗学》.北京:社会科学出版社.
孙丽红.2005.英语拟声词的理据和认知策略.《外国语言文学》,4:255-269.
谭卫国.2000.英语广告句式及其功能.《外语与外语教学》,2:35-37.
王艾录.2003.关于语言符号的任意性和理据性.《解放军外国语学院学报》,6:1-8.
王德春.2001.论语言单位的任意性和理据性——兼评王寅《论语言符号象似性》.《外国语》,1:74-77.
王东风.2011.语篇翻译的多维连贯模式:语法界面.《东方翻译》,1:9-15,30.
王和玉.2006.从顺应论看商标词的翻译.《安徽农业大学学报(社会科学版)》,3:118-121.
王林.2007.文学翻译中语相层面文体风格的变形及其成因.《山东外语教学》,4:8-12.
王铭玉.2004.《语言符号学》.北京:高等教育出版社.
王守元.2000.《英语文体学要略》.济南:山东大学出版社.
王文斌、宋聚磊.2020.象似性视野下的英汉名词重叠对比.《外语与外语教学》,1:1-10.
王小潞、徐婷婷.2019.象似度与隐喻推广.《英语研究》,2:91-102.

王一川.1997.《修辞论美学》.长春：东北师范大学出版社.
王寅.1999.《论语言符号象似性——对索绪尔任意说的挑战与补充》.北京：新华出版社.
王寅.2000a.语言符号象似性研究简史——认知语言学讨论之一.《山东外语教学》,3：1-6.
王寅.2000b.象似性：取得文体特征的重要手段.《四川外语学院学报》,4：39-43.
王寅.2001.《语义理论与语言教学》.上海：上海外语教育出版社.
王寅.2002.象似说与任意说的哲学基础与辩证关系.《解放军外国语学院学报》,2：1-6.
王寅.2003a.象似性原则的语用分析.《现代外语》,1：3-12.
王寅.2003b.象似性辩证说优于任意性支配说.《外语与外语教学》,5：3-8.
王寅.2006.认知语言学与语篇连贯研究——八论语言的体验性：语篇连贯的认知基础.《外语研究》,6：16-23.
王寅.2007.《认知语言学》.上海：上海外语教育出版社.
王寅.2009.《中国语言象似性研究论文精选》.长沙：湖南人民出版社.
王寅.2010.基于认知语言学的"认知修辞学"——从认知语言学与修辞学的兼容、互补看认知修辞学的可行性.《当代修辞学》,1：45-55.
王佐良、丁往道.1987.《英语文体学引论》.北京：外语教学与研究出版社.
文旭.2000.论语言符号的距离拟象性.《外语学刊》,2：71-74.
文旭.2001a.词序的拟象性探索.《外语学刊》,3：90-96.
文旭.2001b.认知语言学中的顺序拟象原则.《福建外语》,2：7-11.
文旭.2010.英汉语的顺序象似性：对比与翻译.《东方翻译》,3：20-23.
文旭、江晓红.2001.范畴化：语言中的认知.《外语教学》,4：15-18.
吴光华.1999.《汉英大辞典（第2版）》.上海：上海交通大学出版社.
吴平.2001.《英汉修辞手段比较》.合肥：安徽教育出版社.
项成东.2003.语篇的临摹性及其文体功能.《绍兴文理学院学报》,1：82-87.
项成东、韩炜.2003.语篇象似性及其认知基础.《外语研究》,1：37-42.
肖家燕.2002.一首英语商标词的诗歌的词汇隐喻和人际功能分析.《中山大学学报论丛》,6：173-176.
萧立明.2001.《新译学论稿》.北京：中国对外翻译出版公司.
谢建平.2001.商标词的语音修辞与音译特色.《山东社会科学》,4：94-95.
谢信一.1994.《汉语中的时间和意象：功能主义与汉语语法》.北京：北京语言学院出版社.

谢祖钧.1988.《英语修辞》.北京：机械工业出版社.
徐默凡.2010.语形辞格的象似性研究.《当代修辞学》,1：67-74.
徐盛桓.2008.修辞研究的认知视角.《西安外国语大学学报》,2：1-5.
许国璋.1988.语言符号的任意性问题——语言哲学探索之一.《外语教学与研究》,3：2-10.
许红娥.2013.幽默语言的象似性探究.《湖北师范学院学报(哲学社会科学版)》,4：55-59.
许渊冲.1992.《中诗英韵探胜》.北京：北京大学出版社.
薛冰、李悦娥.2000.广告双关语的语用观和美学观.《外语与外语教学》,6：35-36.
延俊荣.2000.汉语语音与语言意义象似性例举.《解放军外国语学院学报》,5：51-54.
严辰松.1997.语言临摹性概说.《国外语言学》,3：21-25.
严辰松.2000.语言理据探究.《解放军外国语学院学报》,6.
严轶伦.2000.论广告英语的修辞.《江苏外语教学研究》,2：33-36.
颜小娜.2008.语篇象似性及其认知理据初探.《北京航空航天大学学报(社会科学版)》,3：63-65.
杨昆、毛延生.2013.近二十年来国内象似性研究综述.《江西师范大学学报》,5：135-139.
应学凤.2009.现代汉语单音节反义词音义象似性考察.《语言教学与研究》,3：21-27.
应学凤.2010.指示代词语音象似性的跨语言考察.《汉语学报》,3：81-88.
于学勇.2008.卡明斯视觉诗语相隐喻的解读.《中国外语》,4：27-31.
余立三.1985.《英汉修辞比较与翻译》.北京：商务印书馆.
袁毓林.2012.修辞学家可以向邻近学科学些什么?《当代语言学》,3：286-300.
张汉良.2011.中国古典诗歌心理空间映射的认知研究.载 P. Michelucci, et al. *Semblance and Signification: Iconicity in Language and Literature 10* (pp. 251-268). Amsterdam: John Benjamins.
张沉香.2010.科技词汇的象似性对科技新词翻译的启示.《中国科技翻译》,1：9-11,38.
张德禄、张国.2008.《英语文体学教程》.北京：高等教育出版社.
张东方、卢卫中.2013.名量词的认知理据：基于象似性的汉英对比研究.《西安外国语大学学报》,2：7-10.

张凤、高航.2003.语言符号的图表象似性与隐喻象似性.《山东外语教学》,6:18-22.

张积家等.2013.语言符号的象似性对手语具体名词语义加工的影响.《语言文字应用》,1:89-98.

张建.2013.汉语标记配套型并列结构时间关联特征的象似性.《世界汉语教学》,1:41-50.

张立昌、蔡基刚.2013.20世纪以来的语音象征研究:成就、问题与前景.《解放军外国语学院学报》,6:8-13,25.

张炼强.2000.《修辞论稿》.北京:人民教育出版社.

张敏.1998.《认知语言学与汉语名词短语》.北京:中国社会科学出版社.

张敏.2019.时间顺序原则与象似性的"所指困境".《世界汉语教学》,2:166-188.

张培基.1964.《英语声色词与翻译》.北京:商务印书馆.

张憨然.1999.从认知角度看广告语言的说服性.《江苏外语教学研究》,1:66-69.

张绍杰、张延飞.2007.语言符号任意性和象似性:相互排斥还是相互依存?《外语与外语教学》,7:62-64.

张文庭.1985.《英语强语势》.北京:商务印书馆.

张昀霓.2010.诗性审美的象似性构建.《求索》,8:121-123.

张喆.2007.我国的语言符号象似性研究.《外语学刊》,1:67-74.

章礼霞.2000.从广告语的角度看中西文化的差异与交融.《外语与外语教学》,11:61-62.

赵红珊、孟琳.2001.英语广告中双关语的修辞功能.《江苏外语教学研究》,2:70-72.

赵宏宇、胡全生.2009.语言符号的理据性不等于非任意性.《外国语》,1:63-67.

赵欣欣.2011.燃烧的战争世界——象似性在构建小说《永别了,武器》的世界观中的应用。载 P. Michelucci, et al. *Semblance and Signification: Iconicity in Language and Literature 10* (pp.211-230). Amsterdam: John Benjamins.

赵秀凤.2014.试论多模态诗学象似性——多模态认知诗学视角.《外国语文》,6:14-18.

赵艳芳.2001.《认知语言学概论》.上海:上海外语教育出版社.

中国文学出版社.1998.《中国文学:现代诗歌卷(汉英对照)》.北京:外语教

学与研究出版社;中国文学出版社.
周红.2005.汉语象似性研究述评.《滨州学院学报》,4:49-53.
周韧.2017.汉语韵律语法研究中的轻重象似、松紧象似和多少象似.《中国语文》,5:536-552.
朱纯深.2004.从句法象似性与"异常"句式的翻译看文学翻译中的文体意识.《中国翻译》,1.
朱洪涛.2003.英语广告语篇中人称、语气的人际功能.《山东外语教学》,2:101-105.
朱万忠、苏改联.2006.英汉臆造词汇商标词构词理据研究.《重庆大学学报(社会科学版)》,2:110-114.
朱永生.1989.语符变异与诗歌赏析.《外国语》,3:60-64.
朱永生.2002.论语言符号的任意性与象似性.《外语教学与研究》,1:2-7.
庄和诚.1999.英语中的语音象征.《外国语》,2:56-61.